田野行旅丛书

末世太阳
—— 一个墨西哥印第安城镇的变迁、动荡与抗争

张青仁 著

商务印书馆
The Commercial Press

序一 认识他者和读懂世界的途径
索　飒

一

读19世纪美国作家梭罗的《瓦尔登湖》,有一句话由于引起共鸣,记忆很深:"能影响当代的本质的,是最高的艺术。"我想,这个结语可以推广到其他领域。

中央民族大学青年学者张青仁为完成一项海外民族志工作,在墨西哥恰帕斯州开展了前后一年的调查,其中一半时间住在印第安人棚户社区。调研成果《末世太阳——一个墨西哥印第安城镇的变迁、动荡与抗争》(以下简称《末世太阳》)描述的是一个中国人生疏的墨西哥边远小镇,但它涉及了"印第安人"[①]问题;不仅是一般的印第安问题,而且触及印第安人五百

---

① 本文仅在指代美洲原住民的意义上借用"印第安人"之名,不展开对这一名称的文化批评。

年来的历史命运,以及他们与世界未来的关系。这一点,无论是本书的作者(即调查者),抑或书中的人物(即被调查者),都不同程度地显示了他们的眼界。这样,即便该书的内容有待提升和商榷之处仍多,它还是在沿着本质的方向前行。

长久以来,印第安人问题被置于民俗一类的研究,待到时髦的人类学、民族学把它领进"科学"殿堂,印第安人依旧不能摆脱被研究的小白鼠地位。直至他们自己走出阴影,闯入历史舞台。

转折的时间点在1992年。没有接受过1992年扫盲教育的知识分子,至今停留在现代觉悟的浑沌阶段。

1492年10月12日,哥伦布抵达美洲大陆。几个世纪以来,西方世界,包括它们的前殖民地,都依惯例纪念这个在"地理大发现"术语弥盖之下的殖民主义时代的开端。然而"500周年"之际,在一个资本主义全球化全速前进的时代里,拉丁美洲许多国家突发以印第安人为主体的抗议运动,官方筹划的隆重纪念在拉丁美洲变成了一场大规模的民众抵制,类似的抗议波及世界。据我有限的信息,邻国印度、日本均有鲜明的呼应。经历了这场几乎是全球性的"破坏"体制行为,"地理大发现"从此被带上引号。

拉丁美洲的良知参与了那场印第安行动。正是在10月12日那天,我被大洋彼岸的同行带到墨西哥中心广场,目击了于我如醍醐灌顶的历史一幕。我在多个场合、多篇文字中下意识地重复提及那次体验。那一年,阿根廷解放神学家恩里克·杜塞尔(Enrique Dussel)曾说:

> 印第安人终于活到了今天,走出了被人遗忘的历史。如果说在这500周年之际我们要庆祝什么的话,那就让我们庆祝他们终于活到了今天吧!

当15世纪末西方人到达美洲之际,那里不是食人生番居住的荒野,而是一片异样文化的大陆。保加利亚籍法国文艺理论家和历史学家茨维坦·托多罗夫在其被广泛引用的《征服美洲与"他人"问题》中写道:

> 如果说我们哪一次准确地使用了种族屠杀这个词汇,那么就是在这个例子上。我认为,无论从相对意义还是从绝对意义上来说,那都是一次创纪录的行为:90%以上的、绝对数字达到7000万的人口遭到灭绝。20世纪的任何一场大屠杀都无法与此"大灾难"(hecatombe)相比。[1]

---

[1] Todorov, Twetan. *La Conquista de América. La Cuestión del Otro*. Editorial Siglo XXI, Bogotá, 1987, p. 144.

不曾有战争法庭,不曾有历史昭雪,不曾有赔偿道歉;只有几个善良的灵魂,几声孤独的呐喊,直到500年后艰难存活下来的印第安人自己站起来,从幽灵变成主角,为自己、为历史声张正义。

他们忍辱负重,放弃了祖先采用的集体自杀,所以他们活下来了;他们是"丑陋的"有色人种,少有人自愿与他们混血,所以他们集体留下来了;他们居住在人迹罕至的高山边地,所以他们连同自己的文化,繁衍至今。

今天的拉丁美洲,在阿根廷、乌拉圭这样的移民国家里,他们是极少数;在墨西哥、智利、委内瑞拉等混血人口众多的国家里,他们是少数;而在厄瓜多尔、玻利维亚、秘鲁这几个安第斯山国家里,他们分别占到了20%、40%甚至50%以上。如今,印第安人最集中的地区在安第斯山海拔四五千米的纵深,在亚马逊流域蚊虫肆虐的腹地,在墨西哥恰帕斯道路艰险的密林。

作者在这本书里描述的恰帕斯州小镇圣克里斯托瓦尔-德拉斯卡萨斯和它的周边,就是这么一个地点,它五百年前就已出名。16世纪的西班牙人贝尔纳尔·迪亚斯(Bernal Díaz del Castillo)是跟随殖民主义前锋科尔特斯"征服"墨西哥的士兵,他写了一本《征服新西班牙信史》,成为殖民史早期代表性"实录"之一。书中用了20页篇幅描述恰帕斯人的抵抗。1524年,科尔特斯和他的部下高呼在西班牙驱赶摩尔人用过的"圣地亚哥保佑"口号，进犯恰帕斯，而恰帕斯人早在得知特诺奇蒂特兰古城被占领之后，就从南边的危地马拉和北边的特万特佩克地峡两个方向截断了道路。

恰帕斯地区最强悍的查穆拉村佐齐尔族村民在1524年对西班牙人实行了坚决抵抗，村镇失守之后，遭到残酷报复。科尔特斯给这个村子安置的委托监护主居然就是《征服新西班牙信史》的作者贝尔纳尔·迪亚斯，原因是他在征伐中"英勇善战"。但贝尔纳尔·迪亚斯只勉强维持了四年，就被酷烈的自然环境和彪悍的民众吓得卷起铺盖撤退，限于远距离控制，催租逼债。

这一带也正是20世纪末萨帕塔民族解放军起事与活动的地盘。我们在《末世太阳》里可以读到对今日查穆拉村的描写，萨帕塔游击队的影子则贯穿调查报告的始终。

"关于圣城的恐怖传说"一节里，当地人煞有其事地讲述镇上圣多明各教堂下埋葬着印第安人冤魂的故事。作者在对比了民间传说和神父的矢口否认后，得出了这样的结论：

为何这些传说又会在印第安人的口中流传呢？查阅圣城建城史的历史文献，我发现，虽然没有明确关于屠杀印第安人的记载，但却有文献表明，最初到达圣城的西班牙殖民者只有150人，在技术不发达的当时，他们靠着对佐齐尔人、策尔塔尔人、乔尔人和索克人的征服，才陆续修建了圣多明各教堂、拉梅尔塞教堂和卡门等多个建筑，并以圣多明各教堂为中心铺设了两条城市的主干道。在建筑完工后，为了防止印第安人的反叛，他们并不允许印第安人居住在城市里，而是将他们安置在城市的外围。我所住的瓜达卢佩教堂附近就曾是印第安人的聚居区，这片区域也是从事松毛和林木交易的场所。对于印第安人的歧视与区隔一直持续到20世纪中叶，不少印第安人回忆道，20世纪70年代前，他们不被允许白天在城市公路上行走，也不被允许在公园里闲逛，否则便会遭到梅斯蒂索人（即印欧混血人）和白人的一顿毒打。差不多20世纪八九十年代后，情况才得以改善。在当下，虽然印第安人拥有了在城市中心行走的权力，但城市中心高昂的房价将他们从城市中心驱逐，他们只能在城市外围搭棚度日。从这个意义上来说，当地流传的教堂埋人的传说，固然表达着印第安人对于殖民者的不满，但在更深层次上，隐喻的却是殖民者入侵之后，印第安人一步一步失去主体的地位，沦为城市边缘人的痛苦经历。

我曾读过一篇总结萨帕塔游击队20年历程的文章，文章的

序一 认识他者和读懂世界的途径　　vii

结尾写道：

　　面对着贫困与苦难,萨帕塔战士们为"土地、房屋、工作、面包、医疗、教育、独立、民主、自由、正义"而起义。直至今日,还没有任何一项要求变成现实。但是,再没有一个萨帕塔战士会在路上为白种人让道了。他们称此为尊严。

　　循着《末世太阳》中像"让路"这样的日常细节,殖民主义痕迹、反叛运动起因,逐步在比较可信的氛围中呈现。

　　2006年我访问恰帕斯时正巧参观了设在这座圣多明各教堂里的地区历史展览。那是我们从西班牙到拉丁美洲领略众多博物馆后见过的最有觉悟的展览。我们用数码相机邮件格式拍了几乎全部资料。1529年西班牙人第一次入侵恰帕斯被拉坎东①丛林居民打败,1531年第一次反殖大起义持续了三年,1712年的起义囊括了远近32个村庄,1867年至1870年的"种姓战争"中,圣城被7000印第安人包围……原因一一解释,过程绘画成图。这样的展览在美洲并不多见,反而在科尔特斯第一次登陆墨西哥的维拉克鲁斯"老村"(La Antigua),大殖民者与他的印第

---

① Lacandón,20世纪萨帕塔民族解放军的大本营。

安情妇被涂画在墙上,成为旅游地的招揽。

　　反抗的历史同时证明着历史的残酷。殖民主义造成的传说是当今文明人士应该捕捉的非物质文化遗产。更不可思议的,是反抗延续至今的现象,它就像张青仁描写的蜚声世界乃至招来中国商蝇的恰帕斯琥珀,历经千百年的沉积。1992年印第安人大抗议的突发并非赶上天象吉日,对于日益组织化的印第安人来说,只是一个水到渠成的时机选择。当然对于无数在恰帕斯蹲点、研究玛雅文化活化石的各色人类学家来说,那一天的突发好似晴天霹雳。

　　殖民主义从来没有被清算。于是犀利的观察者可以识别渗透在日常的种种殖民后现象。"国庆节"一节里有一些细节和对话意味深长。与作者张青仁交谈的多个当地印第安人以各自生动的方式表达了拒绝参加国家庆典的心情和原因。这一节不仅写出了一个民族国家的困境,也反证着印第安人在殖民后时期的地位和感情。在"娅迪拉和塞萨尔"一节里,作者的两个朋友、一对不同种族年轻人的恋爱故事,让"从几百年前哥伦布发现新大陆后就已经决定了"(塞萨尔语)的种族差异如流水般平常,如创伤般灼痛。

　　什么是影响当代本质的问题?

印第安人是以殖民主义开始的资本主义时代的第一宗祭品,他们继续充当资本主义全球化时代首当其冲的牺牲品。生存空间遭到二次掠夺,文化遭到二次毁灭。时代趋势如果不变,作为文化整体,他们将走向覆灭。

人道的原则在历史进步的天平上占有何等砝码?

原始粗暴的和现代精致的莽林法则能够提升人类文明吗?

大一统文化霸权消灭自成体系的弱势文化是历史必由之路吗?

二

印第安人问题不是前现代问题,它是当代症结之一。印第安人不只是为自身利益呼喊的受害者,他们从边缘人的角度为病入膏肓的世界提供一剂解药。

拉丁美洲印第安人的抗议运动成为世界反资本主义全球化运动的重要一环。在连续召开的"世界社会论坛"等国际集会中,印第安人组织是重要的会议成员和发言人,2004年第一届"美洲社会论坛"就选择在印第安人口占20%的安第斯山国家厄瓜多尔举行。

拉丁美洲的良知扣及了历史的脉动。2005年春我从安第斯山区动荡的厄瓜多尔带回的一本书,只是一个普通的例子。

厄瓜多尔一批学者花了一年多时间,在几个有代表性的印第安人村落进行了调查研究。调查者征得了部落的同意与合作，得到了部落派遣的助手支持，直接用当地民族语言采访当事人，于2004年出版了《生存的权利：多样化、民族特性与变革（印第安人与非洲裔厄瓜多尔人的法律人种学）》。他们试图从法学的角度证明"边缘"文化的存在价值：

> 印第安人与非洲裔厄瓜多尔人如何在法律多元化的背景下行之有效地保留了自己的法律体系？他们的法律与国家正规法律之间存在着怎样的协调关系？厄瓜多尔法律多元化的前景如何？它对建设不同文化背景下的公民权利体系有何积极贡献？

这份厄瓜多尔学者的调查报告表明，"学术研究"涉及重大的政治命题：

> 围绕几十年来日益取得共识的人权问题，人们首先要求恢复人的生存权利，这意味着所有人有权按照自主的方式生存。只有当拉丁美洲各国政府理解了这个原则、并从政治和法律上付诸实践，我们才能够谈论多种族、多元文化的国家。否则，我们必须指出，现行国家是排他的国家，是

无异于前殖民地时期的、听命于上层统治阶级的国家。

这些研究者在前言中尖锐指出：

西方的自由主义原则是可憎的，它规定不懂法律的人不能免于罪责。不懂什么法律？当然是国家的法律！但是，从原住民的角度，我们同样可以说：先生们，你们不懂得我们的法律，因而同样不能免于罪责。

2005年底，正当我们在安第斯山区秘鲁和玻利维亚交界一带旅行时，传来了艾马拉族放羊驼人出身的埃沃·莫拉莱斯以压倒多数当选玻利维亚总统的消息。以后十几年的历史是世界熟悉的。作为执政的印第安人，莫拉莱斯政权推行的"共同体社会主义"吸取了安第斯山原住民生产生活方式中的社会主义因素，承接着秘鲁本土马克思主义者何塞·马里亚特吉（José Carlos Mariátegui）对印第安原始社会主义的分析和理解。《末世太阳》中多次提到的"美好生活"，即用原住民语言表达的印第安传统中的理想生活方式。

是的，埃沃·莫拉莱斯总统今天被右翼势力赶走了；是的，拉丁美洲尝试人民掌权的时代正在经历严重挫折。但是，宝贵的历史经验已经沉淀,像恰帕斯的琥珀在地下积蓄光彩。当今天的世界面对死结焦头烂额纠缠于枝杈时,是否应该重温埃沃·莫拉莱斯代表印第安文化向世界提出的"新十诫"[①]呼吁?那些似乎乌托邦的思想,正是资本主义世界异乡人勾勒的另一种世界可能。他们的主张代表着历史倒退抑或历史前瞻?觉悟者自有明论。

《末世太阳》也在不同点上印证这一观察。作者张青仁在萨帕塔民族解放军的自治实践中看到的不只是一场地区性反抗,而是为世界尝试另一种可能的、撕开体制权力裂缝的、脱颖于传统的民主方式。在"胡安的苦恼与理想"一节里,胡安,这位把"马克思主义中国同志"领入圣卢西亚自治社区的印第安青年领袖所披露的胸怀,远非坐井观天的农民视野。在渐渐察觉印第安共同体内部的落后因素、阴暗面后,作者仍然坚持了对民众抵

---

① 2008年玻利维亚总统埃沃·莫拉莱斯在联合国土著问题常设论坛第七次会议上提出了新"十诫"(针对《圣经·旧约》中的"十诫"):第一条,结束资本主义制度;第二条,放弃战争方式;第三条,建设一个没有帝国主义和殖民主义的世界;第四条,把享有水资源视为地球上所有生命的权利;第五条,发展绿色能源,杜绝能源浪费;第六条,尊重大地母亲;第七条,享有水、电、教育、卫生、交通通讯等基础服务是人的基本权利,这些部门属于公共服务,不应成为私营的对象;第八条,反对消费主义,遏制奢侈浪费;第九条,推动文化和经济的多样性;第十条,要过好的生活,而好生活绝不意味着以牺牲他人利益为代价使自己生活得更好,而是指在平等、公正、互惠互补、稳定团结的环境下生活。

抗运动的基本判断。他的艰苦思考、个人体验值得我们注意。

三

据说一些西方的人类学家（以这一术语包揽其他学术名称的各种专家）在恰帕斯滞留多年，却在1994年1月1日萨帕塔民族解放军起事的一刻对事件的原委一无所知，对革命的爆发毫无预感。副司令马科斯与他的印第安兄弟姐妹们不仅在国家军警的鼻息下潜伏十年之久，而且瞒过了在"田野"中调查和研究的专家。后者与被调查对象的隔阂，真是对"科学"的莫大讽刺！当然不能一概而论，作者文中提到的墨西哥社会人类学高等调查研究中心和那位玛利亚教授似乎表现不错。《末世太阳》的作者至少有所突破：

> 我发现着这座印第安小镇和生活在这里的人们，小镇上的人们也发现着我。在和生活在这里的人们的交往中，我感受全球化支配下纵横交织的权力网络结构，倾听、感受这一权力格局底端的印第安人的命运与抗争。2014年10月，几经周折，我得以入住圣卢西亚自治社区，和领导人马里亚诺、胡安以及1600多名社区民众一样，以参与者的姿态投入到自治社区的建设和保卫中，并参与到自治社区一系列旨在于推动墨西哥社会发展的政治实践中。

作为一个非西班牙语专业出身的学者（当然，在恰帕斯地区工作还需要懂得当地的印第安语言），从要求自己"每天骑车走一条街，和十个当地人谈话"开始，到住进印第安贫民的棚户区数月之久，这不是知识阶层能够轻易做到的事情，起码在中国的"学者"圈里——尽管马林诺夫斯基早就提出过这样的训规。

讲当地语言、住进当地人的环境，已经成为（并未被普遍实践的）学业规定。但我觉得，获得真知的关键还不止于此。多年的体验，反复的比较，使我不得不确信这样的结论：没有纯客观的科学、学科和学者。"先验"在学术研究中是一个耐人寻味的因素。科学的目的性，学科的方向性，学者的既有素质，包括政治觉悟和感情色彩，暗中主导着调查研究的路径及获得真知的成败可能。主观成分会慢慢溢出冰冷的学术框架，使学者陷入可贵的激动、矛盾、纠结……本书的作者承认了这一点：

> 在这样持久的写作中，我越发强烈地感受到，文字本身就是一种生命。这种生命是情感澎湃时的热泪盈眶，是苦思冥想时的灵光一现，是遭遇危机时的惊心动魄，是走投无路时的绝望沮丧，这远非机械枯燥的学术话语所能承载的。

这一切涉及广义的方法论，更涉及——立场，对，就是这个被左翼阵线滥用的、被右翼营垒耻笑的词语。

20多年前在中国仅出版了一期的《人文地理》杂志试刊"发刊词"里,可以读到这样一段话:

> 表述者与文化主人的"地位关系",是一个巨大的命题。我们都知道,事实上为恩格斯的《家庭、私有制及国家的起源》启蒙的民族学大师摩尔根,曾被美洲原住民的部落接纳为养子。必须指出,养子,这个概念的含义绝非仅仅是形式而已。这是一位真正的知识分子对自己"地位"的纠正。这是一个解决代言人资格问题的动人例证。

无论围绕摩尔根背景的学术辨析如何,这里提出的是一个"文化主人"的原则概念和研究的主体-客体"地位关系"准则。

除了一份勇敢的"好奇心"这一学者应该具有的起码素质,《末世太阳》的作者表现了对被调查民众一方的相当程度的"善意"。比如坚决不先去政府机构,以免带上官方的偏见和引起印第安人的反感。从第一次在印第安人家吃难以下咽的黑豆饭,到下定决心喝下那碗赢来信任的文化仪式上的"田鼠汤",他相信"只要尊重,就能得到理解"。

根据我们的体验,进入恰帕斯印第安居民共同体内部,其实是一件非常困难的事情。听说一位日本学者与一家印第安人结成多年友谊,最初靠的是与小孩子玩折纸飞机,而我们初步尝试的"进入"也是靠了一种特殊的文化身份。"马克思主义的中国同志"一节介绍了作者的入门经历。

以"参与者的姿态投入"后,投入必然带来的风险接踵而至:个人生命财产遭受劫匪威胁,陷入有宗法传统背景的父子领袖矛盾的两难境地,背上莫须有的"性骚扰"之名,蒙受是政府密探的怀疑,临近被政府指控的可能性……风险是真知的代价,换来的是一步步的进入,一分分的理解。整个过程中,依然是尊重他者的一种立场、理解他者的一份善意,坚持自设的道义底线,这些"主观"因素暗中辅佐调查者度过一个个关口。"艾滋疑云"一节是表现这种善意的美妙段落。作者对"个人中心主义"乃至"种族主义"的自我批判,以及印第安朋友胡安指责他"对印第安人没有任何信任"的批评,以接近黑色幽默的语言形式表现了一种真实,也唤起读者的敬重。

渐渐地,读者发现,"妈妈"、"我的墨西哥家人"一类字眼逐渐在恰如其分的阶段出现。到了告别印第安社区之际,作者向社区领导请示是否可以去政府部门了解该社区的资料——显然,他已经把自己的学者身份放在了共同体成员的地位之后。

本书的内容还远不够完满,理解印第安人和认识围绕他们的世界,是一个旷日持久的课题。但是,它把一个如何获得真知的问卷,放到了学者的案前。

立场和科学之间,有一道隐秘的连线。很多时候,多年的学者只在真知的外围徘徊,原因也许并不在于知识训练不够,而在于他们的脚上没有泥巴,学者的傲慢使他们难以不耻下问。西班牙作者费尔南德·萨莱蒂尼(Fernand Salentiny)在《马丘比丘》一书里提及秘鲁印加文明遗址马丘比丘之谜久久不获破解的原因,解释之一耐人寻味:"所有访问南美的人都需要一定的时间才能熟悉这个国家和它的人民,只有很少的人能理解印第安人。"也就是说,缺少与原住民的真正沟通,也许是马丘比丘日益扑朔迷离的原因所在。这只是一个例子。

人类学、民族学系统的内部自我批判早在上个世纪六七十年代就已开始,八十年代出版的《写文化》作为一个标志,如今也已被译成汉语。学科的可质疑起源和方法论已不是新鲜话题。人文学科的技术趋势、割裂倾向所反映的异化实质也已经被经常检讨。当然,这些仍属于世界。如果说追逐时髦、努力接轨在中国蔚然成风,那往往是在皮毛层面,甚至在最不应该尾随的关键点。

当中国人文科学的研究跟随着经济的扩张日益走向海外之际,学科和学者的自我反省尤其显得紧迫。

《末世太阳》全篇不时闪烁着"田野"的字样。与其说这是一份田野调查报告，我更愿意视它为一份"我"走向"他人"的行程和心事记录。在未来绵绵不尽的学习与研究道路上，这一份心情的领受是比人类学、民族学理论深造、技能训练更宝贵的资源。

我们将一起在不断的求知掘进中，在对不断扩充的鲜活知识的比较中，锻炼一副火眼金睛，在大量的琐碎中辨识有意味的信息，在艰苦勤奋、日益成熟的融会贯通思维中发现事物的本质和规律，从日积月累的真知里走向以人为本的科学。

感谢作者把为《末世太阳：一个印第安城镇的变迁、动荡与抗争》写序的任务交给非人类学民族学专业的我。它给了我一个学习和思考的机会，也使我再一次想起了那片古老的山地，那群强悍、善良的人民。

2020 庚子年新冠肆虐之际

序二

高丙中

  青仁在博士毕业之后从民俗学转向人类学,我曾发挥举荐之力,并接纳他参加海外民族志暑期培训,所以他完成自己的第一部海外民族志著作之后,请我写序,我当然不能拒绝。青仁在做北京香会和妙峰山庙会的博士论文调查中已经表现了他的田野作业天分。做香会会头和会众的调查,他对普通人有亲和力,能够获得会头这类关键人物的信任,而且韧性十足,这些都是我相信他能够成为一个优秀的人类学者的依据。

  他在两个月之前把书稿的电子版传给我,正值新冠肺炎肆虐之时,我们每日淹没在惊恐、疑惑、沮丧之中,无暇他顾。近日疫情明朗,紧张缓解,我才找出青仁的书稿,竟是一口气读完了。本书画面感十足,戏剧性交叠,青仁通过讲故事的真功夫,向我们打开了一扇通向未知的窗口。拉丁美洲的边缘地带,果然是有人奋发、有人堕落的悲情世界。

青仁做田野的国家是对于中国人类学来说人迹罕至的墨西哥,他写的是印第安人的自治运动。身在中央民族大学,包智明老师和他的团队都偏爱"民族"(其实是"少数民族")口径,青仁和单位达成一致去研究拉美,自然要去研究对象国的少数民族。这与我早期对于海外民族志的优先安排不同。我从2002年开始正式把海外民族志作为训练人类学学生的方向,要求学生们去对象国研究其主体民族、多数人社会,总之不能是少数民族、边缘人群。我的考虑是,我们刚开始到世界上做深入的田野作业,写能够作为中国人参照的社会,先要建立以对象国的主体民族为对象的参照系,然后徐图增补,不妨再纳入少数人群体。例如做美国社会的民族志,我们先选择的加州、印第安纳州,都是以白人中产阶级清教徒为主的社群,直到李家驹和曹何稚在2015年到美国才拓展到南方(新奥尔良市)的非裔美国人和西南部(新墨西哥州)的纳瓦霍印第安人,而这时青仁已经在墨西哥进行他的印第安人社区田野作业了。

从中国的民族研究来说,对于国外少数民族的经验研究却是另一种急迫需要。美洲印第安人经常是我们讨论西方殖民主义的例子,在学术上也是博厄斯、克虏伯等大师级人物的经典著作的主人翁。中国学者能够介入这类话题是很需要经验研究的支撑的。除了李安宅和乔健等屈指可数的学者在几十年前做过印第安人的蹲点调查,没有新的调查和第一手事证,中国学界要继续用印第安人的例子发表论点是很难有可信度的。可喜的是,新的一代学人出现了,青仁和曹何稚等年青一代遵照人类学的规范正式打入印第安人社区,用民族志呈现他们对于印第安人社会的观察与认识。

翻开本书数页,就读到印第安人的萨帕塔运动,他们在拉坎顿的丛林里召开反新自由主义的世界大会,又在大城市游行示威,远征首都墨西哥城。运动领袖声称要通过自治运动撕开资本主义建构的世界体系。我确实没有体会到悲壮,心里却显出一丝喜感。我们真是在后现代、后革命、后殖民、后自由主义(新自由主义)、后民族国家(多民族国家)、后民主……话语的时代。但是,如果说读前面的概述时我们会有飘忽不定的感觉,那么读青仁故事的主体部分的细节时,则完全随他的主人公的遭遇而感动。印第安人自治社区的运作在政治上和道德上都充满歧义,但是最后的失败却令人扼腕同情。被寄予新希望的年青一代代表人物胡安不幸被政治对手枪杀,似乎自治运动的希望也泯灭了。青仁在田野中与胡安父子结下情义,这个时候他也是悲愤不已。青仁的故事,终归是讲的一个悲剧。现代社会在实质上就是各种自治经过谈判组合成为一体,自治体做不到向内透明、向外开放,是很难维持的,更难发展提升。

这些陌生的事件,总会被我们读者往自己熟悉的概念上联系。我近些年喜欢用"世界社会"概念囊括分别出现的事实。在这里,发生在丛林中的事情一定不能也不会仅仅出现在丛林,而是要走出丛林,走进都市,被"世界"看到。这就是这个时代的政治方式。现在,我们中国的学者经过 30 多个小时的行程从空中降临当地。30 个小时就能够飞临,这可不是传统时代的"跋涉",而是有了全球交通基础设施无远弗届的发展之后的跨洲飞行,真正是全球一体化的后果。另外一方面又可以说,居然要 30 小时,因为中国和墨西哥在现代发展的过程中过去主要都是被动卷入者,西方建立了以自己为中心的世界网络,对于跨洲的旅行,发展中国家通常要飞到某个西方国家的机场,才能够飞到另一个发展中国家。显然,我们之间已经有越来越强的直飞需要,就像我们之间也有了直接相互研究、对话的需要。青仁现在所做的,是在建立两国学界的"直通"业务。他的研究,既是中国人开始直接面对面观察墨西哥印第安人,也是中国学者直接与墨西哥知识界建立通道。这两项工作都同样重要,也可以说,这两项工作其实是一项工作。这是中国的海外学术事业的意义所在。

我们读关于异文化的人类学民族志,都或多或少、或浓或淡地感受到某种"异域风采"(exoticism)。青仁的民族志给我们一个新奇的对象,异域感是很强烈的。更坦率地说,我们的阅读体验更像是经历过山车,接连是惊喜或悲喜交加。这种感情起伏其实是来自青仁自己的感情跌宕。青仁的这场田野作业带给他的冲击所表现的情感是全频谱的,要去调查闹自治的印第安人,起心必是好奇、猎奇,过程是步步惊奇;他在当地的生活中经历陌生、亲切、感动,不乏喜乐,也曾恶心;他被款待、被照顾,也有屈辱、被欺骗、被抢劫、被讹诈,还差一点被性骚扰。他的田野作业有那么一点险象环生的意思,最倒霉的事情当属被抢劫,居然发生了三次,都是在刀枪的威逼之下。如果绘制一个中国人类学海外探索遭遇的情绪图,青仁应该是覆盖面积最大的。到海外,一头扎进别人的社会,置身于各种利益纠纷和情感纠葛的现场,是非常折磨人的。青仁以其智慧、耐力和幸运熬出来了,磨成器了。

西方早期到所谓"野蛮社会"调查,许多被称为探险。一些人类学家在殖民地调查是持枪上岗的。当然,这是旧殖民时代的故事,是今天不可模仿的了。在今天的国际关系格局下,我们要到世界各地做调查,可能要训练学生的是如何安全处理被抢劫的意外。青仁遭遇第一次持枪抢劫,真是吓坏了。他不是事前没有听说过抢劫,而是没有经历现场就不会足够警惕。后来被人持刀威胁必须拿钱，他心态一次次平和下来了。这是中国人类学的人才训练的新挑战，青仁代表或代替大家先遭受了。我们感谢青仁勇敢地写出来，与我们分享，以便后来人有机会更走心，学会保护好自己。

青仁的经历从一个侧面说明中国人类学的财力变化。我大致记得，他三次被抢6000比索，还有他帮助当地人出了一些赠款。从他来看，今天中国人类学能够在世界上"高飞远走"（那是国际旅行），经济条件的改善确实是海外民族志时代降临的一个不可否认的因素。中国人类学的人才培养成本和工作成本都因为得到提高而走上一个新台阶。

就我所知，这应该是中文写的第一部关于墨西哥的民族志。不仅如此，这也是中国人类学的海外拓荒的一个新标志。青仁以他的亲和力能够得到印第安人自治社区的信任并参与其中，以他的吃苦耐劳和穷苦人打成一片，由他来完成这项标志性的成果，绝非偶然。他们这一代学人生逢其时，能够率先抢占用学术将世界纳于文本的历史机遇，着实让后来人羡慕。

2020年5月13日
于北京大学中关园

目 录

导言 …………………………………………………… 1
   抗争的五百年 ………………………………………… 1
   撕开历史的裂缝 ……………………………………… 6
   我和圣城 ……………………………………………… 9

上篇　墨西哥印第安人：在社会变迁中寻求美好生活 ……… 13
   到墨西哥去 …………………………………………… 13
   第一天 ………………………………………………… 18
   圣城 …………………………………………………… 21
   午夜惊魂 ……………………………………………… 26
   恰帕斯老李 …………………………………………… 37
   查穆拉 ………………………………………………… 46
   拉赖恩萨尔 …………………………………………… 52
   锡纳坎坦 ……………………………………………… 56
   关于圣城的恐怖传说 ………………………………… 63

琥珀 ………………………………………………………… 71

初访结束 ……………………………………………………… 80

国庆节 ………………………………………………………… 84

娅迪拉和塞萨尔 ……………………………………………… 95

私有化、可乐与幼儿胃癌 …………………………………… 110

圣弗朗西斯科教堂的宗教庆典 ……………………………… 119

查穆拉遇险 …………………………………………………… 126

9·26事件 …………………………………………………… 136

选举动员会 …………………………………………………… 143

打官司 ………………………………………………………… 151

亡灵节 ………………………………………………………… 161

圣城市政厅的祭台 …………………………………………… 163

喝了这碗田鼠汤,你就是策尔塔尔人 ……………………… 169

亡灵节的家庭祭祀 …………………………………………… 175

沦落为妓 ……………………………………………………… 181

下篇 圣卢西亚:一个印第安自治社区的抗争故事 ………… 191

遇见胡安 ……………………………………………………… 191

马克思主义的中国同志 ……………………………………… 200

马里亚诺和圣卢西亚自治社区 ……………………………… 204

萨帕塔 ………………………………………………………… 216

接连被驱逐 …………………………………………………… 228

自治社区的居民们 ·· 240

　　圣诞节 ·· 274

　　社区保卫战 ·· 287

　　胡安的苦恼与理想 ·· 296

　　艾滋疑云 ·· 305

　　团结一切可以团结的力量 ······································ 314

　　绿色生态党 ·· 327

　　春节 ·· 347

　　民主革命党 ·· 354

　　李琼山的故事 ·· 368

　　离开 ·· 377

　　胡安之死与自治社区的走向 ·································· 394

结语 ·· 409

　　末世太阳 ·· 409

　　革命的恰帕斯人 ·· 416

　　这个世界会更好吗？ ·· 422

附录　西班牙语与中文名词对照表 ······························ 428

参考文献 ·· 435

后记 ·· 441

导　言

抗争的五百年

这是一个关于少数人的故事。

1994年1月1日的凌晨,在《北美自由贸易协定》生效的第一天,萨帕塔民族解放军走进了全球的视野。在副司令马科斯的带领下,3000多名由佐齐尔人(Tzotzil)、策尔塔尔人(Tzeltal)、索克人(Zoque)和乔尔人(Chol)等印第安部族[①]组成的萨帕塔民族解放军穿着橡胶靴,用巴拉克拉法帽遮盖着脸庞。他们手持半自动机枪,占领了恰帕斯高地地区的圣克里斯托瓦尔-德拉斯卡萨斯、奥科辛戈、拉斯玛嘉丽塔斯、阿尔塔米拉诺、查纳尔、奥克丘克和维斯坦等七个城镇。在《第一丛林宣言》中,他们发

---

① 尽管印第安人(Indígena)这一概念因其强烈的政治经济学的隐喻受到批判,但本文还是借用这一概念,用以统称生活在美洲土地上的原住民。

出了这样的呼声：

> 我们，无论男女，都充分自由地意识到，我们宣告的战争是我们最后、唯一的方式。多年来，独裁者一直在对我们的人民发起一场未宣布的种族灭绝战。因此，我们请求您参与、支持这项为工作、土地、住房、食品、医疗保健、教育、独立、自由、民主、正义与和平而奋斗的计划。我们宣布我们不会停止战斗，直到我们建立一个自由民主的政府能够满足人民的基本要求时。①

2009年3月，在离萨帕塔自治区不远的圣城，佐齐尔人马里亚诺率领600多户、2000多名无家可归的印第安人占领了这座城市北部的国立印第安研究所2.5公顷的土地，建立了圣卢西亚（Santa Lucía）②自治社区。在遭遇数次驱逐后，2012年的6月17日，马里亚诺再次率领1000多名无家可归的印第安民众占领了这片土地。他们不畏强权，誓死捍卫印第安人的生存权，并在

---

① Ejército Zapatista de Liberación Nacional. "Primera Declaración de la Selva Lacondona." https://enlacezapatista.ezln.org.mx/1994/01/01/primera-declaracion-de-la-selva-lacandona/，1994-01-01.

② 为避免对当事人产生困扰，本文所有人名均已按照当事人或其亲属的意愿进行了相应的处理。因为圣克里斯托瓦尔-德拉斯卡萨斯及其周边村社盛名在外，本书没有匿名。

这个城市的北部继续着他们的自治实践。

2014年12月,62名索克人走上街头,他们高声叫喊着"萨帕塔永生,斗争继续"的口号,要求停止在他们世代生存的土地上再次修建水电站的计划,并要求对他们因持续的水电站开发带来的贫困问题、环境问题和文明中断等集体性创伤予以补偿,明确反对时任政府将能源、石油等资源市场化的改革。

当世界敞开怀抱拥抱全球化和自由主义的时候,恰帕斯的印第安人以一种特立独行的方式表达着他们的不满,吸引了全球的眼光。但如果将当代恰帕斯印第安人的抗争仅仅视为对新自由主义的反抗,却是对生活在这片土壤上的印第安人遭受的苦难与历史的无视。正如他们在宣言中所表示的,他们遭受的困难是一直的、持续的。1526年,在西班牙人刚刚征服恰帕斯后不久,印第安人的抗争浪潮就此起彼伏。终于在1532年爆发了反抗监护主德拉维加(de la Vega)的大规模抗争运动。1712年至1713年,在这片土地上的策尔塔尔人,爆发了反抗西班牙殖民者的抗争运动。1867年至1870年,在离圣城不远的查穆拉(Chamula),印第安人再次起义。

跨越五百年的他们为何而战?

西班牙人进入新大陆后,在重商主义政策的引导下,资源丰富的恰帕斯源源不断地为宗主国输送着资本积累的原始资源。

西班牙人建立了"监护征赋制"和"大庄园制"的殖民地制度，形成了榨取型的奴隶经济，并将经济收入差异与种族、阶层一一对应。印第安人——这片土地上的主人们失去了他们赖以依存的、被视为母亲的土地，也失去了自由，沦为这个庞大的、阶序的政治经济体系中一无所有的底层人。

三百多年后，他们和生活在这片土地上的白人，以及作为他们后裔的混血梅斯蒂索人一道，共同赶跑了殖民者，建立了独立的墨西哥。作为"被强奸的母亲"，他们先于民族国家的族群身份仍然没有被认可。他们被视为民族国家分裂的对象。旨在将他们培养成为现代民族国家合格公民的同化与教育成为这个新兴国家一以贯之的民族政策。殖民者建构的重商主义的传统被新兴的地方精英继承，印第安人仍然是处于权力结构的底层。尽管1927年墨西哥大革命[①]后精英权贵将民族文化的认同溯源

---

① 发生于1910—1917年的墨西哥大革命是一次社会革命，是一次大规模的、非常激烈紧张的民族主义起义。这次革命始于1910年反对迪亚斯（Díaz）独裁的运动。在将独裁者迪亚斯赶下台后，弗朗西斯科·马德罗（Francisco Madero）就任墨西哥总统，马德罗实现了全国性的普选和对总统连任制的取消，但他却保留了作为独裁统治基石的联邦军队以及大庄园主的特权，并没有真正意义上实现民主，也没有解决土地与财产权等其他一系列问题。此后，维多利亚诺（Victoriano）对马德罗总统的刺杀推动了墨西哥政治、经济与社会的深刻变革。在经历了一系列内战后，1917年，卡兰萨（Carranza）修改了墨西哥宪法，对民众的权力做出了让步，保障个人的财产权并将劳动的权力与土地的分配写入宪法，墨西哥实现了民主化。因为企图破坏索诺拉的铁路工人罢工，卡兰萨于1920年被杀。　　（接下页注释）

至印第安人,并用一种充满着民族主义情感的国家社团主义制度将他们纳入现代民族国家的框架内,但被认可、接受的并非是族群身份上的印第安人,而是阶级结构中的农民。对于他们的同化、教育以及在此基础上的公民化仍然在一以贯之地执行着。这也意味着,虽然大革命后的墨西哥构建了一个灿烂辉煌的印第安人的历史形象,但这只是一种意识形态上的建构,现实生活中的印第安人仍然处于被遗忘的边缘境地。

20世纪八九十年代,在经济危机的背景下,墨西哥政府改变了大革命之后国家干预的、保护主义的经济政策,推行以市场化和自由化为核心的新自由主义改革。这场新自由主义的改革取消了对于农业生产的保护,废除了作为革命精神象征的土地制度。处于社会经济结构底端的印第安人再一次成为国家秩序的牺牲品。在遭遇改革带来的破产、收入下降和土地流失等问题后,印第安人再一次发起了持续的抗争。

(接上页注释) 阿道弗·德拉韦尔塔(Adolfo de la Huerta)任临时总统,当年11月奥夫雷贡(Obregón)当选总统。奥夫雷贡当选总统后,墨西哥国内的军事冲突时有发生。直到1934年来自革命制度党的拉萨罗·卡德纳斯(Lázaro Cárdenas)就任总统后,墨西哥国内局势才得以稳定,此后,革命制度党长期执政,墨西哥进入到持续稳定发展阶段。学界普遍认为,在这场起义中,"人民"摧毁了旧政权,农民收回了土地,工人组织了工会,而革命政府开始为国家福利开发全国的资源,开创了墨西哥历史的新时期。参见莱斯利、贝瑟尔主编:《剑桥拉丁美洲史》(第5卷),中国社会科学院拉丁美洲研究所组译,社科文献出版社1992年,第79—163页。

撕开历史的裂缝

"撕开历史的裂缝!"①

被问及萨帕塔运动的诉求时,马科斯是这样回答。

撕开资本主义的裂缝!

五百多年前,在埃尔南·科尔特斯来到墨西哥前的十年,这片土地上的古老帝国就开始出现了一连串的凶兆,寓意着他们即将进入末世太阳的混乱。噩梦的特诺奇蒂特兰大屠杀只是一个起点,此后的五百年里,这个古老的文明和她的子民们以整体沦陷的方式,成为资本主义这个庞大的世界政治经济体系的垫脚石和牺牲者。这个世界并非只有资本主义一个图景,当新自由主义的浪潮再次冲击着这片土地,当作为太阳后裔的他们再一次沦为资本发展的牺牲品时,他们以一种悲壮的方式,在离魔鬼最近的墨西哥,撕开了资本主义的裂缝。

撕开武装抗争的裂缝!

尽管萨帕塔运动之初曾短暂发生过武装冲突,但萨帕塔民族解放军很快就放弃了单纯意义上的武力抗争。他们在拉坎顿

---

① Ejército Zapatista de Liberación Nacional. "El Muro y la Grieta. Primer Apunte sobre el Método Zapatista. SupGaleano." http://enlacezapatista.ezln.org.mx/2015/05/03/el-muro-y-la-grieta-primer-apunte-sobre-el-metodo-zapatista-supgaleano-3-de-mayo/,2015-05-03.

的丛林里召开反新自由主义世界大会,举行了前往墨西哥城的远征,积极地在世界的舞台上发出他们的声音。种种的一切都显示着他们的与众不同。"撕开历史的裂缝",马科斯的本意更在于强调萨帕塔运动并非只是抗争,更有着建立一个更为公正、民主和自由秩序的诉求。萨帕塔的这一诉求,并非是通过对国家权力颠覆的暴力性革命实现,而是以一种协作、民主的方式探索印第安人自治的路径。在与政府和谈破裂后,萨帕塔民族解放军在恰帕斯的高地丛林里建立了自治区。在萨帕塔运动的启蒙下,越来越多的印第安人意识到,他们并非只有暴力革命的唯一选项。在世界秩序与国家政权无法逃避的当下,作为社会的主体,他们可以而且能够以自治的方式投入到变革印第安人处境、推动墨西哥社会发展的实践中来。在萨帕塔运动的鼓舞下,自治成为当代墨西哥印第安族群运动的重要面向。

撕开权力的裂缝!

在苏联解体、世界社会主义运动陷入低潮,资本主义大行其道进而"历史终结"的20世纪90年代后,以萨帕塔为代表的当代印弟安民族运动的爆发撕开了全球体系内反抗资本主义的链条。正是因为这一特殊时代背景,更多观点将其视为当代新左翼运动的旗帜。沃勒斯坦在《全球左翼:过去、现在和未来》认为,发生在恰帕斯州的萨帕塔运动,代表着左翼能量的复苏与世界复苏的改变。① 马科斯神秘的个人背景、萨帕塔旗帜鲜明地反新自由主义的立场及其对信息技术的娴熟运用,更使得汗牛充栋的相关著作在不断丰富着这个左翼的"后现代革命第一枪"的神话。

尽管萨帕塔持有支持底层、边缘印第安人的左翼立场,但如果简单地用"左"和"右"来定义它似乎却在某种程度上简化了萨帕塔的思想,低估了萨帕塔运动的意义。在多次的宣言中,萨帕塔批判的绝非仅是新自由主义,资本主义、殖民主义、种族主义、性别主义甚至马克思主义都是其批判的对象。萨帕塔运动将对权力关系的批判平移至所有的群体内,拒绝任何可能存在的唯一优先性,而是致力于在所有的场合为被压迫的群体发声。尽管反对新自由主义,但萨帕塔并没有简单地用国家社会主义取代新自由主义。在为妇女和少数民族群体争取权力的同时,萨帕塔亦没有提出一种取而代之的主张。萨帕塔更多是一种底层的、边缘的立场,一种通过邀请他者参与、关注的方式,是在自我中发现他者,在他者中发现自我,由此撕开权力的裂缝,推动变革性实践的过程。从这个意义上来说,萨帕塔是一次革命,但它更是一次革命性的变革。

---

① 伊曼纽尔·沃勒斯坦,"全球左翼的过去、现在与未来",杜云飞译,载于澎湃思想市场 https://www.thepaper.cn/newsDetail-forward_44082351,2019-09-13。

正基于这样一种思维,萨帕塔民族解放军瓦解、超越了国家体系和地缘政治的框架。他们以自治社区为本体,以一种自上而下路径,用一种自治的实用性的方式超越既有二元的权力结构,赋予权力结构底层的印第安民众权力性的变革。借助于发达的网络媒介,萨帕塔们不断地将自己的主张向外宣传,试图将所有的底层人员纳入行动的框架中,实现对弱者的普遍赋权,由此为超越时空与地缘的束缚,为一个更为公平合理的秩序而努力。"行人民之意而率民"(Mandar Obedeciendo)①,萨帕塔自治就是对其自身与权力瓦解的实践。这种民主的、合作性自治的基层实践,在赋予日常生活的自治实践批判意义的同时,亦具备颠覆既有的格局与秩序的象征意义。

我和圣城

2014年2月,在经历了三十多个小时的飞行后,我终于来到了这座被誉为"后现代革命圣城"的圣克里斯托瓦尔-德拉斯卡萨斯(以下简称"圣城"),以一个完全意义上的他者的身份开始了在这座城市的生活。萨帕塔人、知识分子、华人、乞丐、小商

---

① Ejército Zapatista de Liberación Nacional. "Al pueblo de México: hablaron los hombres verdaderos, los sin rostro. Mandar obedeciendo." https://enlacezapatista.ezln.org.mx/1994/02/26/al-pueblo-de-mexico-hablaron-los-hombres-verdaderos-los-sin-rostro-mandar-obedeciendo/, 1994-02-26.

贩、清洁工、传教士、学生、教师、医生、公务员、不同的党派成员……我发现着这座印第安小镇和生活在这里的人们，小镇上的人们也发现着我。在和生活在这里的人们的交往中，我感受全球化支配下纵横交织的权力网络，倾听和感受这一权力格局底端的印第安人的命运与抗争。2014年10月，几经周折，我得以入住圣卢西亚自治社区，和领导人马里亚诺、胡安以及1600多名社区民众一样，以参与者的姿态投入到自治社区的建设和保卫中，并参与到自治社区一系列旨在于推动墨西哥社会发展的政治实践中。

古老的拉丁美洲是一片充满着激情的热土。火山、冰川、丛林、峡谷、高原，复杂的地形赋予了这片土地上的人民如火的激情。五百多年来的抗争历史、殖民者混血的融入激荡和碰撞着这片土地上古老的文明和人民。拉丁美洲的神秘与激情化作了聂鲁达（Neruda）笔下的星辰灿烂，化作了加西亚·马尔克斯（García Márquez）笔下的风起云涌，化作了爱德华多·加莱亚诺（Eduardo Galeano）笔下理性的悲愤，以及金·麦夸里（Kim MacQuarrie）笔下的波澜壮阔。刚接触拉美研究时，我并不太接受这样的写作风格。直到我真正开始用脚步丈量这片土地时，感受这片古老文明的宏大和生活在这里的人民的坚韧与活力时，我才真正感受到历史的厚重与现实的生命力。无论身在宾馆,租住在华人和当地人的家中,或是身处简陋的木板房里,我都会在深夜时分将自己一天的所见所思所想记录下来。在这样持久的写作中,我越发强烈地感受到,文字本身就是一种生命。这种生命是情感澎湃时的热泪盈眶,是苦思冥想时的灵光一现,是遭遇危机时的惊心动魄,是走投无路时的绝望沮丧,这远非机械枯燥的学术话语所能承载的。

在将三十多万字的田野笔记归纳之后,我从中选择了部分内容,在尽可能保留当时心性与思考的同时,增补了一些信息,并按照时间和主题兼顾的标准,将它们分为上下两个部分。上篇主要是以我的经历和遭遇为线索,在展现我和生活在圣城形形色色民众的彼此发现、碰撞、交流的同时,以此呈现着全球化支配下这个印第安城镇的权力网络,以及处在这个权力网络底端的印第安人的奋斗与抗争。下篇主要记述了我在圣卢西亚自治社区生活的经历,展示了在萨帕塔运动影响下,处在权力结构底端的印第安人如何在马里亚诺和胡安等社区领导人的带领下通过自治实践,参与到变革墨西哥的进程中的悲剧故事。

需要说明的是,因为萨帕塔"后现代革命第一枪"的影响力和马科斯充满传奇色彩的个人经历,一些研究将萨帕塔为代表的当代印第安人的抗争运动视为新世纪的"神话",本书无意于此。无论是对全球化语境下印第安人生存境遇的分析,亦或是对萨帕塔自治区和在其影响下的圣卢西亚自治社区自治实践的分析，本书都将权力的解构贯穿其中。在撕裂资本主义建构的世界体系，剖析印第安人所处的权力生态的同时，撕裂"左"的意识形态对当代印第安运动箭垛式的神话建构和"右"的意识形态对其的污名化标签，在呈现、批判当代印第安自治运动的同时，寻求一种更为合理的发展逻辑与秩序。在我看来，这正是对于萨帕塔精神自觉的继承。

上篇　墨西哥印第安人：在社会变迁中寻求美好生活

到墨西哥去

2013年3月，提交完毕业论文后，我猝不及防地陷入了就业的焦虑中。在学校的就业网站上，我看到了中央民族大学世界民族学人类学研究中心的招聘信息。"到海外去！"这样的工作机会实在太有诱惑力了。虽然攻读博士学位期间，我曾赴日本和荷兰访学，却没有任何海外社会文化研究的经历。总归是做田野调查，抱着试一试的心态，我准备了一份简历，并附上了一份求职信。

半个月后的一个傍晚，我收到世界民族学人类学研究中心包智明老师的电话。他告诉我，中心学术委员会已经通过了我的简历初审，希望我能参加周末的面谈。三天后，在中央民族大学南睿楼601室里，包老师向我讲述了世界民族学人类学研究中心的发展规划。回顾中国人类学发展史后,包老师强调世界中心是国内第一个以海外民族志为研究取向的实体机构。在未来几年的发展中,中心的田野点将遍布世界各大洲。之所以从近百份的简历中通知我过来面谈,是因为我在简历中罗列了冗长的田野经历。他想知道我是否愿意从事海外民族志研究。在得到肯定的答复后,他告诉我,中心在世界的几大区域都有了人才布局。如果能够入职,我必须在拉美和非洲中做出选择。在一刹那,我的脑海中突然闪现美洲印第安人从亚洲跨越冰河的迁徙历史。我毫不犹豫地告诉包老师,我期待能去遥远的拉美开展实地田野。

在经历了一系列残酷而漫长的试讲、政治审核、签约和体检后,我最终顺利入职中央民族大学世界民族学人类学研究中心。在办理手续的过程中,我参加了第二届海外民族志工作坊,对中国人类学海外民族志发展的过程与学术规范进行了系统的学习。在海外民族志已经成为中国人类学新常态的当下[1],入职世界民族学人类学研究中心这一专门从事海外民族志研究的教学科研机构后,我必须认真思考自己的学术转型问题。这首先牵涉到的就是选择什么样的国家,关注什么样的主题。坦白来说,

---

[1] 包智明,"海外民族志与中国人类学研究的新常态",《中央民族大学学报(哲学社会科学版)》2015年第4期。

除了印第安人、西班牙语、足球等标签外,当时的我对拉美的了解并不多,很难在短时间内确立研究主题与研究对象。此外,因为复杂的签证手续与研究许可,能够允许我进入并开展田野研究的国家其实并不多。除了巴西以外,拉丁美洲的大部分国家通行西班牙语①。为了能有更大的选择余地,我决定先学习西班牙语,利用这段时间,搜集相关的信息。

2013年的9月,我开始在北京语言大学培训学院学习西班牙语。差不多同时,通过北京师范大学彭牧老师的介绍,我结识了中国社会科学院拉丁美洲研究所的魏然博士。9月的一天,在偶然一次去社科院拉美所与魏然博士的交流中,我遇见了回所的吴国平研究员。了解到我准备去拉美做田野,吴老师很是高兴。他大力推荐我去墨西哥恰帕斯州做研究,因为那里有着许多玛雅文化的遗留。他认为无论是外在的文明形态还是内在的文化理念,玛雅文明与中华文明有着太多的相似之处。他希望能够通过我的研究,破解玛雅文明与中华文明之间的关系。他善意地提醒我,虽然那里在1994年曾发生过印第安人组织的萨

---

① 拉丁美洲的33个国家和地区中,除巴西使用葡萄牙语、海地官方使用法语(通用克里奥尔语)、苏里南官方使用荷兰语(通用苏里南语),圭亚那、牙买加、特立尼达和多巴哥、圣卢西亚、格林纳达、巴巴多斯、圣文森特和格林纳丁斯、多米尼加联邦、巴哈马、伯利兹等国使用英语外,其他国家都使用西班牙语。

帕塔民族解放运动,但现在局势已经很是平稳了。吴老师给出的命题是我无法回答的,但他那句"1994年印第安人的萨帕塔起义"却引起了我极大的兴趣。此后,我搜集了相关资料,查阅了《剑桥拉丁美洲史》[①]和拉美所索飒研究员、北京大学董经胜教授的一系列著作,了解到处于贫困、边缘处境的墨西哥印第安人的抗争历史,并重点对墨西哥国家历史与印第安族群运动进行了梳理。大量的研究都集中于对萨帕塔起义事件本身的关注上,鲜见恰帕斯现状的研究成果。在萨帕塔运动20年后,当前墨西哥恰帕斯州的印第安人又有着怎样的处境?萨帕塔运动对印第安人和墨西哥社会又有着怎样的影响呢?萨帕塔运动的爆发和墨西哥政府的治理策略为我国少数民族的政策制定和民族问题的解决提供怎样的经验教训呢?我对恰帕斯产生了浓厚的兴趣。

魏然告诉我,墨西哥社会人类学高等调查研究中心在恰帕斯州的圣城设有分院。他曾去过圣城,并结识在那里工作的玛利亚(María)教授。玛利亚教授毕业于加州大学洛杉矶分校,博士论文关注的是墨西哥印第安人的咖啡种植。入职墨西哥社会人类学高等调查研究中心后,她长期在萨帕塔自治区田野作业,

---

[①] 中译本《剑桥拉丁美洲史》由中国社会科学院拉丁美洲研究所张森根研究员率领团队翻译而成,自1991年首次出版第4卷后,直至2012年完成第9卷的出版,分别由社会科学文献出版社、经济管理出版社、当代世界出版社和当代中国出版社出版。

主要关注自治区内印第安人的发展和教育问题。得知我想来恰帕斯开展田野作业,她非常高兴。"虽然在恰帕斯,人类学者是每个家庭的基本成员构成。但这里的人类学者除了墨西哥外,都是来自于美国、加拿大或者是其他拉美国家。我们迫切地希望有来自中国的学者的声音,中国视角或许能够帮助我们更好地理解墨西哥印第安问题,中国共产党的少数民族政策对于墨西哥印第安问题的解决或许有着非常重要的参考意义。"在与玛利亚教授商议后,我们决定在2014年的2月进行为期一个月的预调查。从2014年8月开始,再在当地开展为期9个月的正式的田野作业。

虽然阅读了一些文献资料,但我对墨西哥社会还是缺乏深度的认知。在网上搜索墨西哥的信息,谋杀、抢劫等负面报道层出不穷。在百度的"墨西哥吧"里,不少帖子都是关于墨西哥治安的话题。毒品、抢劫、社会治安不好是中国人对墨西哥的第一印象。得知我将去墨西哥做田野,家人、朋友们也充满了担忧,他们不止一次地询问我安全是否有保障,是否考虑更换一个国家。面对这些负面评价,我确实产生过动摇,但理智告诉我,对于秩序的诉求是人类生存发展的本能。即便是在负面报道不断的墨西哥,那里的社会定然有着自己的秩序,那里的人民一定也有善良和美好的。抱着这样朴素的念头,2014年的大年初八,在尚未远去的鞭炮声中，我离开了家乡，开始了未知的冒险之旅。

第一天

在经历了近 20 个小时的转机、飞行后，我终于在 2014 年 2 月 9 日的下午 2 点抵达墨西哥城国际机场。在办理完冗杂的出关手续后，我四处寻找前往恰帕斯航班的登机口。所有的信息都是西班牙文。初学西班牙语的我并不确定这些信息的意思，我试图用英语向周围的乘客确认，他们却都摆手回绝了。万般无奈之下，我找到了一位巡视的警察求助。在耐心地听完我的讲述后，他用蹩脚的英语告诉我，前往恰帕斯的登机楼不在此处，他可以带我过去。他一边走，一边语重心长地告诫我："因为我是警察，所以我可以帮助你。但是不要轻易在墨西哥问路，因为这里是墨西哥，这里充满了欺骗。"作为国家公职人员的他竟然如此描述自己的国家，这对我来说不得不是一个沉重的打击，我开始担忧起自己未来的田野。

两个小时的飞行后，我终于在傍晚时分抵达了图斯特拉-古铁雷斯（Tuxtla Gutiérrez）。办理完行李领取手续后，玛利亚教授预约好的司机在出口处举着我的名牌。"机场离圣城还有着 70 公里，大约需要两个小时。"没等我开口，司机跟我解释着。车窗外，点点星光散布在道路两侧。人们住着不高的二层小楼，水泥砖是重要的建筑材料，这样的风貌与家乡湖南农村的景致颇为相似。不一会儿，我们驶上了高速公路，车窗外的景致发生了明显的变化。夜晚的高速公路上没有其他车辆，巍峨的高山在稀疏的月光下清晰可见，道路外侧的护栏外是漫无边际的黑暗。司机善意地提醒我，圣城位于恰帕斯高地上，和机场之间有着大约 2000 米海拔的差距，我们正沿着平原到高地的裂谷间不断爬升。司机的话让我倒吸了一口冷气，我一方面担心路况条件的恶劣会对夜晚行车的安全产生影响。墨西哥城机场警察的告诫也让我惴惴不安。如果司机有任何歹意，在这荒郊野外的夜晚，我恐怕是没有任何反击之力吧。

焦虑不安的情绪持续了差不多一个半小时，直到山脚下出现大片灯光，司机告诉我这是圣城时，我才长舒了一口气。我们沿山盘旋而下，到达城市的边缘。虽然已是晚上八点，城市的街道上却挤满了车辆。前方的车灯照在路面上，地面上的石板反射出点点的光芒。差不多半个小时后，司机才把我拉到了城市边缘的酒店。办理完入住手续后，已是晚上十点。在经历了差不多三十个小时的旅行后，我早已又累又饿。此时的街道早已是漆黑一片、空无一人。力殚无奈之下，我找到酒店前台的小哥。他告诉我，这个时候只有城市中心的餐馆仍然开着门，但离旅馆有 10 个路口的距离。因为他要值班，不能陪同我前往。出于安全的考虑,我不敢一个人冒险前去,只得询问他能否帮我找一些食物垫垫肚子。他去厨房找了十多分钟,将一小块发硬的面包和一个蔫了的绿苹果递给了我。我从未想过自己田野中的第一餐居然会如此的糟糕。发硬的面包似乎只有锯子才能够锯开,没有热水的我只能一口面包一口生水地强吞着,蔫了的绿苹果更是酸得让人难以下咽。可一想到还要挨过这漫漫长夜,我便强忍着,硬是将这些食物吃了下去。

第二天早上5点,街头上叮叮当当的铃声将我惊醒。窗外的街道挤满了贩卖食物的小推车。我早早地洗漱完,拿出酒店小哥给我的地图,开始在这个城市的探险。红黄相间的墙饰、随处可见的经幡、低矮的房屋、高低错落的街道和铺满岩石的路面让我有一种陌生的熟悉感。两侧低矮的房屋内,许多身着传统服饰的印第安人正用大把大把的麻袋贩卖着从村庄运来的松树枝。还有许多身着传统服饰的印第安人,如同数十年前我的祖辈们一样,在街头用纺纱机织布。我沉浸在这种陌生的熟悉感中,甚至忘却了时间,直到饥肠辘辘时,才惊觉已经过了正午。

按照前台小哥给我指明的方向,我走了十个街口才到达城市中心的广场。广场的西侧是一座黄色巴洛克风格的大教堂,大教堂旁是一个小型的街心花园,西侧是圣城的市政厅和附属广场。这一带有着许多餐馆,大部分主打的都是墨西哥玉米卷饼和玉米饼。一家商店的宣传画册上这样介绍玉米卷饼:传说玉米卷饼最早是玛雅人的食物。旧时的玛雅人用玉米制成的卷饼包裹着小鱼食用。殖民者入侵墨西哥后,卷饼包裹的食物更是多样,牛肉、鸡肉和猪肉最常见。配上柠檬汁和各色的辣椒酱,就是墨西哥最为大众的食物玉米卷饼了。玉米卷饼的口感非常脆薄,经过香料烹制的肉类味道也很是醇厚,配上一点点开胃的辣椒酱,口味竟和老家的锅巴很是相像。这样美味的食物,价格也很是低廉。我一口气吃了八个玉米卷饼,也不过仅要30比索①。吃完午餐后,我一直在城市的中心游荡,感受着圣城的风貌。

圣城

直到走在这古旧的大街上,我才切身地感受到圣城这座有着近500年历史的古城的魅力。这座海拔2000米的小城坐落在恰帕斯州的高地上,周围遍布着佐齐尔、策尔塔尔和乔尔等多个印第安部族。1528年,在迭戈·德·马萨列戈斯将军的带领下,西班牙殖民者们来到了恰帕斯高地的霍韦尔谷地,在这里修建了一系列房屋、教堂和广场,并将其命名为雷亚尔城,从此掀

---

① 比索,墨西哥货币名称。墨西哥比索与人民币的汇率近年来不时波动,但大体上1比索约等于人民币0.3元。

开了其现代城市发展的序幕。此后,雷亚尔城改名为圣克里斯托瓦尔-德拉斯卡萨斯,一直是恰帕斯地区的政治中心。直到1892年,时任州长埃米利奥·拉瓦萨将州府搬至恰帕斯平原地区的图斯特拉-古铁雷斯,圣城才逐渐失去了政治中心的地位。

20世纪末,为了反抗墨西哥政府的同化政策,改善印第安人收入、教育和医疗水平,以及反对全球化对于印第安地区农业发展的冲击,捍卫印第安人的权益,在墨西哥与美国、加拿大签署的北美自由贸易协定区协议生效的1994年1月1日,在白人将领马科斯率领下,印第安人组织了萨帕塔民族解放军,发起了捍卫印第安人权益的萨帕塔运动。他们占领了圣城,让世界的目光聚焦在这个有着近500年历史的小城上。萨帕塔革命的巨大影响力,使得这座小城在革命后一跃成为国际性的旅游重镇。热带高原的宜人气候、松林环绕的山谷风情、深厚积淀的殖民时代建筑群、色彩斑斓的多元族群以及"后现代革命第一枪"的历史地位,吸引了大量来自世界各地的游客们。

慵懒的音乐忍不住让人坐下休息。在城市中心花园的椅子上休息了一个小时后,比照着地图,我开始用脚步丈量这座古城。整个城市以中心的天主教堂为核心,南北走向的教会大街和东西走向的瓜达卢佩大道向四周延伸,将城市的各个角落连接起来。教会大街起于城市南部的卡门(Carmen),这座四层的金色拱门得名于西侧的同名教堂,是西班牙殖民者初入此地时修建的。在此前的300多年里,卡门一直是进出圣城的重要关口。教会大街自卡门向北延伸,依次穿过城市中心的广场,广场东侧的地标——圣城大教堂。教会大街一直向北延伸,直到城市北部圣多明各教堂附近的工艺品市场。以中央的广场为界,教会大街分为三个部分。自卡门到教堂南侧的第一段大街,有着包括酒吧、餐馆、夜总会和药店等在内的一系列商业场所,供应着包括日本寿司、中国料理在内的全球各地的美食。傍晚时分,华灯初上,街道上稀稀拉拉地走着世界各地的游客,身着土著服装的小哥不停地招呼着过往的行人。伴着酒吧低吟的歌声,路旁的咖啡厅坐着刚刚下班的职员。偶尔有着两三个印第安小孩羞涩地走到客人面前,或是央求他们购买手中的玩具,或是请求他们给予施舍。

与教会大街的第一段不同,中心广场是佐齐尔、策尔塔尔等印第安人的天下。身着印第安传统服饰的年长妇人们随身扛着各式各样的羊毛围巾、披肩等服饰,成年男子们或是随身扛着一个装有香烟、打火机、口香糖的小柜子,或是随身扛着一个擦鞋的柜子。孩子们拎着一个装有手工编织玩具的小框子,在广场上闲逛着,等候着他们的顾客。"要不要来一杯?"正当我坐在广场前的台阶上时,一位身着传统印第安服饰、推着果汁车的小伙子羞涩地朝我打了声招呼。我要了一杯橙汁,和他闲聊起来。他告诉我,他叫弗洛伦蒂诺,来自圣城附近的一个策尔塔尔村落。14岁那年离开家乡,来到圣城上初中。学校半天上课,他课余时间到广场打工,以贩卖果汁为生。依靠这份收入,18岁的他已经完成了初中学业,去年进入预科阶段的学习。虽然半天上学、半天工作很是辛苦,但他很喜欢圣城。因为在这里,离梦想越来越近。"要是在村里,我肯定没法上学,我有六个兄弟姐妹,只靠家里的咖啡地,连吃饭都不够。"广场的入口处突然来了一大群高大的白人,匆匆和我告别后,弗洛伦蒂诺推着车朝他们走去。

圣城大教堂

广场到圣多明各教堂是教会大街的最后一段。除了靠近教堂的区域有几家酒吧、餐厅外,这段不到500米的街道大部分都是一些服装店、鞋店和配饰店。步行街的尽头是印第安人开设的工艺品市场,出售包括琥珀、印第安传统服饰在内的工艺品。游客们穿梭其间,在狭窄的摊位间寻找着满足各自需求的物品。

城市的另一条步行街——瓜达卢佩大街起于城市中心的大教堂,终于城市东端街道尽头的瓜达卢佩大教堂,这段长约1500米的瓜达卢佩大街正得名于此。瓜达卢佩大街上的居民多是白皮肤的欧罗巴人,街道两旁的店铺也以酒吧、书店和纪念品店为主。走进一家名为切·格瓦拉的酒吧,老板路易斯正在擦桌子。他是一个加拿大人,大学毕业后在一家公司上班。因为厌倦了年复一日的工作和机械的生活,几年前离开了加拿大,选择在圣城定居。"这里不仅气候宜人,更重要的是,这里的居民都有着自己的理想。"路易斯告诉我,这条大街上的居民多是美国人和加拿大人,他们都是厌倦了都市生活的钢筋水泥,在邂逅圣城后,选择在此停留。也有一些外籍人士深受萨帕塔革命的鼓舞,在局势稳定后选择在此定居,帮助贫穷的印第安人。旅居在此的外国人,或是开着餐馆、酒吧和书屋,或是在当地开设免费的宗教、技能培训班,向当地居民介绍着外面的世界。也有一些人什么也不干,只是每天打开家门,静静地看着街头的人来人往。"在这条国际化的大街上,既能吃到来自新西兰的牛肉、荷兰的啤酒、日本的寿司,也能参加形形色色的各类社会活动,接触到秉持着不同理想、信念的各种人群。"

瓜达卢佩大街

午夜惊魂

初入田野的新鲜感、熟悉的家乡感加之时差的缘故,当我感觉到饿的时候,天已经完全黑了。我找了一家酒吧,点了阿根廷牛肉,要了一杯红酒,慢慢地欣赏着台上歌手卖力的演唱。台上表演的都是印第安人，他们抱着吉他，吹着木箫。木箫的声音悠远、绵长，配合着歌手低吟的浅唱，在这喧闹的酒吧里，竟能让人感受到一丝平静与安详。台下围坐的客人们，在木箫声的陶醉中，轻声地品尝着美食、美酒。

沉浸在酒吧慢摇的氛围中，我竟忘却了时间。等我查看手机时，才发现已是晚上10点30分了。我匆忙地结了账，发现手上已经没有多少现金。刚巧酒吧出门的十字路口处有一个自动取款机，想着明天上午还要见玛利亚教授，我打算先取点现金，以备不时之需。怀揣着刚刚取来的5000比索，我往城市东边的旅馆处走去。早上出门时，我注意到从房间的窗户上能够看到高大的瓜达卢佩大教堂，而这是瓜达卢佩大街的标志性建筑。因此，我并没有详细地记住酒店具体的街道和门牌号，而是大意地认为，只要走到瓜达卢佩教堂附近，就一定能够找到旅馆。我找到瓜达卢佩大街，一路朝东走去。当我走过第二个路口时，街道两侧的住户早已关门，路灯开始变得稀稀拉拉，偶尔有一两个行人从身边走过。山谷里有些微热的风迎面吹来，微醺的我在这真实却又迷幻的街道里慢慢走着。到了第四个路口之后，差不多每隔100米才有一个路灯，街道顿时暗了下来。

我显然高估了自己的方向感。当我走到瓜达卢佩大教堂脚下的台阶处时，我突然发现，我竟然找不到宾馆了。我记得旅馆

从瓜达卢佩教堂俯瞰圣城

房屋窗户的右后方对着瓜达卢佩教堂,这意味着旅馆的位置应该在从瓜达卢佩教堂往左走的方向。然而,当我沿着瓜达卢佩教堂尽头的丁字路口往北走过一个路口后,我没有发现宾馆。我继续向北走第二个路口,还是没有找到宾馆。我走到了第五个路口,此时,道路两旁已经是破烂的棚户区,瓜达卢佩教堂已经离我有着一段明显的距离了。我意识到,酒店不是在路口处,而是在这五条街道的里侧。

当我反应过来,准备往回走的时候,突然感觉到有人拍了拍我的肩膀。我并没有感觉到危险,甚至下意识地认为可能是今天在城市里结识的朋友。我转过头来，发现眼前站立的是一个身形魁梧、衣着简陋的大汉。他的脸异常地严肃，眼神里露出让人发抖的凶光。更要命的是，他的手上拿着一只手枪。看到手枪的那一刻，我的脑海里一片空白。反应过后，内心无比恐慌，双腿开始发软。本想说句求饶的话，情急之下一个字都说不出来，只是下意识地举起了双手。半分钟后，他开始说话了。"把钱掏出来！"紧张加上西班牙语的不熟练，我并不知道他说的是什么。他重复了一次，我才明白他要的是钱。我哆嗦地翻出钱包，拿出刚刚取出的比索。本想为自己留点生活费，但看到他那凶狠的眼神，这个念头瞬间打消了。我哆嗦着将5000比索全部奉上。他嘟囔着，说了一句我听不懂的话，便朝街道的北侧跑去。

在他转身的一刹那，我瘫坐在街角旁，眼泪一下子涌了出来。从小到大的我从来没有如此近距离地感受过死亡。想起刚刚对着我那黑洞洞的枪口，如果他真的一时兴起，突然开枪，死亡是唯一的结果。我还那么年轻，才刚刚踏上工作岗位，父母、爱人需要我去照顾，如果我就这么走了，真的很不甘心啊。在这荒郊野外，如果我真的被他杀了，想必也没有人能识别出我的身份。更让我绝望的是，我不清楚这样的状况究竟是偶发，还是常态。如果是常态，那么下一次，我还会有这样好的运气吗？一想到这里,一股无法抑制的恐惧、悲凉瞬间涌上心头,此刻的我,发疯地想回到国内,回到北京。

我绝望地坐在地上,突然意识到,这里并不是一个安全的地方。我必须马上回到旅馆,这才是保命的第一件事。我站了起来,飞快地朝着远处的瓜达卢佩教堂方向跑去,但瞬间又意识到,这样的奔跑动静太大,更会暴露我内心的恐惧,吸引暴徒的注意力。我努力地控制自己的情绪,放慢了脚步,装作气定神闲的样子一步一步地朝南走去。我记得旅馆的窗户能够看到瓜达卢佩大教堂,这意味着旅馆应该是在这五条路上的一条。那么,我把每一条路挨个走一遍,就一定能够找到原来的旅馆。从离瓜达卢佩最近的那条胡同开始,我朝东走去,直到过了两个路口,瓜达卢佩教堂已在后方时,我才往回走。第二条路还是一无所获。当我走进第三条路时,我突然觉得远处瓜达卢佩教堂的大小跟我早上从窗户上仰望时轮廓的大小差不多了。果然,当我走过第三条路的二个路口时,终于见到了那熟悉的灯光和小门。我急切地敲打着宾馆的小门,守店的服务生打开大门。我瘫坐在门口的椅子上,久久没有说话。

守店的服务生见我如此狼狈,问我发生了什么。我告诉他,我被抢劫了,在离这不远的路口,损失了 5000 比索。他一脸淡然,嘟囔了一句,"这里本来就不是特别安全,为什么要带那么多

宾馆周围的环境

钱在身上呢?"见我一脸困惑,他跟我解释,这里是圣城城市外围的过渡地带,很多吸毒的、无家可归的人都住在这附近,白天偶尔都会有抢劫发生,更何况是漆黑的晚上了。"那么,他们也会真的杀人吗?"我战栗地问了他。"偶尔吧,一般来说如果不是平时有矛盾,偶然发生的抢劫只是为了钱,他们并不会真的伤害你。"服务生丝毫没有在意我的语气,依旧轻描淡写地回答着。"那么,我应该报警吗?""你觉得墨西哥的警察会真的查案子吗?你想过报警的后果吗?有可能警察没有抓到你,反而那些抢劫的人知道了你的信息,那么你就真的不安全了。"他的回答让我很是诧异,我想继续问下去,他却摆了摆手,回答了我一句"祝你有一个好的睡眠"后,就不再搭理我了。

　　料想再问下去也没有结果,我只得狼狈地回到了住的房间。经历了这样的波澜之后,我没有一丝的倦意。脑海里反复出现着那个深邃的眼神和黑洞洞的枪口。我不断地想象着,如果真的他开了枪,我会有什么样的命运,我的家人会受到怎样的痛苦。一想到这里,我开始琢磨是否有可能早点结束这不安全的田野。辗转反侧后,我决定给中心主任包智明老师写一封邮件,跟他说明我的情况,希望中心考虑改签机票的事宜。写完邮件后,在不断袭来的恐慌中,我迷迷糊糊地睡去了。在迷糊中,我发现自己身处在一片漆黑中。我努力寻找出口,拼命往前奔跑,却始终无能为力。精疲力尽之际,一个蒙面人突然冲到了我的面前,用枪口对准了我……在突然持续的震动声中,我从噩梦中醒来,这才意识到刚刚发生的只是一个噩梦,而刚刚发生的震动是包老师回信时手机邮箱的提醒。包老师的回信里并没有提及提前改签事宜,只是希望我在这一个月的时间里认真做好调查,务必做好安全工作。这一个月的时间是不会改变的了。那么,在这一个月里,我应该怎样保护自己、避免伤害呢。显然,只有生活在此的当地人才能给我建议了。

  早上6点钟,天微微亮的时候,我匆忙跑下楼,向宾馆的服务生咨询我该如何防备自己。和昨天晚上一样,他依旧摆出一副爱答不理的神情,"你随身带着点钱就够了,他们不会要你的命的。"对于他近乎玩笑的回答,我彻底愤怒了:"你究竟有没有考虑过我的感受?我是在问你保命的方法!"他依旧是一副爱答不理的样子,摆了摆手便低头不语。我突然意识到,虽然我是他的顾客,但他确实没有任何义务充当我的生活顾问。意识到自己的失态,我平复了情绪,回到了房间。我开始疯狂地搜索圣城治安状况的资料。大部分信息都显示着在经历十多年旅游产业的发展后,圣城的治安状况足够让人放心。少量的负面新闻也显示着这里一些区域治安环境的恶化。在圣城城郊的棚户区内,散居着许多来自周边农村的印第安人。圣城周边的查穆拉、圣拉蒙等村落,更以贩毒、吸毒人数众多而闻名。这些吸毒的人,常常居住在圣城城郊,以抢劫、盗窃为生。我所住的旅馆,正是处在城区边缘与棚户区毗邻的地带。

　　看到这些消息,原本焦虑的情绪慢慢平复了下来。我逐渐确信抢劫我的一定是因吸毒或者其他原因陷入贫困的印第安人。他们的目的是钱财,肯定不会威胁我的生命。我又有些担心,这些人多是居住在此的吸毒者和醉汉,谁知道他们不会情绪失控,朝我开枪呢?我萌生了搬离这里的想法。我找到了前天的服务员,他告诉我,因为我交了两周的房费,他们才以特价给我。如果我现在搬离酒店,他们是不会退款的。虽然心有不满,但昨天晚上的事情让我心有余悸。是啊,我刚刚到达这个城市,连城市的大体方位都不熟悉,如果贸然退宿,不仅会损失几千比索,谁又能保证下一个旅馆是安全的呢?

　　早上10点的时候,玛利亚教授通过酒店前台打来了电话,约我11点在墨西哥社会人类学高等调查研究中心见面,她会派学生阿拉塞莉开车来接我。和玛利亚教授见面后,她询问我是否适应这里的生活。在表示圣城有着跟我故乡一样的风貌和饮食习惯,我很喜欢这里的生活后,我跟玛利亚教授说了昨晚被抢的经历。出于礼貌,我并没有表达自己的不满,只是隐晦地询问玛利亚教授,旅馆附近是不是安全的?是否有可能重新选择住宿点?玛利亚教授似乎明白了我的意图。她告诉我,之所以将我安排在旅馆附近,一方面是因为她家就在那附近,平时能够对我有所照应。另一方面,她也知道那一带的环境确实不是特别安全。

那里不安全的社会环境却是整个印第安社会的一个缩影,居住在那里,你才能真真切切地感受到印第安社会的变革,才能够体会到这种变革对于印第安人、对于你、我以及世界的影响。

墨西哥人类学的发展很大程度上起源于对境内印第安人的研究。受美国影响甚大的墨西哥人类学研究亦很注重田野调查,要求研究者必须参与到研究对象的日常生活之中,并居住上相当长的时间。

哪怕那里的环境并不安全,但只有居住在那里,才会促使你思考这里究竟有多么不安全,这种不安全究竟是源于哪里?

玛利亚告诉我,墨西哥社会人类学高等调查研究中心之所以将恰帕斯州的分院设置在离圣城中心城区 5 公里之外的城郊,正是出于这样的原因。

墨西哥社会人类学高等调查研究中心之所以在这里设置分院，也是因为这里离印第安人居住的社区很近，我们也成为他们生活的一部分。在这里，我们能够近距离地参与他们的生活，了解他们的一切。

至少一年以上周期的田野调查，参与到研究对象的日常生活之中，自马林诺夫斯基之后，这些具体的细则已经成为人类学田野作业的基本规范与共识。对于玛利亚教授的这一观点，我并没有太多异议。我在意的是在田野过程中人身安全的保障。"如果连基本的安全都没有办法得到保障，我们的田野作业还有什么意义呢？"玛利亚笑了笑，询问了我昨天的具体遭遇。听完我昨天的遭遇，她意味深长地说到，

从个人层面上而言，我真的担心你，因为是我把你邀请过来的，如果你出了什么事情，我很难跟你的家人交代。但从一名学者的角度来说，我觉得你的田野作业存在一定的问题。最重要的就是你的准备工作是明显不够的。你来到一个陌生的地方，首先是要对这个地方的基本情况有一定的了解，并对自己的行动做一个基本判断，这方面的工作你

是欠缺的。你不仅没有了解圣城城市空间的基本布局,你也缺乏对所处空间的基本判断。你没有注意到旅馆附近的印第安人棚户区的景观布局,甚至在半夜11点,附近都没有人的时候仍然在街头晃荡,这显然是有很大问题的。

虽然有些尴尬,但我必须承认,我很认同玛利亚教授的批评。田野准备的不足、过分相信直觉是我遭遇抢劫的重要原因。因为还有其他的会议,玛利亚教授告诫我之后就匆匆地离去了,我最关心的安全问题却并没有得到解答。

恰帕斯老李

从社会人类学高等调查研究中心出来,看到我心事重重,阿拉塞莉跟我解释,虽然偶有抢劫,但大部分时候这里非常安静。阿拉塞莉特意强调,别看圣城城市不大,却有着三家中餐馆,最著名的是在城市中心英雄儿童大街的香港酒家。阿拉塞莉一边说着,一边开车到了餐馆。在她看来,如果能给我介绍一个华人,让他们告诉我在这个城市的体验,或许能暂时缓解我的不安。

不凑巧的是,当我来到餐馆时,老板并不在店里。我和阿拉塞莉坐了下来,请她吃了餐馆里最有名的炒饭。干瘪的饭粒盖上了一层厚厚的油，中间夹杂着一些油炸过的牛肉和切成块的胡萝卜和豆芽，很难让人接受这就是中餐。下午五点，我再次返回餐馆，服务员告诉我，老板已经回家了，我可以明天中午的时候再过去。第二天中午，结束了市中心的访谈后，我再次来到香港餐厅，点了一杯可乐，坐在了餐馆大堂最为显著的位置。差不多下午1点，大门口突然喧嚣了起来。不一会儿，一个约莫五十多来岁、有着明显亚洲特征的男子和一位肥硕的墨西哥女子走了进来。男子一边走，一边对着柜台上的侍应生吼着，让她把门口地面的泥巴拖干净。一段简单的自我介绍后，他热情地邀请我去办公室坐坐。他的广东口音实在是太重了。除了"请坐"外，我并不是听得特别清楚。当我坐下后，我才注意到，他的门牙是缺失的。浓重的广东口音，加上门牙缺失导致的说话漏风，使我很久才适应他的表达。

我向他介绍我的情况，告诉了他我的职业和来这里的目的。他告诉我，他是老李，老家在广东，在这里已经生活了14年。我告诉他自己被抢的经历，询问他这个区域的安全情况。他告诉我，这里没有绝对安全的地方。即便是在市中心也会有抢劫事件。他刚来圣城那会儿，还有印第安人的武装抢劫店里的东西。我住的地方远离市中心，自然更是危险。除了提醒我要注意安全外，老李特意强调只要有需要，可以随时来找他，他非常欢迎我来店里吃饭,他请客。老李不多的介绍和热情邀请让我原本焦躁不安的心稍微平静了下来。此后的几天里,我时常在老李的餐馆里吃晚饭。老李每次都会挽留我与他闲聊一阵,他的爱人莉莉也总跟我介绍墨西哥和恰帕斯州的基本情况。就这样,老李和他的爱人莉莉成为我在这里最初熟悉的人。几天下来,我对他们的经历也有了更为细致的了解。

老李本名李强,原籍广东惠东,出国前已是当地一家小有名气的制衣厂老板。老婆为他生下了三子一女,家庭幸福美满。改革开放之初,不少惠东人远赴重洋,来到墨西哥谋生。当时的墨西哥,正处于社会转型时期,尚未开发的市场有着大量的机会。早期前往墨西哥的惠东人,个个赚得盆钵满金。一大批富裕了的墨西哥惠东人陆续回到家乡探亲。当时,李强的一位发小回乡后极力鼓励他来到墨西哥发展。他准备在墨西哥扩大规模,开设新的制衣厂,想高薪聘请李强到墨西哥新工厂做技术指导。李强也希望利用此次机会考察墨西哥市场,在墨西哥干一番事业。2000年,39岁的李强变卖了家里的制衣厂,在经历了50个小时的旅行后,来到了大洋彼岸的墨西哥。

发小将制衣厂开设在墨西哥南部格雷罗州的阿卡普尔科(Acapulco),李强担任技术指导。由于阿卡普尔科是热带气候,制衣厂制造的短袖衬衫利润微薄,而利润丰厚的夹克却销售不畅。勉强维持一年后,制衣厂很快就倒闭了。同乡将制衣厂搬到了位于恰帕斯高原的圣城,希望利用当地寒冷的气候将制衣厂扭亏为盈。事与愿违,一年后,制衣厂再次倒闭。投资失败的原因在于同乡对墨西哥社会缺乏基本的了解。他不仅不了解当地的气候,甚至对墨西哥人的体型、审美需求也一无所知,只是盲目地根据中国版型与设计生产服装,出来的产品自然无人问津;另一方面,格雷罗州是墨西哥社会治安较差的州,阿卡普尔科社会治安问题非常突出。2000年前后,包括圣城在内的恰帕斯州的诸多城市仍然为萨帕塔民族解放军与政府之间的战争困扰,社会治安并不理想。此外,恰帕斯州是墨西哥最为贫困的州,以印第安人为主体的当地居民消费水平普遍偏低。在缺乏对墨西哥地方社会基本认知的情形下,两次搬迁的制衣厂最终都逃离不掉倒闭的命运。

发财梦破灭后,血本无归的同乡开始遣散工友。尽管遭遇挫折,但雄心勃勃、一心想要闯出一番事业的李强却并不服输。他和其中的一位工友拒绝了同乡赠送的机票,决定留在圣城。就这样,李强和他的工友成为圣城最初的两位华人。虽然两年制衣厂的工作经验并没有带给李强理想的收入,但李强却结识了一位美丽善良的墨西哥女子——莉莉。见到李强踏实可靠、头脑灵活,18岁的莉莉对李强心生好感。当李强和工友决定继续留在圣城时，莉莉也主动留了下来。安定下来后，三人开始为未来的生计打算。尽管李强懂得制衣技术，但因为资金缺乏，加之此前失败的经历，李强打消了开设制衣厂的念头。在多次品尝李强烹制的饭菜后，莉莉觉得中国食品味道鲜美，与墨西哥人的饮食口味较为接近，正处在旅游业发展前期的圣城没有一家中餐馆。她建议李强以餐饮业入手，在圣城谋生。

三人将在制衣厂工作两年的薪水凑在了一起，在圣城中心广场北侧的街道上租了一家店面，取名"龙城餐馆"。在莉莉的建议下，李强按照墨西哥人喜好辣酸的口味对其擅长的粤菜进行了改良，主推炒面和炒饭等菜品，并推出油炸虾仁、油炸牛肉、油炸鸡肉馄饨在内的一系列特色菜品。当时的圣城，居民的消费水平普遍偏低，在保证微利的前提下，饭店将菜品的价格定得很低。此外，因为萨帕塔民族解放军的影响，当地的社会治安并不稳定，印第安人仇富的心态甚是严重。莉莉认为，一切问题产生的根源在恰帕斯州经济条件的落后和严重的贫富差距。饭店必须在力所能及的范围内给予穷人一定的帮助。给予一定的施舍既能解决穷人的温饱问题，也能够消解他们对社会的不满，并在无形中扩大饭店的影响力。在莉莉的建议下，饭店营业之初就为城市的流浪汉提供免费午餐。

在牺牲价格、投入公益的前提下，为了获得更多的利润，李强只能极力压缩成本,代价便是三人日复一日的辛苦劳作。为了获得便宜的原材料,每天早上6点不到,李强便要步行一公里前往城市北部的中心市场购买蔬菜、鱼肉和各种水果。莉莉在店里打扫,同乡准备当天的菜肴。当时圣城局势并不稳定,每当城内冲突发生的时候,三人更是彻夜未眠,保护店面。由于价格低廉,饭菜口味鲜美,加之提供的免费午餐,龙城餐馆逐渐在当地打开了市场。两年后,李强和莉莉正式地走到了一起。为了弥补对老家妻子的照顾,在征得莉莉的同意后,李强每个月都将收入的60%寄回家中,并帮助家里修建一栋一层200平方米、一共四层的小楼。

差不多同时,同乡也结识了当地的一个印第安姑娘。有限的收益不能维持两家人的生活,四人决定分家。大度的李强将餐馆让给了工友。经过几番比较,李强在广场南侧的英雄儿童大街租了一个店面,将其命名为"香港酒家",开始了和莉莉二次创业的过程。新店刚开张时,莉莉负责服务招待,李强负责后厨事务。随着餐馆收益越来越多,两人完全忙不过来。莉莉建议李强考虑雇工。在圣城,白人和梅斯蒂索人有着较高的社会等级,但他们常常漫天要价,有限的收入根本无法支撑。印第安人虽然工资要价不高,但大多数人没有受过很好的教育,缺少相应的技能,在当地的口碑并不好,李强也不愿意雇佣他们。莉莉却认为，墨西哥本来就是一个多元的社会。作为梅斯蒂索人一员的她，身上也有着印第安人的血统。不能因为一些印第安人的问题，而对整个族群失去信心。最终，在莉莉的坚持下，餐馆雇用了八名印第安人。

确实如李强预料的那样，部分印第安人素质低下。策尔塔尔人马里亚诺在店里充当采购和外卖，莉莉特意为他配了一辆摩托。马里亚诺却利用工作之便，伪造采购收据，贪污买菜的钱。在给顾客送外卖的时候，私自问顾客加价。一个多月下来，莉莉发现采购的经费不断上涨，收入却有所减缩。最终，她开除了马里亚诺。雇员胡安，利用在店里工作的机会，偷店里的食物和食客的钱包。莉莉知道后，怒不可遏，当即就开除了他。还有一些印第安人，不满足于手头上的工作，总想着挣大钱。他们或是以辞职为要挟，要求莉莉涨工资，或者在工作时心不在焉，一听到其他的机会便辞职离开。几年下来，店里的雇员流动性非常大。

虽然如此，但有三位印第安雇员从开业一直坚持到现在。佐齐尔族的员工阿列从开店之初就一直跟随着莉莉和李强，在店里做着打杂的事宜。佐齐尔族男孩米格尔小学毕业后，来到圣城务工。在香港酒家里，他负责洗菜、切菜和给顾客上菜的事宜。佐齐尔族男孩阿道弗十岁的时候就跟随父母来到圣城，那时的他在店里打着零工。两年之后，辍学的他开始在店里工作，负责洗碗、洗菜以及给顾客上菜的事宜。这三位员工数十年如一日,在工作岗位上兢兢业业,从不偷拿店里的一丝一线,也没有接到任何顾客的投诉。这三位员工的表现让李强对印第安人刮目相看。他开始觉得,印第安人跟梅斯蒂索人、白人和中国人一样,有好人也有坏人,不应该将他们一棍子打死。除了给他们涨工资外,李强考虑将厨艺传授给他们。这既是对他们的奖励,他也可以借此从餐馆经营中解放出来,开辟更多的收入来源。2008 年,他开始教米格尔做饭。第二年,他又开始让年轻的阿道弗学习炒菜的技艺,没过多久,两人就已经成为店里的大厨了。

正在包馄饨的阿列与阿道弗

莉莉非常珍视与这三位雇员的友谊,在她看来,"一个月的朋友很容易交到,十多年的朋友却很难找到。"工作之外,她尽全力帮助着这些朋友。因为嫌弃米格尔的收入不高,女友离开了他,米格尔非常沮丧。得知这一消息,莉莉和李强将一个印第安女孩介绍给他,最终成为他的妻子。19岁的阿道弗来自一个印第安佐齐尔人的村社,他与店里的服务员罗萨一见钟情,今年年初诞生了他们的第一个孩子。35岁的阿列一直在店里做小工,莉莉知道她母亲身体不好,需要大量的医药费,每半个月发放工资时,都会多给她几百比索。乞丐帕哈罗无家可归,莉莉安排他在店里做采购,除了固定的工资外,免费为他提供一日三餐……莉莉与李强的真诚相待,换来了雇员们的忠诚和更加勤奋的工作。2010年,其他餐馆想高薪将米格尔和阿道弗挖走,他们始终不为所动,甚至在餐馆遇到困难的时候,主动要求减少薪水。"他们说印第安人懒惰,只看重钱?但我店里的员工却不是这样。他们勤劳、诚信,他们不仅是我的朋友,更是我的家人。"

尽管有了稳定的团队和顾客,餐馆的经营并非总是一帆风顺。2009年,"香港餐厅"经历了成立以来的最大危机。当年,一群台山人来到圣城,在圣城的两个市场旁开设了四家连锁快餐。因此门店较小,成本较低,他们将快餐的价格定得非常低廉。在四个餐馆的夹击下,香港酒家的收益大幅下降。几番思索后,李强和众人商议,在下调价格的同时,革新菜单,推出牛肉炒饭、汤泡豆饭等一系列既有中国元素又与当地饮食结构相融合的菜品。此外,李强还加强了外卖的推广,新雇佣一位司机专职负责外卖。在多番举措下,餐馆的生意逐渐扭亏为盈,也才有了如今的局面。

老李曲折而充满奋斗的故事自然让我很是感动。但对我来说,李强故事最大的价值在于他的经历告诉我,这里固然存在安全问题,但只要真心和当地人交往,任何人都能在这里立足。几天下来,原本惴惴不安的我坦然了许多。当然,紧张情绪的缓解也与我对当地了解的加深密切相关。

查穆拉

在此后的几天里,出于安全考虑,玛利亚教授安排她的硕士研究生安娜做我的向导。在她的带领下,我们考察了圣城周边的好几个村社,查穆拉是我们考察的第一站。

得知我要去查穆拉,老李善意地告诉我,那可不是一个好地方。在圣城,几乎所有的人都知道佐齐尔人聚居的查穆拉民风彪悍,经常发生械斗。因为社会秩序不稳定,很多人从村庄逃离,来到圣城谋生。有一技之长、能吃苦的印第安人自然能找到一份职业;懒惰又没有技能的人则以坑蒙拐骗为生。圣城的吸毒者也多是来自于此。老李甚至怀疑，上次抢劫我的肯定也是查穆拉人。听了老李的介绍，我不禁心头一紧，开始担忧起自己的行程。

在佐齐尔语中，查穆拉是"浓密的水"的意思。西班牙殖民者到来前，查穆拉就是恰帕斯佐齐尔人聚居区内的重要城镇，也是当地印第安人势力最为强大的区域。1524年，西班牙殖民者路易斯·马林(Luis Marín)占领查穆拉。1524年至1528年，查穆拉成为贝尔纳尔·迪亚斯·德尔·卡斯蒂略(Bernal Díaz del Castillo)的封地。1869年，在当地精英佩德罗·迪亚斯(Pedro Díaz)的领导下，查穆拉曾经爆发过反抗包括传教士在内的统治阶层的起义。虽然这次起义以佐齐尔人的失败、州长潘塔莱翁·多明格斯(Pantaleón Domínguez)判决印第安人在低地农场做奴隶而告终，但却并没有磨灭印第安人反抗压迫的斗志。1912年，在哈辛托·佩雷斯(Jacinto Pérez)的领导下，查穆拉的佐齐尔人再次爆发起义，要求解决印第安人的土地问题。1925年的6月4日，查穆拉市正式设立。①

在查穆拉地方社会，村社是地方社会中的重要力量。截至2015年，当地25%的耕地、75%的林地仍然属于印第安村社集体

---

① Pozas, Ricardo. *Chamula: Un Pueblo Indio de los Altos de Chiapas*. Editorial de Ciencias Sociales, 1982.

所有。除了传统村社的自治组织外,各种农民组织和准军事团体也混杂其中。因为在统治势力上表现出强烈的传统取向,查穆拉也是圣城周边区域中最为保守的地域,当地有着强烈的排外传统。20世纪70年代以来,一些外来的宗教人士深入这一区域,试图传播新教等天主教之外的其他宗教,结果引起了当地根深蒂固的天主教势力驱逐。1970年至2000年间,当地爆发了145次宗教冲突[1],不少印第安人异教徒遭到当地统治势力的驱逐、屠杀。

虽然有些焦虑,我一直在安慰自己。好歹有当地人做伴,想必也不会出什么问题。第二天一大早,安娜来到了宾馆,我和她一起前往圣城市场的车站。圣城有两个汽车站。通往其他城市的大巴和中巴站设在城市外围的泛美公路旁。圣城往附近村社的小面包车在城市中心市场旁边的一个简易停车站。半个小时候后,我们才走到中心市场旁的汽车站。虽然门口写着大大的汽车站的标识,但裸露的水泥砖、破败的雨棚和碎石遍地的路面提醒着我,要做好最坏的心理准备。果然,进门之后迎接我们的是一些非常破旧的二手面包车。司机们坐在一旁闲聊,让我和安娜上车。为了多载些客人,原本七座的面包车把后排的座位

---

[1] Farfán, Carolina Rivera. *Diversidad religiosa y conflicto en Chiapas: intereses, utopías y realidades*. Unam, 2005, p. 144.

全部拆除，只在两边放置竖着的座椅，中间供无座的乘客站着使用。等了半个小时，车上终于挤满了20多个人，司机瞄了一眼，关上了车门，发动了车子。

查穆拉中心广场

圣城附近都是高地，山高路陡，而原本承载7人的面包车又严重超载，我不禁询问安娜是否安全。司机听到了我们的谈话，他转过身来，似笑非笑地告诉我，"不用怕，瓜达卢佩圣母庇佑着我们！"顺着他的手一指，我才发现汽车尾部的墙角处供奉着墨西哥天主教圣母——瓜达卢佩。沿途虽然崎岖坎坷，车行却很是顺利。过了一会，安娜小声地告诫我，查穆拉是一个危险的村庄，我尽量不要随便拍照，尤其是在教堂附近，也不要随意跟人搭讪。安娜的告诫让我原本平静的心又开始紧张起来，但也激起了我的好奇心，想看看这样一个危险的村庄究竟是怎样的面貌。

在一大段下坡路后，我们到达了查穆拉城市中心的教堂与广场。以广场为中心，四周散布着许多小餐馆和商店，广场的南侧是游客服务中心、菜市场和小学。整个城镇最为耀眼的是广场东侧的大教堂了。安娜告诉我，这个 16 世纪修建的、迄今有着差不多 500 年历史的教堂是查穆拉的地标，所有前来查穆拉游玩的游客都会选择来此参观。在她的引荐下，我们一同走到教堂门口。出人意料的是，一位身着传统佐齐尔服饰，腰间系着羊毛腰带的佐齐尔族老人将我们拦下：

"进去参观，需要缴纳 30 比索门票。"

"教堂也需要吗？"我一直认为神圣的宗教场所会对所有民众免费开放。

"对！"

见他神情如此坚定，我只好掏出门票钱。

"进去不能够照相！"

付完钱后，他严肃地提醒我。

"如果照相会有什么后果呢？"我好奇地问到。

"两个月前,有一对德国夫妇,他们不听我们的劝告,就再也没有走出教堂。"

他的回答不禁让我打了个寒颤,后背忍不住地发凉。虽然如此,我坚持认为这一趟不能没有任何记录。我和安娜小声说着,希望会佐齐尔语的安娜能够跟老人仔细解释一下,询问能否拍摄一张关于教堂的照片,哪怕是在教堂门口也行。得知我来自遥远的中国,老人答应我的请求,但要求我只能在教堂门口拍照,而且必须要跟他合影。在完成合影后,老人原本微笑的脸瞬间又变得严肃起来,"不仅不能拍照,也不许在里面画画,做记录。"

在他的告诫声中,我和安娜有些忐忑地走进了教堂。与墨西哥的其他教堂一样,教堂最中央是圣母玛利亚的雕像,四周摆放着许多蜡烛、松树枝,地上铺上了满满一层的松树枝。教堂的两侧各放着五个神台。每个神台前面摆满了白色的蜡烛。神台前跪着印第安信众,他们双手合十,眼睛紧闭,似乎在祈祷着什么。右侧的一尊基督耶稣像前,一位奄奄一息的病人躺在担架上,几位妇人围坐在他的四周。她们双手合十,默默地祈祷着。在她们的身后,一盆琥珀正在燃烧着,散发出一种奇怪的香味。半个小时后,妇人们站了起来。一位妇人告诉我,这是她们的兄弟,生了重病。她们带他到教堂里,乞求神灵的庇佑。琥珀燃烧的烟雾使整个教堂恍如仙境,在一片窃窃的祈祷声中,身处其中的我和安娜也有些恍惚。不一会儿,我便和安娜离开了。

离开教堂后,我们绕着村子走了一遍。村子中间有着一条小溪,小溪的上游是一个截流形成的大水池,池子中央立着一些绿色的十字架,上面挂着一些柏树枝。安娜告诉我,这是天主教和佐齐尔信仰混合的产物,河流旁边的一户人家似乎正在聚餐,几位妇女在河边洗菜,身后的几个男子正在剁着羊肉。得到许可后,我们走了过去。原来,这户人家的儿子今天生日,他们在为他的生日宴会做准备。除了丰盛的美食外,他们还会在晚上为他举办一场祈祷。男主人带着我们到了祈祷室,地上铺满了柏树枝,正对着门的墙上是松树枝制成的拱门,角落里燃烧的琥珀散发出浓烈的香味。本想和安娜一起留下参加孩子的生日宴会,但男主人并不同意。在礼貌地致谢后,我们离开了。

虽然有些小波折,这次的查穆拉之行大体上还算顺利。我不禁窃喜,传说中最为危险的村子也不过如此,我甚至觉得老李和安娜的谨慎是不是有些太过了。只要充分尊重当地人的意愿,在恰帕斯调查并不会有大的问题。

拉赖恩萨尔

我们造访的第二个村子是拉赖恩萨尔(Larráinzar)。与查穆拉相比,这个村子萧条许多。虽然也有所谓的中心广场,但广场四周只有一些破败的木房子,夹杂着几个杂货店,空荡荡的街道甚至连行人都没有几个。安娜告诉我,拉赖恩萨尔位于山上,自然条件本来就不好。20世纪90年代的新自由主义改革导致农业的衰败,当地农民无法维继,大部分都搬离了这个贫困的村庄。只在半山腰的山谷旁,还有着一些人家。

安娜和我敲开一户农家的大门,一位腼腆的佐齐尔族妇女躲在门背后,拉开了一道门缝。安娜向主人表明了我们的来意,希望能够对她做一些访问。听完我们的陈述后,女主人并没有回答我们。此前,玛利亚教授曾告诫过我,在传统的印第安农村,一般都是男性当家,女性的地位非常卑微。家里的男性不在家时,女性并不敢接待陌生人。出乎意料的是,当我们准备离去时,她竟然把门打开了。

"你们来看吧,这是我的家。"

她用不熟练的西班牙语招呼着我们进入她的家。一间不足20米的木房子,里面摆放着两张大床,旁边放着一辆摩托。大门右侧是一个火塘,上面架着刚刚煮开的豆子饭。

"不好意思,我的家里很穷,因为有着两个小孩,家里乱糟糟的。"

她正说着话,床上一大一小的两个小孩爬了起来。她告诉我们,她叫洛里亚,今年21岁,和丈夫生有两个男孩。丈夫在圣城做小工，很早就出去了。

"是不是因为你的丈夫不在家，所以你不敢接待我们？"安娜小声地问着。

"是的，如果我的丈夫不在家，我是不敢接待外来人的。因为我们这里很少有外来人，一般都是我的丈夫做主的。"

"既然如此，那你为什么还是让我们进你家呢？""因为我觉得你们不是坏人？"洛里亚的脸红了起来。

正在洗衣服的洛里亚

洛里亚把换洗的衣服拎到了洗衣池，一边洗衣服，一边和我们聊了起来。她的丈夫以在圣城做小工为生。她在家里带小孩,种一些玉米、大豆和咖啡,还养了一头猪。这些工作只够基本的生活。她又一次害羞地低下了头。此时,她的大儿子哭着要吃的,洛里亚停下了手中的活计,用衣襟擦干手上的水,抱起脏兮兮的孩子。"我们一起吃饭吧。"洛里亚一边说着,一边从灶台旁边的板凳上拿起四个小碗,用漏勺分着锅里的红豆饭。简陋的火塘、扬起的灰尘、印着手指印的碗,烟成一团的红豆饭。如果是在国内,在这样的卫生条件下,我是无法吃下任何食物的。然而,对于深受传统文化规训的洛里亚而言,邀请我一个异乡男性在家里共餐显然是需要莫大的勇气。我和安娜接过了碗,我们一起围坐在火塘旁,吃着夹带着沙子的豆子饭。洛里亚依旧低着头,一边喂着孩子,一边小声地咀嚼着。当我们快吃完时,安娜起身向她致谢。此时,她红着脸,憋了好久,轻声地说了一句"欢迎你们再来。"

造访洛里亚的这段经历让我对圣城有了明显的改观。一个贫穷的家庭主妇能够抛开成见,接受一位陌生人的访谈并邀请其一同聚餐,这足以证明,当地的治安环境并不是那么的恶劣,友善亦是这个社会对待陌生人的基本态度。更为重要的是,一位连西班牙语都说不好的印第安女性洛里亚邀请了我,这至少意味着她在某种程度上认同了我。拉赖恩萨尔归来后,我惊奇地发现,我似乎已经重拾田野的信心了。

锡纳坎坦

锡纳坎坦是我们造访的第三个村子。还没到村口,我们就看到不远处一片密集的大棚。下车后,我们朝着其中一个大棚走去。几个身着佐齐尔传统服饰的印第安女子正在棚里采摘香菜。一旁的男主人接受了我们的访谈。他告诉我,圣城附近都是海拔3000米以上的高地,温度并不高,尤其是在雨季,气温常常在10度以下,并不适宜蔬菜的生长。锡纳坎坦的谷底地区因为海拔低,温度适宜,当地的村民大多以蔬菜种植为业。十几年前,大棚技术传到这里,家家户户都搭起了大棚,一年四季能不间断地种植各种蔬菜。圣城的中心市场80%的蔬菜都是来自于此。他们一般每天早上3点多起床,采摘最新鲜的蔬菜。早上5点多坐第一趟班车去圣城,直到下午4点市场关闭才回到家里。一旁的妻子忍不住地插话,因为蔬菜种植,村民的收入较为稳定,和其他村子相比,锡纳坎坦的商店更多,社会秩序也更为稳定。离开时,男主人送给我们一把香菜,他指了指不远处的一个矮房子,说那是当地的一个印第安生活博物馆,我们可以去那里看看。

虽然房子外面的围栏上写着印第安生活博物馆的标识,这个博物馆只有一栋泥土砌成的房子,屋顶上盖着厚厚的茅草。

安娜告诉我,这样的房子只在30年前才有。现在农村的印第安人更喜欢住水泥砖房。即便是最为贫穷的印第安人,也都住上了木房子。因为空间有限,房子里放满了印第安人的农业生产器具。除了常见的锄头、铲子外,还有一些捕鱼的竹器。竹器是长筒的,顶端的入口非常狭小,中间插着各种竹棍,下端很是庞大。竹器旁边是放鱼的竹筐。无论是外形还是内在的构造,这两样器物和我幼时捕鱼的器物没有任何差别。一旁的织布机也和我国农村的老式织布机相差无几。房子的正中间是一个火塘,上面挂着一个熏黑的锅。眼前极为相似的场景让我产生了回到老家的错觉。无怪乎吴国平老师坚称印第安人来源于中国,与中国文化有着千丝万缕的联系。

博物馆的对面是一排白色的房屋和一大片圈起来的草地。安娜告诉我,那应该是锡纳坎坦的小学。我们走过去时,一位老师正在关门。得知我来自中国,他有些惊讶,解释学校一般不接受访问,但他愿意去请示校长,让我们在门口等着。不一会儿,他和校长走了出来,同意了我们的访问。

在朝着办公室走的路上,校长向我介绍着锡纳坎坦和学校的情况。锡纳坎坦是一个佐齐尔人和策尔塔尔人的村落,周围分布着包括潘特洛、切纳乔、奥斯丘埃、奥科辛戈、阿科阿马等多个印第安村落。学校的全名是曼努埃尔·加米奥小学。曼努埃尔·加米奥是墨西哥人类学之父,这位师从于博厄斯的墨西哥学者一手创办了墨西哥国立印第安研究所,并在此后创立国立人类学与历史学研究所。大革命之后的墨西哥,面临着整合国内多元族群、建设统一民族国家的重要使命。曼努埃尔·加米奥主张同化教育,并提出了印第安主义概念。虽然墨西哥人类学界对他的批评仍然存在,但必须承认的是,他的主张对墨西哥民族认同的建立起到了非常重要的作用。

为了纪念他,锡纳坎坦的这所学校命名为"曼努埃尔·加米奥小学"。学校六个年级的 175 名学生和 28 名教师都是印第安人。与 20 世纪 40 年代的同化教育不同,当前,墨西哥教育部在印第安人聚居的地区推行双语教育,在国家基本课程大纲之外,还允许学校开设一些特色课程。校长告诉我们,加米奥小学的课程设置主要包括课程学习和生活实践两个方面,开设包括西班牙语、佐齐尔语、英语、数学、历史、地理、科学、计算机和生活技术九门课程。西班牙语、数学、历史、科学、地理是国家规定的课程[1],佐齐尔语言、生活技术、计算机和英语是加米奥小学的校

---

[1] 2009 年墨西哥公共教育部颁布的六年制小学大纲规定,印第安小学必须教授西班牙语、数学、科学、历史、地理六门课程,此外还必须由本校教师与本地精英商议共同开设适合本地文化语境的课程。参见 Secretaría de Educación Pública. *Programas de Estudio 2009 Sexto Grado Educación Básica Primaria*. La Comisión Nacional de Libros de Texto Gratutios,2009。

长与学校其他教师、村落中的印第安长者商议后开设的课程。由于锡纳坎坦是印第安佐齐尔人的村社,学校教育中必须要有佐齐尔语的课程;锡纳坎坦及其附近的印第安村落以种植花草、蔬菜和纺织技术闻名,学校开设以种植、纺织技艺为主要内容的生活技术课程;此外,加米奥小学的老师们也在学校开设了计算机和英语的课程。"不光是为了出国,更是为了谋生。"全球化带来的贸易一体化严重冲击了锡纳坎坦传统的咖啡种植业,不少本地的村民或是到周边的圣城务工,或是前往美国就业,英语和计算机的掌握对他们的就业有着重要的意义。

加米奥小学一周上课五天,每天上课6个小时。除了每年2月、4月、6月、7月和12月各有长达半个月的假期外,学生们都在学校寄宿。课程学习之外,生活实践占据了学生们的大部分时间。校长带领着我们往学校东侧走去。尽头处是一大片菜地,几个小姑娘正在菜地里除草,一旁的圆白菜很是壮观。菜地的另一侧种植着许多辣椒。目光所及的还有玉米、大豆、土豆、红薯、南瓜、生菜、香菜等各种蔬菜和粮食作物。校长自豪地告诉我,除了偶尔需要购置作为主食的玉米和大豆外,平日里食用的蔬菜都是学生们自己种植的。

菜地尽头是两排房子。近处的兔房养着50多只兔子。除了最初购买幼兔外,所有其他的投入全由学生自己负责。学生们用种植的蔬菜喂养兔子，负责清洗笼舍、照顾幼兔等工作。等兔子成熟后，拿到市场贩卖。每年下来，兔子数量始终保持稳定。在让学生们掌握养兔技术的同时，卖兔的收入又可以填补学校的其他开销。远处的一排房子是猪舍，不大的房子被隔成四个猪圈，每个猪圈有着两头猪。一位年轻的学生正在拿玉米喂猪。校长说，八头猪完全可以提供日常饮食需要的肉。学生们也可以利用课余时间，学习养猪的技能。

因为是寄宿学校，学校还专门建有四栋宿舍，宿舍的房间虽然很是拥挤，但却很是整洁。宿舍外面的篮球场上，小伙子们正在酣畅淋漓地跑着，女学生们在给他们加油、呐喊。

不一会儿，校园内响起了铃声。校长邀请我们去食堂和学生们一起吃中餐。我们走过去时，学生们已经整整齐齐地站在了饭桌前。每排学生前都有一位分发食物的老师，每个学生可以领到两个洋葱猪肉玉米卷饼、一小碟的卷饼、豆子饭和一杯热豆浆。校长介绍到，本来学校还想给学生们提供牛奶。因为牛奶价格太过昂贵，学校负担不起，只好以豆浆代替。分发完食物后，食堂前端还有剩余的食物，胃口较大的学生们可以依次排队去拿。吃饭时，除了我们的交谈外，没有任何嘈杂的声音。吃完午餐后的学生们端着自己的餐盘，将剩余的食物倒入垃圾桶后，排队用水龙头一一冲洗餐盘，再将餐盘送还至窗口。校长给我拿了一份和学生们一样的食物，也许是因为中午有些饿了，也许是因为食材纯天然的缘故，并不丰盛的食材味道却很是鲜美。校长自豪地告诉我，虽然我们并不富裕，但是我们办的教育却足以让学生们富裕一生。

正在用餐的学生

加米尔小学的教育实践是当下墨西哥印第安族群教育现状的缩影。大革命之后，墨西哥政府将印第安人视为国家分裂的力量，意在通过推广国家教育、禁止使用印第安语等政策将其同化。对文化多样性的否定造成了国内印第安人的持续抵抗。20世纪70年代以来，在社会运动的持续推动下，文化多样性理念成为墨西哥社会的共识,墨西哥政府逐渐改变了同化印第安人的教育政策,赋予地方社会参与族群教育的空间。事实上,族群教育与国家教育之间的矛盾是墨西哥政府对于印第安人的固化想象。在墨西哥国家形成的过程中,印第安人已经形成了明确的国家认同。在全球化的当下,国家教育更是赋予他们身份认同的重要来源。他们并不反对国家教育,他们反对的是既往的国家教育对墨西哥国内文化多样性的否定以及同化的教育政策对墨西哥印第安文化的彻底革除。地方社会对于本土教育实践的参与是在多元文化的背景下赋予印第安文化在国民教育中应有的地位,是在国家认同的框架下对墨西哥国家多元文化象征的强化,亦是形塑印第安民众国家认同和族群认同的重要途径。

地方社会对于族群教育的参与亦在一定程度上恢复了教育本原的意义。不同于改革前国家统一的师资安排,本土印第安人教师自身有着强烈的族群认同,这让他们在教育过程中充满感情,能够全身心地投入教学活动中,并与学生建立融洽的师生关系。另一方面,本土精英的身份使得他们能够立足于印第安社区的实际,在将民族传统融入学校教育的同时,敏锐地把握当下世界全球化、国际化的趋势,将现代教育内容引入印第安学校的课堂,更好地服务于印第安人的发展。2012年的数据统计显示,在墨西哥540万15岁以上的印第安人中,文盲比例已经下降到25.28%①。对于印第安人而言,地方社会参与的族群教育不仅是文化传承的重要方式,更是印第安人改变贫困、获得公平发展的重要途径。

当前墨西哥印第安教育国家主导、地方参与的方式亦有着时代的意义。在多元文化交融的当下,多元主体参与的族群教育使得教育过程不再是单一文化的传承,而是不同文化参与和协商的过程。多元文化的教育实践对增进不同文化的沟通与理解,促进民众包容的文化观、开放的世界观的形成有着重要的意义。此外,作为文化再生产的重要途径,国民教育与族群教育、现代技术与本土知识的结合的当代印第安教育实践在一定程度上丰富着古老的印第安文明,使之在21世纪的今天依然光芒熠熠。

关于圣城的恐怖传说

在老李的店里,有个穿着很是简陋的当地人。李强告诉我,他是一个贫困潦倒的人,已经60多岁了。因为孤身一人,年龄又大,没有适合他的工作。李强好心收留了他,让他在餐馆里干

---

① Secretaría de Desarrollo Social, *Indicadores de Desarrollo Social*, Ciudad de México, 2013.

点杂活，给他一些微薄的工资，同时为他免费提供一日三餐。因为他说话很快，平日又喜欢开玩笑，像鸟的叫声一样，所以饭馆里的人都叫他帕哈罗（Pájaro，西班牙语的鸟），原本的名字反倒无人提及。问他真名叫什么，他说他也不记得了。

得知我来自中国，来这座城市里做调查，又是李强的朋友，帕哈罗对我很是照顾。一天饭后，帕哈罗邀请我去他家看看。我们从城市中心的英雄儿童大街出发，一直穿过十多个路口，走到了城市北部入城口的亭子。此时，除了绕城而过的河流外，四周已是一片荒芜的草地。帕哈罗告诉我，他的房子还在前面。我们又走了两个路口，终于到达帕哈罗的家。那是一大片棚户区。散开的木板拼凑的墙壁摇摇欲坠，露出一个个大洞，称呼它们为房子似乎都有些抬举了。每一排的大棚依次排列着数十间房子，逼仄的小路通向里处的各个房间。因为正是雨季，房子之间的道路泥泞不堪。帕哈罗的邻居们将贩卖冰激凌的车子停在路上，原本不堪的路更难走了。费了九牛二虎之力，我才到了他的住处。虽然有所心理准备，但当帕哈罗打开房门时，里面的情景还是震撼到我了。不到 10 平方米的地上到处都是空的饮料瓶子和塑料盒，旁边是一些零零碎碎的垃圾。角落里的饮料瓶子上摊着一张已经发黑的毯子，帕哈罗说这是他睡觉的地方。房顶上的石棉瓦已经掉了大部分，一张破了洞的黑色薄膜从上面搭了下来，罩在毯子上。因为杂物太多，不少垃圾混杂其中，房子里散发出阵阵恶臭。帕哈罗告诉我，即便是这样的房子，一个月也得付200比索的房租。见他处境如此堪忧，我给了他200比索，让他重新买点瓦片，把房顶稍微弄下。

突然收到我的赠予，帕哈罗有点不好意思，他挠了挠头，说可以把我送回市中心。在回程的路上，快到圣多明各教堂时，帕哈罗停了下来，严肃地跟我说，巴勃罗（Pablo，我的西班牙语名），无论你做什么研究，你都不要去城市里的教堂。见我有些疑惑，他给我讲了这么一个故事：

> 圣城的圣多明各教堂是西班牙人抓印第安人修建的。当时，西班牙人抓了男性的印第安人去修建教堂，女性的印第安人沦为西班牙人的性奴。当印第安女人怀孕后，西班牙人则将他们囚禁在教堂的地下室里，等她们生下小孩，再将小孩和她们杀死。修好教堂后，又将男人们杀死。然后将印第安人都埋在教堂下。圣多明各教堂，其实是一个大坟墓，下面有着无数印第安人的骸骨。

帕哈罗的神情是如此的严肃，让我觉得他讲的似乎是真实发生的事情。想着教堂里面埋着无数印第安人的骸骨，我和他加快了步伐。等我到达宾馆,冷静下来时,我突然想起此前在德国科隆教堂时的见闻。当时,导游告诉我,天主教徒认为死亡后把骸骨放在教堂里,能够无限接近上帝。欧洲的大部分教堂里都会有一些骸骨。我不禁猜测,是不是有信徒将骸骨放置在教堂里,帕哈罗误解了这一行为的意义,才会对我讲述这番传说呢?

第二天,我找到帕哈罗,他坚称不是信徒的献祭,而是西班牙人的谋杀。见他说得如此确凿,我将信将疑,准备去教堂求证。然而,因为并非礼拜日,圣多明各教堂的大门紧锁。在中心广场上,一位衣着体面、有着明显印第安人特征的朋友得知我的疑问,他告诉我,事实真的如此。不过,这件事情不仅发生在圣多明各教堂,也发生在城市西部的拉梅尔塞教堂(Iglesia de la Merced)。当我在卡门教堂时,一位印第安人告诉我,这里也埋着西班牙人屠杀的印第安人。当我到圣尼古拉斯教堂(Iglesia San Nicolás)求证时,也有印第安人告诉我,这里也埋着西班牙人屠杀的印第安人。最后,我惊讶地发现,不仅圣多明各教堂、拉梅尔塞教堂、卡门、瓜达卢佩教堂、圣尼古拉斯教堂,甚至是位于城市中心的市政厅广场下面都埋葬着被西班牙人屠杀的印第安人的骸骨。

终于等到了星期日,圣多明各教堂朝所有的信众们开放。

卡门

在上午礼拜的间隙，我找到了神父，向他询问关于教堂的传说。他很明确地告诉我，传说都是假的。教堂里绝对没有发生过屠杀印第安人的事情，"上帝是庇佑大家的，怎么可能会屠杀大家呢？"神父告诉我，不久前过世的恰帕斯主教萨穆埃尔①更是为了印第安人，积极与政府和萨帕塔民族解放军斡旋，天主教神父们又怎么可能屠杀印第安人呢？一旁年轻的神父听到神父的解释，忙着给我讲述圣多明各教堂的历史。最初，圣多明各教堂是1528年西班牙殖民者迭戈·德·马萨列戈斯率领军队抵达这片土地时，为了纪念圣母升天而建造。18世纪初，为了纪念天主教圣人圣克里斯托瓦尔，教堂经历了拆除重建，才最终形成如今的样子。整个教堂混合了欧洲巴洛克风格和土著风格，外侧是高大的门柱，教堂的里面还设置了许多印第安风格的祭台。教堂北侧专门建有一个供奉瓜达卢佩的小教堂。年轻的神父告诉我，无论是第一次修建，还是第二次修建，西班牙人都没有屠杀

---

① 深受解放神学思想影响的恰帕斯圣城的主教萨穆埃尔·鲁伊斯·加西亚(Samuel Ruiz García)主教致力于改变印第安村社酋长剥削、压榨印第安人的现象。在他的努力下，1974年，恰帕斯州327个不同族群的印第安村社的酋长和村民代表坐在了一起，召开了恰帕斯州第一次原住民大会。萨穆埃尔主教试图通过这次会议，明确天主教的穷人立场，对印第安村社中酋长剥削村民以及利用天主教镇压民众的问题予以解决。然而，在国家权力的强势支配下，萨穆埃尔主教的主张并没有得到村社酋长们认可，土著大会不欢而散。Farfán, Carolina Rivera. *Diversidad religiosa y conflicto en Chiapas: intereses, utopías y realidades*. Unam, 2005, p. 61.

印第安人,唯一可能有的只是对印第安人的劳力征调。

固然,早期的殖民者有着征服土著印第安人的诉求,但是与之同行的天主教士们却并非完全如此。他们多是怀抱着上帝之爱来到遥远的美洲,试图通过传教让土著的印第安人成为上帝的子民。他们中,甚至有的为印第安人的生存权,不惜与早期的殖民者决裂。在1550—1551年,传教士巴托洛梅·德拉斯·卡萨斯(Bartolomé de las Casas)因为主张保护印第安人的权益,与作为殖民者帮凶的宫廷神父胡安·希内斯·德·塞普尔韦达(Juan Ginés de Sepúlveda)展开大辩论。德拉斯卡萨斯神父从殖民者没有权力惩罚未改宗的印第安人、人生而平等、不应使用武力传教和印第安人中的活人祭祀是另一种虔诚四个层面反驳殖民主义的征服策略,强调必须以平等的态度对待印第安人,禁止战争和奴隶制。① 正是因为神父对待印第安人的同情态度以及对于印第安文明的包容心态,最终促成了墨西哥天主教混合主义的特征。由此可以大体上判断,教堂埋人的传说应该不是真的。

既然如此,为何这些传说又会在印第安人的口中流传呢?查阅圣城建城史的历史文献,我发现,虽然没有明确关于屠杀印

---

① 参见索飒:《丰饶的苦难:拉丁美洲笔记》,云南人民出版社1998年版,第65—73页。

第安人的记载，但却有文献表明，最初到达圣城的西班牙殖民者只有 150 人，在技术不发达的当时，他们靠着对佐齐尔人、策尔塔尔人、乔尔人和索克人的征服，才陆续修建了圣多明各教堂、拉梅尔塞教堂和卡门等多个建筑，并以圣多明各教堂为中心铺设了两条城市的主干道。在建筑完工后，为了防止印第安人的反叛，并不允许印第安人居住在城市里，而是将他们安置在城市的外围。[1] 我所住的瓜达卢佩教堂附近就曾是印第安人的聚居区，这片区域也是从事松毛和林木交易的场所。对于印第安人的歧视与区隔一直持续到 20 世纪中叶，不少印第安人回忆道，20 世纪 70 年代前，他们不被允许白天在城市公路上行走，也不被允许在公园里闲逛，否则便会遭到梅斯蒂索人和白人的一顿毒打。差不多 20 世纪八九十年代后，情况才得以改善。在当下，虽然印第安人拥有了在城市中心行走的权力，但城市中心高昂的房价将他们从城市中心驱逐，他们只能在城市外围搭棚度日。从这个意义上来说，当地流传的教堂埋人的传说，固然表达着印第安人对于殖民者的不满，但在更深层次上，隐喻的却是殖民者入侵之后，印第安人一步一步失去主体的地位，沦为城市边缘人的痛苦经历。

---

[1] Aguilar, Hernández et al. *La ciudad de San Cristóbal de Las Casas*: *A sus 476 años. Una mirada desde las ciencias sociales.* CONECULTA, 2007, pp. 29-59.

琥珀

圣城是墨西哥闻名遐迩的旅游胜地。由于路途遥远,加之经济贫困,国人甚少前往。在这里的三周,除了老李和经营餐馆的几位广东同乡外,我没有见过其他的华人。一天下午,我在圣城中心的阿根廷餐馆吃饭,突然听到熟悉的普通话。一顿寒暄后,我们熟悉了起来。原来他们是不远万里从国内前来恰帕斯购买琥珀(Ámbar)的商人。他们和老李熟识,除了开餐馆外,老李也在圣城做着琥珀的生意。

琥珀指远古时代松科松属植物的树脂埋藏于地层,经过漫长岁月演变而成的化石。根据颜色及内部的材质,琥珀通常可分为金珀、虫珀、水珀、花珀、蓝珀、血珀(红珀)等。在佛教徒的观念中,色泽纯正、质地坚硬、年代久远的琥珀象征着修行之人的苦修之旅,由此被称为"佛教七宝"之一。国内琥珀一般多是来源于缅甸和波罗的海沿岸。这几年价格暴涨后,国内不少客商开始把目光投向拉美,生产琥珀的恰帕斯州和多米尼加成为他们重点考察的对象。

几千万年前,地处高原的墨西哥南部植被丰盛,尤其盛产一种被印第安人称为祖先树的李叶豆树(Hymenaea)。这种树木会在生长过程中释放大量的树脂。树脂积淀的过程中又包裹了大量的飞蛾、蚂蚁、蜜蜂以及各种植物的树叶。经过数万年的沉淀之后，最终形成了恰帕斯州的琥珀矿藏。从树脂积累到琥珀形成，这一过程最少要经历500万年，而恰帕斯的琥珀却经历了2500多万年的沉淀。由于历史悠久，加之孪叶豆的树脂纯净，恰帕斯州的琥珀在质地、色泽和纯净度上都属上乘。

很早以前，恰帕斯的印第安人便注意到这种大自然赐予他们的馈赠。琥珀形成的漫长历史及其坚硬的质地、光亮的色泽使印第安人为之折服。他们认为，坚硬、光亮的琥珀是运气与友谊的象征，亦能保护人们免受疾病与恶灵的侵袭。大自然赋予琥珀的特性使其超越了世俗的界限，转变为社会生活中的神圣象征。在印第安族群的日常生活中，人们表现出对琥珀的强烈敬畏与依赖。在宗教仪式中，焚烧琥珀产生的特殊香味成为印第安宗教仪式的必备环节。村社中的巫师将琥珀研制成粉末，认为其能够治愈各种疾病。即便至今，在一些偏远的印第安村落中，一些妇女仍然将琥珀制成鼻环，佩戴在鼻孔之中。对于尚未成年的儿童，琥珀饰品是保佑他们免受疾病侵扰、健康成长的重要物件。

琥珀的神圣特征，使其在印第安人的死亡仪式中扮演了重要的角色。如同任何一个社会，在印第安人文化传统中，由生到死的转换是神圣而充满危险的。尤其是在逝者生命终结到葬礼结束的阈限阶段,更是一个危险的存在。如何让逝者顺利通过仪式,平复死亡带来的社会危机是全球各地死亡仪式的重要目的。琥珀成为印第安人完成死亡仪式的主要物件。在墨西哥恰帕斯、瓦哈卡、尤卡坦甚至临近的危地马拉的印第安墓葬中,考古学家发现了大量的琥珀物件。其中有作为项链的挂件,也有圆形的大耳环,最为常见的则是一种圆形的小圆片。印第安人认为,神圣的琥珀能够庇佑逝者,使之在去世时免受痛苦,亦能庇佑生者不受干扰。①

虽然恰帕斯的琥珀质量上乘,但在印第安社会漫长的发展史中,作为圣物的琥珀甚少被交易。淳朴的印第安人年复一年地享受着这些大自然赐予的圣物,用它来治疗各种疾病和举办各种宗教仪式。此外,尊贵的琥珀亦成为古代玛雅人朝贡的圣物。当西班牙殖民者到达墨西哥时,他们注意到,阿兹特克国王蒙特苏马二世(Moctezuma Ⅱ)正在使用琥珀的勺子享用巧克力。而在索科努斯科(Soconusco)②朝贡给阿兹特克国王的物品清单中,琥珀是其中的重要物品。③ 在发现当地丰富的琥珀资源后,

---

① Gomez Mayorga, Cinthia Ivon. "Qué es el ámbar". http://www.monografias.com/trabajos67/ambar-mexico/ambar-mexico2.shtml. 2015-2-2.

② 索科努斯克(Soconusco)即现今的恰帕斯州。

③ Gibson, David. "Mexican Amber". http://www.mexicanamber.org.uk. 2015-2-2.

欧洲殖民者用一些皮具、食物与印第安人交换琥珀。对于谋求原始资本的欧洲殖民者而言，他们的最终诉求是黄金白银而非琥珀。因此，殖民时期，恰帕斯州的琥珀贸易是零星的，并没有形成规模。

20世纪50年代，在丹麦探险家弗兰斯布洛姆的带领下，科学家在恰帕斯州的锡莫霍韦尔（Simojovel）等城市发现了大量的琥珀矿藏[1]。在国家对印第安人的管控下，加之墨西哥国内长期存在的种族歧视，恰帕斯州印第安地区的琥珀并没有得到开发。变革发生在20世纪90年代，尤其是在1994年墨西哥政府与美国、加拿大签署北美自由贸易协定后，大量的国际资本涌入了墨西哥，开始了对包括琥珀在内的墨西哥资源开发的进程。因为萨帕塔运动的影响，恰帕斯琥珀产业的开发并不顺利。直到局势稳定的2000年，为了恢复本地的经济，恰帕斯州政府制定了新的经济发展规划。立足于本地丰富的印第安玛雅文化遗留和自然资源的州情，州政府提出重点发展旅游产业，兼及自然资源开发的经济发展方针。在这一背景下，琥珀被构建成为印第安文明的象征，成为当地发展的重要产业。当年年底，恰帕斯州政府打出了恰帕斯琥珀的商标，并在城市西边的拉梅尔塞教堂旁修建了州内第一家官方的琥珀博物馆。为了重点推介这一旅游

---

[1] Gibson, David. "Mexican Amber". http://www.mexicanamber.org.uk. 2015-2-2.

产品,恰帕斯州、圣城市政府更是连续多年举办琥珀博览会,邀请国内外客商参加。①

除了在圣城的琥珀店外,老王和老孟亦造访了不远的锡莫霍韦尔市。锡莫霍韦尔位于恰帕斯州府图斯特拉-古铁雷斯130公里外,是一个偏远的印第安佐齐尔人的城镇。远古时代的锡莫霍韦尔是一片长满了李叶豆树的热带丛林。在经历了几千万年的沧海桑田后,这片李叶豆树的热带丛林转变成为埋藏在地下的琥珀矿藏。如今的锡莫霍韦尔,每月的琥珀产量保持在35公斤左右,几乎占据了墨西哥全国琥珀产量的90%。

在老李的店里,我认识了锡莫霍韦尔的琥珀矿工兼商人费尔南多(Fernando)。他和儿子一起将刚刚采集过来的蓝珀珠子卖给老李。几番讨价还价后,交易终于完成。豪爽的老李得知他们父子俩早上四点多就出门,开车五个多小时才到圣城,热情地邀请他们在自家的店里吃饭。于是,我也有机会向他们了解锡莫霍韦尔琥珀矿工的日常生活。

费尔南多原本只是锡莫霍韦尔的一个普通的农民,家里有老婆和三个孩子,以种植咖啡、香蕉和大豆为生。很长一段时间

---

① Ytuarte-Núñez, C. *Cultura y comunicación en el intercambio global de mercancías: ámbar de Chiapas*, Tesis de Doctorado en Ciencias Antropológicas, Universidad Autónoma de Chiapas. 2010, p. 129.

里，锡莫霍韦尔琥珀产业的规模很小。直到 2009 年，大量的中国商人涌入锡莫霍韦尔，琥珀价格从最初的一克 20 比索上升到 100 多比索，锡莫霍韦尔开采琥珀的矿工才突然多了起来。从那年开始，费尔南多不再种地，他和当地的大多数人一样，以开采琥珀矿山为生。在锡莫霍韦尔，有钱人都是自己买了大的矿山，像他这样没有多少资本的人，只能在一些无人开采的矿山里折腾，但也要防止其他工人的抢夺。

锡莫霍韦尔正在挖琥珀的矿工

每天早上 7 点，费尔南多准时离家，前往远处的矿山开采琥珀。琥珀矿藏多位于陡峭的山上，为了获得更多的琥珀资源，费尔南多和大儿子、工友多选择从半山腰开采。一旦发现矿藏，便可同时向上向下开掘。为了保证琥珀的完整性，挖掘时必须小心翼翼，不能动静太大。这一地区土质疏松，开采导致的塌方使得矿工时有死伤。费尔南多的工作一直持续到晚上五点，直到夕阳西沉，他才匆匆忙忙地赶回家。他和儿子这次带来不少的琥珀原石，因为色泽纯净，个头大，老李出了不菲的价格。费尔南多很是谨慎，并不愿意透露最终交易的价格，只是含含糊糊地告诉我他对这一次的交易很是满意。除了自己开采矿山外，他的老婆和两个未成年的孩子，也会在空闲的时间去别人遗弃的矿山捡一些剩下的琥珀原石。扣除掉各种开支，每个月能剩下5000比索左右，这样的收入在当地是非常丰厚的了。

费尔南多只是锡莫霍韦尔最为普通的琥珀工人。真正有财力的商人往往自己投资购买矿山，雇佣当地劳工开采琥珀，收益也更大。43岁的路易斯来自圣城，他在锡莫霍韦尔购买了多个琥珀矿藏，雇用了20多个当地劳力参与琥珀矿藏的开发。路易斯还在圣城建有自己的工作室和博物馆，形成了完整的琥珀产业链。像他这样的矿主，锡莫霍韦尔大约有着20来个。

我曾询问老李、老王和老孟，既然直接购买琥珀矿山收益更大，为什么他们还要辛辛苦苦在这里收购原石，而不直接去购买琥珀矿山呢？他们告诉我，他们也想这样做，但这里的社会环境实在太复杂了。琥珀产业的爆发使当地人认为这是一块肥肉，而前来购买琥珀的中国人更被他们视为财主，针对中国人的犯罪行动并不少见。一个多月前，一个加拿大裔的华人带着几百万美金来到圣城。他轻信了当地人和他一起开掘矿山的承诺，跟着当地人到了锡莫霍韦尔的丛林，此后就再也没有走出那里。前一阵子他的家人报警，才知道人已经被杀了，钱也没有拿回来。谈及于此，老李感慨到，钱是挣不完的，你越想一个人把钱都给赚了，越不知足，最后说不定会把自己的命给搭上。即便他的老婆莉莉是墨西哥人，他也不敢直接投资矿山。

不仅老李，费尔南多也对当地的社会治安备感焦虑。他们之所以赶着天不亮出门，就是因为从锡莫霍韦尔到圣城的路上，时常有一些不法分子拦路抢劫，他们只能趁早出门。交易完成后，也不敢带现金回去，只能把钱存在银行里，把银行卡藏在汽车后备厢的垃圾堆里，再买一些杂物、电器或是药物，才能蒙混过关。费尔南多告诉我，以前的锡莫霍韦尔并不是这样，只是在最近的几年里，这个小镇才变得如此危险。虽然如此，他们只能在这里生活，因为这里是他们的家，这个危险的产业是他们主要的收入来源。

2014年的10月，我终于去了锡莫霍韦尔。也许是因为琥珀价格的下降，也许是因为警察的增多，沿途并没有遇到抢劫。出于安全的考量，我住在市中心广场的旅馆里，除了去了费尔南多的家，在他的带领下参观了矿山外，我不敢有任何行动。下午时分，当我回到宾馆时，听到了外面持续的喧嚣。透过窗户，我看到一群人举着牌子，正在广场上示威游行。依稀传来的"琥珀""老鼠""矿山"的呼喊声，透露出示威游行与琥珀矿山的开发密切相关。华灯初上，我离开旅馆在隔壁餐馆吃饭，三三两两、衣着暴露的女子站在旅馆的门口，用期待的目光打量着每一位进出旅馆的男客。

锡莫霍韦尔街景

正是这小小的琥珀让这个贫穷、偏远的小镇富了起来,但也正是这琥珀,改变了这个小镇的单纯、宁静和美好,让小镇和生活在这里的人们陷入到纸醉金迷和灯红酒绿中来。如今,除了不断给游客和商人普及知识的一些非政府组织的成员,还有谁记得琥珀在印第安社会中最初的象征意义,还有谁记得正是这些圣物的琥珀庇佑着他们祖辈的生活呢?当然,从某种意义上来说,如今的琥珀依然支配着印第安人的生活,只不过这种支配却是以一种物性对人性主宰的方式。在这一新的人-物关系的模式下,一切固有的、神圣的东西都烟消云散了。

初访结束

在此后的 20 多天里,以圣城中心广场为中心,我走访了附近印第安人棚户区的多个街道,对居住在此从事各行各业的印第安人进行初步的田野调查。他们中既有年纪轻轻、独自一人在此打拼的果汁贩卖者,也有年老丧失劳动能力、以乞讨为生的长者,还有许多拖家带口在棚户区内勉强度日的印第安人家庭。虽然我会经常留心周边的情况,但安全问题已经不再困扰我了。

一个月的预调查接近了尾声,玛利亚希望我在研究中心举办一个讲座,讲讲我博士论文的内容,谈谈这一个月来的收获。她会让大家提点建议,为 8 月份即将开始的正式调查做一些准备。因为只有一个小时的时间,面对的全是说西班牙语的学者,我没有办法讲解整个博士论文的内容。于是,我选择了博士论文中比较有意思的,又能代表中国文化特征的章节。从以北京地区行香走会的信众对碧霞元君神灵称呼的演变入手,分析国人如何将人际之间的交往逻辑挪用到人神之间的关系,进而对信众的宗教实践产生了怎样的影响。

出人意料的是,我的报告还没有讲完,玛利亚就打断了。她告诉我,其实这样的现象亦普遍存在于墨西哥社会中。她举了很多例子,其中的两个给我留下了深刻的印象。一个是在格雷罗的阿梅亚特佩克(Ameyaltepec),那里的人们每年都会去山上求雨。认为有水、长玉米的山是财富、能力的象征。人们在山脉、雨水、玉米和财富之间建立了联系。第二个例子是印第安村社的主保圣人。尽管这些主保圣人都以天主教的命名方式命名,但他们的核心却是村社本土的神灵,包括河神、山神和土地神等。村民们平时敬奉这些神灵,如果遇到诸如求雨不灵的时候,也会鞭打神灵。如果神灵非常灵验,信众们又会在路边为其制作一些小的教堂,感谢神灵的庇佑,供路人敬拜。玛利亚的介绍让我想起了被誉为墨西哥圣母的瓜达卢佩。她原本是星辰之母的科阿特利库(Coatlicue)女神,在天主教传教士的洗礼下成为圣母玛利亚的化身。虽然如此,她却依然保存着其印第安人的脸庞和绿色的斗篷裙，成为墨西哥各个族群共同信奉的圣母。

玛利亚的介绍亦让我注意到墨西哥国内天主教与本土宗教交互共生的关系模式。这一模式形成的根源在于天主教传入过程中为墨西哥本土宗教合法空间的预留。正是这种预留，在实现天主教的在地化传播，保存本土宗教文化遗留的同时，也创造了一种超越于两者的第三种混合文化的形态，这正是当前墨西哥梅斯蒂索混合文化的重要组成。玛利亚的介绍让我感慨良多，其中之一便是对于中国大众宗教处境的思考。与墨西哥不同，中国的大众宗教一直没有得到国家的合法性承认。或是在灰色地带游离，或是依存于制度性的宗教。其中的一个重要原因在于对基督教语境下宗教概念不假思索的引入，导致对不同于其内核的本土大众宗教的污名化认知。显然，这种对于本土宗教文化的拒绝在相当程度上制造了不同文明之间的区隔，无益于一个更包容的社会氛围的形成。其次，在宗教实践之外，我更为感兴趣的是墨西哥社会多元文化交融的文明生态。在全球化的当下，文化多样性的理念已经成为全球社会的普遍共识。然而，我们对多元文化的倡导，更强调一种文明对另一种文明的尊重与认同，背后隐藏的是对作为主体的文明之间的界限与区隔。墨西哥的案例却显示，多元文明之间并非只是一种强调彼此界限的分离,更具备一种相互交织、相互成全的共生模式。正是这种交织共生,给当代墨西哥留下了光辉灿烂的文化遗产。

我分享了自己对墨西哥社会多元文化交融的认知。在表示赞同的时候,玛利亚提醒我,墨西哥社会并非只有多元文化、族群的交互共生的和谐面向。对于印第安人、非裔人的歧视依然存在。即便是我所见到的多元共生,那也是在经历了殖民统治、民族国家独立、对于印第安人的同化和印第安人的反抗后才出现的,是殖民时代以降印第安人和印第安文明卷入世界体系的后果。她一直关注的咖啡贸易、全球农民运动和印第安自治教育等问题,这正是全球化在墨西哥的另一个面向。从玛利亚的讲述中,我能看到作为墨西哥学者的她对全球化爱恨交织的复杂态度,以及作为世界文明构成的墨西哥在全球化过程中的复杂遭遇。玛利亚最后问我是否有了正式田野的选题,我告诉她虽然我还没有明确的选题,但无论我做什么样的研究,肯定是离不了全球化了。

离开圣城的那天早上,原本12点才到餐馆的老李7点多就在店里等我了。临别之际,他和莉莉期待着我的下次到来。在那一刹那,我似乎不想离开了。当然,我知道这并不只是因为老李一家的缘故。在回程的航班上,我写下了这样的微信朋友圈:

> 田野调查的乐趣在于你永远都在看着不一样的风景,

遇见各式各样的人群，享受着色彩斑斓的生活。尽管这个旅程只有你一个人。墨西哥，恰帕斯，圣城，印第安，八月再见。

国庆节

2014年8月，在经历了30多个小时的飞行后，我回到了恰帕斯州。一个月的交往让我和老李一家结下了深厚的情谊。当我走下飞机时，老李和莉莉已经在行李处等着我了。得知我没有找到住处，老李邀请我暂时住在他家，在餐馆吃饭。刚下飞机的我确实没有太多的想法，便欣然接受了老李的邀请。打算等我找到新的住处，或是明确田野对象后，再做进一步的打算。老李一家的生活节奏与我有着很大的差异。他们通常早上10点后起床，12点来到餐馆，晚上9点钟才往家里走。我无法适应这样的作息时间。时差倒好后，我购置了一辆自行车，每天早上7点多出门，在这个城市里四处游荡。我给自己设定了一个目标，每天骑车走一条街，和10个当地人聊天。这不仅能让我的西语水平快速提高，也能增进我对这个城市的了解，快速确定我的研究对象。

餐厅里，店里的几个伙计们正在悬挂红白绿三色的旗帜与灯笼。他们告诉我,下个月的16号是墨西哥的国庆日,他们要将店里装扮得喜庆些。墨西哥的国庆节是为了纪念民族英雄伊达尔哥而设立的。1810年的9月16日,神父伊达尔哥发出了多洛雷斯的呼声,揭开了墨西哥独立战争的序幕。1821年,由印第安人和农民军组成的起义军攻占了首都墨西哥城,宣告了墨西哥的独立。为了纪念伊达尔哥,墨西哥将国庆日设定在了9月16日。作为国家的法定节日,官方规定国庆节放假一天。米格尔和阿道弗却告诉我国庆节当天他们不能休息。假日是餐馆最忙碌的时间,莉莉并不打算给他们放假。即便是放假,两人也会寻找其他的活计。米格尔的妻子在家照顾两个年幼的女儿,家里的重担根本不允许他有一丝的闲暇。阿道弗夫妇至今仍和父母和九个兄弟们住在一间不到10平方米的棚户里。贫困的他们需要大量的工作机会。米格尔和阿道弗的情况并非特例。对于很多生活在社会底层的印第安民众而言,整日为生计忙活的他们根本没有时间品味"闲暇"。人群聚集的节假日为他们提供了比平日里更多的目标顾客。他们必须利用这样的机会,赚取更多的费用,甚至一些印第安小孩也会利用节假日和闲暇的时光,上街贩卖各种小吃。节日之"节"寓意其不同于寻常生活。作为时间转换的节点,节日是民众狂欢、娱乐的时光,是对平庸的、机械的日常生活的革新。通过对日常社会束缚思维的一切规矩礼节的颠覆,阶段性发生的节日给予民众心理的慰藉与补充,赋予他们继续生活、奋斗的勇气。社会生活的艰难使得底层的印第安人失去了闲暇的权力。他们无暇、无力去庆祝包括国庆节在内属于墨西哥全体民众的节日。

与其他节日相比,国庆节具备一定的政治诉求,是统治阶层与国家权力以国家节日的方式对国内多元族群的整合,以此强化公民的国家认同。在恰帕斯州,梅斯蒂索人和印第安人的分化长期存在,族群冲突的持久性也在一定程度上削弱着印第安人对国家的认同,影响着他们对国庆节的参与。非政府组织的负责人路易斯在圣城居住了40多年。他告诉我,1994年之前,圣城的印第安民众很少参与国庆节的庆祝活动。公开的广场游行更是难见印第安人的身影。究其原因在于梅斯蒂索人对印第安人的拒绝。他们认为印第安人是低等人,不允许他们参与公共生活。虽然2000年后,圣城印第安人的生存环境有了很大的改善,但因为历史上曾经遭受的迫害,不少印第安人仍然拒绝参加任何公开层面的国家庆典。

锡莫霍韦尔的佐齐尔人希尔韦托和哈丝明就公开表示,他们不会参与任何国庆节的庆祝活动。希尔韦托是一名琥珀矿主,家庭条件很是优越。小时候他曾跟随老师参加镇里举办的国庆游行,但从他离开学校后就再也没有参加过任何国庆庆典了。他无奈地告诉我,从上个世纪90年代开始,围绕琥珀矿山的所有权,政府及他们引进的外商和矿山属地的印第安人陷入了无休止的纠纷之中。"政府的官员说我们是贪得无厌的老鼠,我觉得他们才是。"卷入纠纷的希尔韦托坚决地告诉我,现在的他从来不参加任何国庆庆典,他的家人也不会参加。哈丝明是一名佐齐尔女子,在圣城的服装店里打工。她亦明确地告诉我,她不会参加任何国庆节的庆典。谈及原因时,她用了一句"信仰不同"。她的家乡在奥科辛戈,那是萨帕塔运动最为活跃的地区之一,周边分布着许多萨帕塔解放自治区的村社。哈丝明的"信仰不同"折射出长期遭遇歧视的印第安人对国家秩序的深深失望。

与他们不同,更多的民众早早地开始为国庆节做准备。从9月初开始,小镇上的每家门口都开始悬挂墨西哥的国旗。街头上带着墨西哥国旗元素的商品也开始热销,最受民众欢迎的是棕榈编制的宽檐草帽。作为墨西哥文化象征的宽檐草帽印上了墨西哥国旗的三色,旁边是"墨西哥"的字样。各种肤色的民众在街头的小贩处挑选这些草帽,为即将到来的国庆盛典做准备。

一天傍晚,我正在圣城的街道上散步,脸上突然被喷了液体。好友弗拉基米尔拿着一个小瓶子,喷射出墨西哥国旗三色的液体。国庆到来之际,许多年轻人手持着这种瓶子,与好友相互喷射。在表达爱国思想的同时,也为即将到来的国庆节增添了一丝狂欢化的意味。圣城有数十个教堂,每个教堂前都是空旷的广场。随着国庆节的临近,各个广场都聚集着许多的年轻人,为即将到来的国庆盛典排练着舞蹈。拉梅尔塞教堂旁,二十多对年轻人8月底就开始在此排练了。他们排练的是具有浓郁墨西哥风情的弗拉门戈舞蹈和佐齐尔舞,准备参加国庆当晚的广场狂欢。

临近国庆,宗教庆典也融入了国庆元素。9月13日是圣城西部主保圣人拉梅尔塞圣母的圣诞,城市西边的民众为她举行了盛大的游行庆典。拉梅尔塞圣母的游行队伍由各种肤色民众构成。在队伍前列的是一名肤色黝黑的女性,她左手持着一个燃烧着琥珀的鼎。几个年轻人抬着拉梅尔塞圣母的神像紧随着她,端坐着的圣母身穿白色的裙子,头上戴着白色的皇冠,左手抱着圣婴,右手拿着拐杖。圣母的四周是许多拿着各色鲜花的民众,游行队伍的末端是吹着号角、敲锣打鼓的信众们。拉梅尔塞圣母的游行以城市中心的市政厅为起点,在中心广场巡游一周后,沿着迭戈大道朝西走去。人们一边走着,一边高呼着"拉梅尔塞圣母万岁"、"墨西哥万岁"的口号,直到返回拉梅尔塞教堂。此时,站在门口的神父拿着一瓶圣水,朝神像的头上洒去。众人将圣母的神像迎入教堂,在教堂的中心处安置。此后,神父为圣母举行了一次弥撒。教堂的外侧,无法挤入的民众高声地唱着墨西哥国歌。

拉梅尔塞圣母的巡游

　　国庆节的前夜,圣城到处都充满着节日的氛围。市政厅的廊桥上悬挂着三面墨西哥国旗。中间的一面国旗竖着悬挂,两侧的国旗折叠成蝴蝶形状,拱绕着中央。早些时候,两辆大型吊车驶入城市中心的广场,在东侧搭建了两个庞大的舞台。市政厅西北侧的广场上,大量的人员进进出出,密密麻麻地搭建着各种商铺。街道的两侧也都插满了墨西哥国旗。大大小小的商贩,或是贩卖着大小不一的国旗,或是贩卖着各种印有墨西哥国旗三色的宽檐草帽。在香港酒家,员工们穿着由墨西哥国旗三色做成的、印有墨西哥字样的围裙。人们见面时问候的第一句不再是"你好",而是"墨西哥万岁"。

傍晚时分,华灯初上,原本很是热闹的小镇更加喧嚣了。城市中心花园的树木上缠绕着许多由墨西哥国旗三色组成的彩灯。三三两两的印第安人,扛着墨西哥国旗三色的披肩与服饰,沿街叫卖着。随处可见的人们,无论男女,无论老少,无一不将自己的脸上涂上墨西哥国旗的三色。儿童们戴着作为墨西哥象征的宽檐草帽,沿街奔跑狂欢着。脸上涂满国旗三色的酒保们戴着宽檐草帽,唱着一系列爱国歌曲。四处洋溢着的欢声、随处可见的笑脸无一不展示着这个城市的人们对国家的热爱和对当前生活的满足。

中心广场是国庆夜狂欢的中心。早上搭设的两个戏台已经开始运作。东侧戏台表演的是墨西哥民族舞蹈,包括佐齐尔舞、玛利亚奇(Mariachi)在内的舞蹈接连上演。最让人过目不忘的当属当地教师工会组织的玛利亚奇表演了。8个人组成的玛利亚奇表演队有着竖琴、笛子、小提琴、吉他、小号等多种乐器。歌手们头戴宽檐草帽,身着紧身黑白骑士服,一边演奏着各自所持的乐器,一边跳着欢快的舞蹈。当《美丽可爱的墨西哥》演奏完毕时,台下的掌声如同潮水般经久不息。台上台下的人们不断地叫喊着"墨西哥万岁!"广场东侧的舞台表演的是墨西哥现代流行音乐。当电影《叶塞尼亚》和《玛雅人的夜晚》的乐曲声响起时,人群中爆发出经久不息的掌声。伴随着歌手们的演唱,舞台中央不断旋转的镭射灯光让整个广场散发出迷人的光彩。广场北侧的空旷场地是民众们自发表演的空间。虽然舞台很是简陋,仅有一旁路灯的照射,但这个开放的舞台仍然吸引了大量的观众。此前曾在拉梅尔塞教堂前排练的年轻人们就在这里展演着他们的排练成果。更有不少的印第安人走上舞台,一边吹着竖笛,一边演唱着具有着浓郁印第安风情的歌曲。

埃德加邀请我和香港餐厅的雇员们一同前往广场中心的美食区吃夜宵。天公不作美,我们还没走到广场中央,大雨倾盆而至。原本就有些微凉的天气更加寒冷了,但这丝毫没有影响到人们欢度国庆的热情。雨中的人们欢呼、叫喊着,"墨西哥万岁"的口号此起彼伏。人们的欢呼声不禁让我想起这个古老而又年轻的国家的发展史。在墨西哥两百多年的建国史上,虽然遭遇过一系列的挫败,但如同雨中奔跑的人们一样,经历风雨的墨西哥越发得顽强、坚韧。我和埃德加、弗拉基米尔、塞西、露西娅和马里萨来到中心广场的美食区,每个档口都挤满了就餐的人们。几番寻找,我们终于在美食区的最里端找到了一张空桌。店主们贴心地为我们送上了热咖啡。埃德加询问着我们要吃什么,还没等我们回应过来,弗拉基米尔大声地回应道"当然是吃卷饼了"。在这个充满着墨西哥国家认同的节日里,吃被誉为墨西哥民族饮食象征的卷饼无疑具备更为深层次的意义。咖啡喝完后,埃德加点了龙舌兰酒。在广场欢乐的氛围中,我们一边吃着卷饼,一边高举着酒杯,在"墨西哥万岁"的呼声中一饮而尽。

第二天早上 11 点多,城市的街道早已喧嚣一片了。道路两旁挤满了商贩和身着各色衣服的民众,国庆节例行的游行马上就要开始了。墨西哥广场游行的兴起,一方面是受到了曾经的宗主国西班牙的文化的影响。中世纪以前的基督教社会,游行狂欢构建了与日常生活完全悖离的第二世界,演绎出另一种打破秩序、等级,人人平等的理想社会。此外,墨西哥本地的广场狂欢也有着印第安本土社会的元素。《战败者见闻录》里曾经记载,在西班牙殖民者到来之前,本土印第安人在各种节庆时会举办各种狂欢化庆典。[①] 墨西哥民众共同参与的国庆节,亦成为民众广场狂欢的重要组成。

圣城国庆节游行狂欢庆典的起点在城西的拉梅尔塞教堂,沿着道路一直往东,到达城市中心的广场。绕过广场后沿着朝西的街道往新城走去。游行路线大约在三公里左右,基本途经了圣城的各个地标。游行队伍的前列是城市公安局的警察。走在最前列

[①] 米格尔·雷昂-波尔蒂利亚:《战败者见闻录》,孙家堃、黎妮译,商务印书馆 2017 年版。

的警察身着墨西哥警服,中间的警察手持墨西哥国旗,旁边的三列警察高举机枪朝上扬起,以一种可见的形式捍卫着国家的象征。国旗队的后方是敲锣打鼓的警察部队和消防、救护等一系列公共服务的队列。这些队伍的成员全部都是高大的梅斯蒂索人。他们个个表情严肃,锐利而坚定的目光朝前望去。尽管有着激昂的乐曲伴奏,但或许因为他们太过严肃,当他们走过人群时,围观的群众如同机器一般面无表情地看着。直到半个小时后,当所有的警察都走过人群时,沉闷的街道才透露出一丝欢快的氛围。

圣城各个学校的学生们紧接在警察们的队伍之后。两个小学生拿着圣城的市旗,走在队伍的最前列。她们的身后是一群敲着小鼓的同学。老师拿着小喇叭,在队伍的前列指挥着秩序。从外表上来看,虽然学生们的主流仍然是梅斯蒂索人,其中也不乏印第安小孩的身影。米格尔·乌特利亚·特鲁希略中学晨间班的学生们组织的游行队伍最让人惊艳。站在队伍前列的两位女生持着学校的校旗,上面印着米格尔·乌特利亚·特鲁希略中学的校名,标注着晨间班的序列。为了最大限度地利用学校的教学资源,恰帕斯所有的公立学校都分为晨间和午后两个序列。晨间班早上8点上课到下午2点,午后班从下午2点上到晚上8点。校旗的下方是学校创始人米格尔·乌特利亚·特鲁希略的图像和恰帕斯州地图。地图的上方是米格尔的名言——

"为和平而教"。因为身处印第安族群聚居区,在族群等级分化、族群冲突持续存在的恰帕斯州,学校创始人米格尔对教育意义的理解显然更为准确,却也更为沉重——教育并非只是为现代民族国家构造思想防线,其目的更是让生活在这片土地上的人民能够和平相处,包容彼此。值得一提的是,米格尔·乌特利亚·特鲁希略中学晨间班学生的游行队伍全部由女生组成。高大的女生们身着蓝色制服,在整个游行队伍中格外耀眼。在恰帕斯,尤其是在印第安家庭中,女性接受教育的比例远远低于男性,更多的印第安家庭在女童很小的时候便将她们出嫁,或是让她们做劳工。米格尔·乌特利亚·特鲁希略中学的教师希望以这样一种方式,让更多的人理解女性、尊重女性。

米格尔·乌特利亚·特鲁希略中学的游行队伍

当小学、中学、预科学校和包括师范、技术和医学在内的职业学校的学生一一走过游行队伍后，整个游行的队列成为了一个开放的空间。衣衫褴褛的乞丐、推着小货车的印第安商贩、怀抱着小孩的普通居民和在城市广场上游览的游客，纷纷走在游行队伍的后面欢呼狂欢着。一旁维持秩序的警察，也一改此前严肃的表情，露出一丝不易察觉的微笑。游行队伍朝着市中心走去，到达市中心的广场时，所有人停在那里。或是载歌载舞，或是放声歌唱，或是吹着小喇叭，或是坐在一旁的台阶上。原本就喧嚣的广场成为了人人参与的大舞台。在那一刹那，族群、财富、阶层——原本存在于人们之间的一条条区隔似乎彻底消失不见。

娅迪拉和塞萨尔

预调查的时候，我曾在街角的卷饼店认识一位梅斯蒂索女孩娅迪拉。得知我已经回到圣城，娅迪拉问我什么时候有空，她的男朋友塞萨尔是大学生，希望有机会介绍给我们认识。下午七点，我来到城市中心的广场，下班的娅迪拉和一个瘦削却很清爽的男子早早地站在了廊桥下。娅迪拉挽着他的手，满脸笑意地告诉我，"这是塞萨尔，我的男朋友！"我们一起到了一家墨西哥餐馆，一边吃饭一边聊着。

上半年初次见面时,娅迪拉就曾告诉我,她是梅斯蒂索人,但却找了一个佐齐尔的男朋友。父亲似乎有些不太高兴,但她一直在努力,希望父亲能够接受他。初次见面,我不好意思直接问塞萨尔和娅迪拉的恋爱情况。只是很泛泛地和塞萨尔聊着。塞萨尔告诉我,他来自佐齐尔人的村社博斯克(Bosque),全村大概有着3000多人,以种植咖啡、花生和大豆为生。除了父母外,塞萨尔还有四个兄弟姐妹。他的父亲今年52岁,母亲50岁。28岁的大姐已经出嫁,有三个孩子。他排行老二,今年23岁。老三弟弟22岁,老四妹妹20岁,最小的弟弟今年15岁。因为父母是地道的农民,家里人口众多,没有太多的钱供养子女上学。除了他上了大学外,剩下的兄弟初中毕业就不上学了。大姐和老四因为是女性,家里认为多读书也没有太多用处,小学刚毕业就早早地辍学了。如今,除了他以外,剩下的兄弟姐妹都在村子里和父母一起生活。塞萨尔坦率地承认,自己的家庭并不富裕。

按照佐齐尔人的习俗,男孩子看上了哪家的姑娘,他只需要跟父亲说,父亲就会上门提亲。一般来说,女方家庭并不会太为难,但男方必须给女方一笔4000比索左右的礼金。对于在圣城工作的人来说,4000比索着实不算多。但对于没有任何固定收入,以农业为生的佐齐尔人而言,这笔开销接近一个农业家庭一年的收入。好在如今哪怕是最为偏僻的印第安农村,一个家庭怎么也有一两个壮年劳动力在圣城、图斯特拉之类的城市里工作，礼金还算负担得起。塞萨尔告诉我，和他同龄的小学同学差不多都已经结婚了。只有他才开始和娅迪拉谈恋爱。因为博斯克是佐齐尔人的村子，周边的村子也以佐齐尔人居多，大部分年轻人的结婚对象都是佐齐尔人。也有少部分村民和策尔塔尔等其他印第安族群通婚。塞萨尔也承认，全村大约有500多户，和梅斯蒂索人通婚的不到5户。

作为一位受过教育的知识分子，塞萨尔似乎明白接下来我要问他什么问题。没等我开口，他就开始讲述印第安人遭受歧视的历史。他忿忿不平地说着，即便现在宪法声称印第安人是国家平等的公民，禁止任何场合的种族歧视，但对印第安人的歧视仍然充斥在日常生活之中。

比如你去购买电器，如果你穿着佐齐尔人的衣服，售货员都会用一种奇怪的眼神看着你。他们会怀疑你是不是有钱来购买这些东西，还是打算来偷东西。在他们看来，贫穷的印第安人是无法承担起电器的开销的。

塞萨尔讲述了自己的遭遇，

我去求职的时候，找工作非常困难。像政府的公务员，虽然我有大学毕业证，但是很难考进去，其他的就更不用说了。在这个城市里，擦鞋的、扛着货柜或衣服沿街叫卖的，还有泥瓦匠、小工都是印第安人。别看他们每天很是辛苦，可是一天下来，挣得钱比谁都少。这个社会就是这样，虽然人们口口声声说着不允许歧视我们，但是歧视却无处不在，而且很难改变。

"为什么难以改变呢？"我询问塞萨尔。

因为生来的贫穷，印第安人生下来就是贫困的族群。我们生活在贫穷的农村。这些地方不是人口集中、发达的城镇，而是土地贫瘠、缺水寒冷的高地。我们的身边没有集市，没有大学，只有很荒凉的高山。我们不可能得到和城市一样的发展。我们离开农村，但是我们也无法和梅斯蒂索人相比。他们已经在城市里生活了很多年。这种差距甚至从几百年前哥伦布发现新大陆后就已经决定了。这不是靠我一个人，或者一群人就能够改变的。

塞萨尔的情绪有些低落。娅迪拉心疼地看着他，一边安慰他，一边说着"不是还有我吗！"

"对，我还有娅迪拉！至少在婚姻这件事情上，娅迪拉没有歧视我。"

冷静了一会儿，塞萨尔开始回忆起自己的求学之路。他承认之所以敢和娅迪拉谈恋爱，是他认为自身有足够的资本。和玩伴们的早早辍学不同，塞萨尔有两个本科学位。在博斯克完成幼儿园、小学和初中学业后，塞萨尔来到了圣城就读预科。圣城预科的一个班级只有20来人，课程包括西班牙语、伦理、科学、社会学和少量的英语。因为家境贫寒，塞萨尔一边读书，一边打工，最终完成了三年预科的学习。由于基本功不扎实，半工半读也在一定程度上影响了他的学习，大学入学考试时，他没有考上心仪已久的墨西哥国立自治大学，甚至连恰帕斯自治大学也没有考上，只是上了恰帕斯当地一个不太入流的私立研究所——托马斯·阿基诺高等研究所的哲学专业。塞萨尔同样以半工半读的方式完成了四年学业，毕业后却发现哲学专业根本无法就业。此后，他又回到了圣城，在这里的神学院攻读神学学位。今年7月份，塞萨尔刚从神学院毕业。

并不是所有的印第安人都能像塞萨尔一样完成两个学位。塞萨尔也感慨到，自己的家庭条件并不富裕，家里的兄弟姐妹很多。若不是一个远方叔叔持久的资助，他根本无法完成学位。

听着塞萨尔的讲述,娅迪拉的眼神里充满着爱意。她给我讲述了第一次见到塞萨尔的场景,那是在朋友家的聚会上,

"他很干净,整洁,举止很得体,不像其他人一样,邋里邋遢,毛手毛脚。我一看到他就爱上了他。"

上半年的时候,娅迪拉在餐馆里打工,每天晚上九点多才下班。她租住的房子在离市中心很远的城市边缘,下班时街上的路灯早已关闭。为了娅迪拉能够安全回家,塞萨尔每天晚上都会在街角的路口等着她,一直陪她走到家。娅迪拉生病的时候,塞萨尔先是带她到了城市西部的中心医院,后又带她到了一家很好的私立医院,给她买药,贴心照顾。更重要的是,虽然与塞萨尔相识差不过快一年了,但他从未强迫和她发生性关系,这在圣城、恰帕斯甚至是墨西哥都很是少见。和塞萨尔的交往让娅迪拉觉得他是真正地尊重她、理解她。无论以后的日子有多么艰难,她也愿意和塞萨尔在一起。

与娅迪拉相比,塞萨尔的顾虑显然要多一些。塞萨尔在图斯特拉-古铁雷斯上哲学本科的时候,每年的学费是7000比索,在圣城读神学的时候,每年的学费是15000比索。这些钱都是他的远房叔叔资助的。虽然叔叔从未让他还钱,但他却不希望自己一直欠着这笔钱。另外,虽然父母不曾出钱资助他在外上学,但与弟弟妹妹们相比,他对家庭的奉献实在少得可怜。如

今,他已经拿到了两个学位,他希望能够通过自己的双手,还掉叔叔的资助,也为家里增加点收入。此外,还有他与娅迪拉的婚礼。虽然在娅迪拉的极力肯定下,她的家人对他很是满意,承诺不需要他支付礼金,但基本的婚礼开销还是必须承担的。他粗略地算了一下,整个婚礼仪式包括场地布置、婚房装饰、教堂仪式、神父聘请以及邀请亲友们前来赴宴,大大小小算下来,大约需要40000比索左右的开销。娅迪拉的父母已经承诺不需要礼金,他也实在不好意思再问娅迪拉的父亲借钱,贫穷的家里也拿不出一点钱来支持他们了。

六月还没有毕业时,塞萨尔就开始找工作。最初,他的理想工作是政府部门的公务员,但每年的招聘考试却是在一月。他托人打听了一下,除了准备考试的基本花销外,他还需要给圣城市政厅的招聘人员一笔不少的行贿费,不然连入围的资格都没有。显然,塞萨尔是拿不出这笔钱的。公务员梦碎后,塞萨尔想去圣城的学校做社会课的老师。可塞萨尔没有教师资格证。如果准备教师资格证的考试,各种报名费、资料费加起来超过6000比索,这笔钱他也拿不出来的。塞萨尔认识到,他必须尽快工作,否则生活只会越来越难。

"没有时间再让我拖延了,我必须早点挣钱。"吃完最后一口卷饼,塞萨尔激动地和我说。

几天后，塞萨尔通过WhatsApp（一款手机通讯软件）告诉我，他下定决心不再考虑找一份与自己学历匹配的、比较体面的工作。他在中心市场的招聘栏上看到了一个广告，想报名去试试。塞萨尔应聘的是科佩尔电器城的销售。这是一家遍布墨西哥全国的电器城，仅在圣城就有三家分店。我们找到了值班经理戈麦斯先生，询问他关于求职的事宜。戈麦斯介绍了商城的情况。虽然圣城有三家科佩尔电器城，但这家店已经开业了10年，是圣城中心城区唯一一家大型的电器商场，主要经营各种家用电器、装修设备和厨具。因为毗邻中心市场，客流量很大，这家科佩尔电器城大约占了圣城当地50%以上的市场份额。目前，电器城有34位工作人员，上班时间是每天早上10点到晚上8点，下午2点至4点是午休和吃饭时间，每周休息一天。因为周末人流量较大，轮休只能安排在周一至周五。

经理坦言，在电器店做销售，学历没有任何意义。虽然塞萨尔有两个学位，他也只能从初级员工做起，一个月的收入是4000比索。当经理报出工资数字后，塞萨尔的脸微笑了一下，他似乎对经理开出的工资待遇很是满意。之前娅迪拉在餐馆里工作，每天从早上9点工作到晚上10点，15天休息一天，也不过2400比索的工资。经理还透露，作为一家正规的大型连锁企业，公司还会每个月花200比索，给所有的雇员购买医疗保险、法律保险、工伤保险和退休保险等多个保险项目。经理特意强调,在圣城,只有科佩尔会给员工购买保险,其他的公司根本不会考虑。

经理告诉塞萨尔,如果想要来这里工作,必须通过科佩尔的入职考试和面试。考试内容主要包括智力测试、品德测试、领导能力测试、法律法规和数字计算能力五个部分。原本有些高兴的塞萨尔听到这个消息,立马有些蔫蔫的。他小声地问着主管,这个考试难不难?主管漫不经心地回答,对于印第安人有些难,对于你可能不难。因为塞萨尔一直在城里上学,皮肤白皙,衣着得体,经理默认为他是梅斯蒂索人。

"不,我就是印第安人。"塞萨尔立马跟经理解释,他以为经理歧视印第安人,连忙向经理打听。得知他是印第安人后,经理反而有些高兴。经理告诉塞萨尔,目前店里的34位员工中,只有5位印第安人。虽然圣城里常住的印第安人约占总人口的20%左右,但圣城周边几乎都是印第安人的村社。他们曾经做过统计,去年400万比索的销售额中,大约有一半的额度是印第安人完成的。大部分印第安人的西班牙语并不好,相当一部分居民还是文盲。他们无法完整地了解产品的性能,当工作人员将产品送到他们的家中,也无法和他们沟通。经理很希望像他这样的印第安人知识分子前来工作。经理和塞萨尔解释,之前和他说"印第安人很难通过考试",并不是说题目很难,而是因为前来应聘的印第安人大部分没有接受过很高的教育,连一些基本的常识都不知道。对于塞萨尔这样拿着两个本科学位的人而言,这个考试根本不需要担心。

听到这样的解释,塞萨尔放心了许多。此后的几天里,他一直都在安心备考,我也没去打扰他。直到又一个周天的晚上,娅迪拉给我打了电话,

"巴勃罗,塞萨尔考上了!明天就去上班了!"

"为你们高兴!"

我们终究还是高兴得太早了。周三的早上,塞萨尔刚上了三天班,我收到了娅迪拉的电话,

"巴勃罗,你能过来塞萨尔家吗?他摔伤了,我想带他去医院,但我一个人扶不动他。"

按照娅迪拉给的地址,我急匆匆地赶到塞萨尔的家。那是在城市东部边缘地带的一栋房子。推开大门,里面是一栋双层的四合院构造的房子,中间是采光的天井。一个逼仄的楼梯上去,右手边的第一间就是塞萨尔的房子。不到15平方米的房间里,除了摆放着一张床外,还放置着煤气罐、炊具、衣柜和餐桌等大大小小的物品,虽然拥挤却并不脏乱。

见到我来了,塞萨尔有些不好意思。我忙问他哪里疼,他指了指胳膊。我赶忙让娅迪拉把门打开,搀扶着塞萨尔,准备和他

一起下楼打车。等候出租车的时候,我询问他们是要去城市西部的中心医院,还是去城市南部的文化医院?萨塞和娅迪拉连忙摇头,他们异口同声地告诉我,去公路旁边的私人医院!虽然公立医院免费,但却缺医少药,大夫们也不负责任。如果去公立医院看,可能只能拿到一个排队号。轮到去看的时候,也是好几天后的事情了。即便是今天运气好,能够看上医生,公立医院连基本的 X 光机都没有,更别说治疗需要的药物了。

我们一起打车到了一家私立医院。听了我们的陈述,大夫赶忙叫一个男护士送塞萨尔进了 CT 室。十多分钟后,大夫对着电脑告诉塞萨尔,他的肩膀脱臼,肩胛骨有些裂纹,他需要马上给他做一个肩膀关节回位的小手术,并给他开一些消炎药。大夫嘱咐他休息两周,右手不要拿重物。拿着药单,娅迪拉去药店买药。支付了 160 比索的门诊费和 200 比索的治疗费后,我和塞萨尔在医院里等着她。塞萨尔告诉我,昨晚下了一夜的雨,楼梯非常滑。早上起来,他准备下楼扔垃圾,一不小心就从楼梯上滑了下去,肩膀着地,就摔成了现在这个样子。回到家中,塞萨尔让娅迪拉算一下看病的开销,娅迪拉拿出各种票据,告诉塞萨尔今天一共花了 610 比索。其中包括来回打车费 60 比索,医生的出诊费 360 比索,买药费 190 比索。塞萨尔告诉娅迪拉,自己手上只有不超过 1000 比索的现金了,过两天还要缴 600 比索的房租。原想着靠着这点钱撑到第一个月发工资,现在看起来是不够的了。

我安慰塞萨尔,现在最重要的事情是把身体养好,不要考虑太多,如果钱实在不够,我可以借给他们。塞萨尔却告诉我们,他现在刚上两天班。虽然今天放假,但他不能完全请假休息,不然领导会开除他的。虽然我和娅迪拉都不同意他继续上班,但却拗不过塞萨尔的坚持,只好嘱咐他上班的时候尽量不要使用右肩膀。娅迪拉也决定退掉她在城市东边的房子,租住在塞萨尔的隔壁,方便更好地照顾他。借给他们500比索后,我离开了塞萨尔家。

两天后的晚上9点,我又一次去看望塞萨尔。此时,娅迪拉已经将晚餐做好了。大约20多分钟后,塞萨尔风尘仆仆地回到家里。他告诉我们,虽然他极力隐瞒自己生病的事实,经理发生发现了他的问题。经理告诉他,公司给他们买了保险,他们可以从保险里支出医疗费用,所以这次看病的610比索全部都给报销了。经理还安慰他,如果真的坚持不下去,他可以选择停薪留职,等恢复过后再来上班,但他却坚持上班。

"巴勃罗,我必须要上班,不然娅迪拉和我的家庭都会被拖累的。"

萨塞尔告诉我,从小到大他都面临着很大的压力。尤其是今年毕业后,他更想靠自己的努力,帮助家人还债。家里一共有5公顷的咖啡地和1公顷的玉米地。玉米主要供家人食用,咖啡是家里收入的唯一来源。行情好的时候,一公斤咖啡能够卖到70比索,行情不好的时候,一公斤咖啡只卖到40比索。一年下来,咖啡的收入最好的时候也不超过40000比索。因为人多地少,家里本来就经常负债。今年情况更是特殊,父亲上个礼拜打电话来,说家里5公顷的咖啡全部患上了烂果病,已经成型的咖啡果全部都掉了。父亲只能把请人把5公顷的老咖啡树全部砍掉,再花钱购买新的咖啡树。整个流程下来,家里已经欠下了100000比索的债务。更为要命的是,咖啡树刚刚种植的前两年收益是很差的。听到这个消息的塞萨尔心急如焚,迫切地希望通过自己的努力为家人还债。

我安慰他,固然挣钱很重要,但如果病痛没有治好,可能会有更大的开销。一旁的娅迪拉也开导着他,让他不要这样苛待自己。娅迪拉告诉我,科佩尔公司下午2点到4点是休息时间。员工们一般都是在市场附近的餐馆解决中饭。塞萨尔为了省钱,硬是步行回到家里,自己做饭、吃饭完毕后再回去上班。娅迪拉强调,在外面吃一顿饭最多也就50比索。塞萨尔回来做饭,虽然能够省下二三十比索,但真的太累了。娅迪拉决定,如果塞萨尔再这样坚持,她中午和老板请假,回到家里给他做饭。

还没说完，娅迪拉的电话突然响了，她让我们低声说话，是她父亲打来的。

十多分钟后，娅迪拉告诉我们，她的父母下周一，也就是9月21日会来到圣城。他们过来主要是为了给她庆祝生日。另外，他们已经得知塞萨尔受伤的事情，想过来看看塞萨尔是否需要什么帮助。得知这个消息，塞萨尔有些担心，虽然娅迪拉很早就将塞萨尔介绍给了父亲，但这是他们的第一次见面。一贫如洗的他和负债累累的家庭，让他实在不知道以何种姿态面对娅迪拉的父亲。因为受伤的缘故，这段时间也是他心情最为低落、状态最差的时候，他很担心自己会让娅迪拉的父亲产生不好的印象。另外，他现在真的没有那么多钱了，他无法在娅迪拉生日的时候，请娅迪拉和她的家人去饭店大吃一顿。

娅迪拉宽慰着塞萨尔，他的父亲并不希望她嫁给一个富人，如果是这样的话，之前就不会允许塞萨尔和她交往了。他们看重的是他的人品——诚实、可靠，对他的女儿好、尊重她，就足够了。正是因为担心塞萨尔的伤势，他们才决定过来看他，并非对他有什么额外的要求。另外，因为是她的生日，父亲肯定会带一只她最爱的烤鸡过来。他们只需要在市场里买一些蔬菜、水果和饮料即可，这些花不了多少钱，他们只需要看到一个干净整洁的房子就行。见到娅迪拉说得如此真诚，塞萨尔默默地点着头。

2018年娅迪拉(左一)和塞萨尔已经有了儿子

因为是私人的家庭聚会,我决定不出席周一的生日聚会。周二的白天,我去了科佩尔,塞萨尔告诉我,娅迪拉的家人很是和蔼,他的父母并没有对他提出过分的要求,反而感谢他对女儿的尊重和包容。他们带来了烤鸡、卷饼、牛肉等一系列的食物,一家人度过了一个欢快的夜晚。晚上,他和娅迪拉的父亲睡在一张床上。娅迪拉的父亲告诉他,只要他对自己的女儿好,不需要他支付额外的礼金。虽然此前娅迪拉已经告诉了他,但当她父亲亲口说出时,他还是有些感动。今天一大早,他们全家就已经坐班车回去了。临走前,娅迪拉的母亲给了他们2000比索。

私有化、可乐与幼儿胃癌

因为塞萨尔生病,我陪他们去了一趟城市南部的私人诊所。医生耐心给塞萨尔治疗的情景给我留下了深刻的印象,我注意到,这个诊所里聚居了数十位印第安病人。忙完塞萨尔的事情后,我再次来到诊所,希望了解一些关于诊所的情况。当我再一次来到诊所时,并没有找到医生。一旁的护士告诉我,医生正在做手术。如果我需要看病,她可以给我一个排队的号。趁着医生和护士忙碌的空档,我仔细观察了诊所的情况。诊所开设在家庭的房屋里,大堂是候诊区,摆放着数十张桌椅。大堂里端一侧是诊疗室,里面摆放着办公桌和电脑,这是医生办公的区域。里端的中间有两间屋子,分别是 CT 室和 B 超室。大堂的西侧有两间房子,一间是器材室,另外一间是手术室。此前塞萨尔看病的时候,我曾去过手术室。手术室的面积大约有 15 平方米,里面有一个手术台。大堂的东端是男女分开的洗手间。整个诊所的面积不超过 200 平方米。虽然面积小,诊所内部却很是干净整洁。保洁员不一会儿就来拖地,诊所的墙壁上写着"保持干净,注意卫生"的标语。护士们戴着口罩,耐心询问着每一位病人的基本情况。

我坐在候诊区的一侧,旁边是一对印第安妇女和她的两个子女。她告诉我,她是策尔塔尔人,丈夫也是策尔塔尔人。她7岁时和家人一起从农村搬到圣城,在这里住了25年。在这里她结识了她的丈夫,12年前两人结婚,如今有着一儿一女两个孩子。他们夫妇以在中心市场的48号摊位卖肉为生。因为刚生完老二不久,她必须在家里照顾小孩,摊位的生意就交给丈夫一人负责。丈夫每天早上4点多起来,去批发市场买肉。中心市场5点开门,一直工作到下午5点关门才结束。他们每个月都要缴纳摊位费和房租,这项开支大约在3000比索左右。此外还有四个人的生活费,一个月下来基本上存不了多少钱。两个孩子昨天晚上都有点发烧,一个晚上都没有睡好,她怕情况恶化,所以带他们前来看看。她不止一次地告诫我,生病一定要来这里。虽然圣城的公立医院免费,但医生的医术太差,连基本的感冒药都没有,去了等于白去。上次她女儿喉咙痛,在公立医院看了三天,一点都没有好转。还是到了这里,医生开了些药,第二天就好了。另一位病人听到我们的谈话,也开始了对公立医院的抱怨。他们来自查纳尔的一个小村庄,虽然村里设了诊所,却常常空无一人,而圣城公立医院连CT机都没有,他是来为姐姐取昨天CT片子的。不光是他们,好几位候诊的病人都表示,公立医院不靠谱,这位医生医术精湛,诊所药物齐备。虽然要花费一些钱,他们仍然选择来这里就诊。

病人们陆续进了诊室,大堂里只剩下一位护士了。趁着他不忙,我和他聊了起来。护士名叫赫尔马尼,他并不是诊所的正式员工,而是普埃布拉的圣奥古斯丁中美洲大学医学院大四的实习生。此外,诊所还雇有一名护士和两名实习生。大家轮流上班,他周一、周二、周四和周五在诊所。赫尔马尼坦言,虽然这只是一家规模很小的私人诊所,但每天就诊的人数均在 50 人以上。因为工作繁重,即便只是实习,诊所的负责人恩里克每个月也会给他 3000 比索的工资。

下午三点多,病人们陆陆续续都离开了。身穿白大褂的大夫走出诊室注意到了我。我和他解释,我并非来这里看病,而是希望对他做一些访谈。他欣然接受了我的访问。大夫告诉我,他叫恩里克,毕业于墨西哥国立自治大学医学院。刚毕业那会儿,他在墨西哥城工作。因为无法忍受墨西哥城高昂的房价和高强度的工作,他从墨西哥城的医院离职,回到自己家开办了这家诊所,迄今已有五年。在这五年里,他的诊所生意很好,这主要归因于墨西哥政府的医疗政策,尤其是恰帕斯本地的医疗政策。在恰帕斯高地地区,政府声称 70% 的预算投给了印第安人,并在各个印第安社区建立了免费的诊所,印第安人可以享受免费的医疗服务和水电资源。事实上,这些政策并没有落到实处。很多印第安村社根本没有医生入驻,也缺少基本的医疗设备。

所谓免费的水电也会时常断停。另外,并没有享受到实惠的印第安人,反而会因为政府的声明受到梅斯蒂索人和其他族群的敌视。在他看来,政府的投入之所以没有使印第安人受惠,根本原因在于不少官僚阶层对政府投入的侵占与挪用。正是因为政府在医疗投入上的不到位,他的诊所才能在圣城生存下来。如今,佩尼亚·涅托政府更宣布要压缩医疗投入,进行医疗改革,这在恩里克看来是一件非常荒谬的事情。"原本印第安人就没有享受到医疗服务,何来压缩呢?"

作为土生土长的圣城人,恩里克对周边村社印第安人处境有着很深的了解,他也很同情他们的遭遇。从诊所开设之日起,他就以非常低廉的价格为印第安人服务。2013年开始,他更将每天早上就诊的第一个名额免费提供给那些需要帮助却又无钱就诊的印第安人。此外,他和当地多个非政府组织合作,通过它们的资助,为贫穷的印第安人免费提供药品。

恩里克告诉我,在恰帕斯高地地区,妇女和儿童是最大的就诊人群。印第安女性最为常见的疾病是妇科病和乳腺病,原因在于她们结婚的时间太早了。在印第安农村,很多女性未满12岁就结婚了。结婚时间过早使她们很早就开始生育,避孕措施的缺乏更让她们陷入频繁生育的困境之中,这很容易患上妇科疾病。在印第安男权社会中,男性多以出轨为荣,他们经常将各种疾病带回家中，导致妻子患上各种性病，甚至诱发子宫癌。

当我们正聊得兴起时，赫尔马尼急切地敲开了诊室的门。他告诉恩里克，一个印第安小孩大口吐血，让他赶紧去看看。恩里克立马换上手术服，走到候诊室。此时，一个皮肤黝黑的印第安男子怀抱着一个脸色苍白的小孩，小孩眉目紧闭，嘴巴、鼻孔处残留着许多的血丝，小孩的母亲在一旁哭泣着。恩里克让小孩的父亲抱小孩到检查室。四十多分钟后，恩里克走出诊室，他告诉小孩的父母，小孩的情况非常不乐观，很可能是胃癌。目前，他只能给他做一些止血的处理，如果需要进一步治疗，需要去墨西哥城。听到恩里克的解释，小孩的母亲放声大哭，小孩的父亲将怀中的孩子交给了她，自己随着大夫去了诊室。恩里克给他们开了一个处方，告诉他们可以去找一家妇科超声波医疗公司研究所在当地的志愿药店免费取药。小孩的父亲道着谢，抱起小孩，拉着正在哭泣的母亲离开了诊所。

他们走后，恩里克轻声地跟我说道，这个小孩只有不到一个礼拜的时间了。恩里克的话让我五味杂陈。美好的生命才刚刚开始就戛然而止，这是多么让人心痛啊。恩里克淡淡地说着，胃癌是这里印第安儿童的常见疾病，他每个月都会遇上几例。因为儿童胃癌发病的进程快，一般送到这里已是晚期。大部分印第安家庭根本没有足够的钱去救这些孩子。即便去救，也没有多大挽回的余地。几乎所有的孩子确诊之后只能回家等死。恩里克的介绍让我很是吃惊。我实在无法想象，空气条件如此之好，气候宜人、食材种类丰富的恰帕斯高地地区，会有印第安儿童得胃癌这种凶险的疾病。恩里克冷静地告诉我，这和印第安社会的贫穷有着密切的关系。

圣城的高地地区是印第安人分布最为集中的区域，也是墨西哥当地生物多样性最为丰富的区域之一。印第安人聚居在高地地区，四周都是比其地势低的平原。尽管降水充沛，但高地地区的地下水流多是流入周边的平原地区。因此，高地地区是恰帕斯乃至墨西哥饮用水资源最为缺乏的区域之一。20世纪80年代前，印第安民众的日常生活用水是能够得到保障的。当时，虽然经济并不富裕，大部分印第安村社的村民尚能够自给自足，主要饮食也多是自己家里产的玉米、大豆、蔬菜和家禽。从20世纪80年代末开始，随着墨西哥政府开始新自由主义改革，大量的跨国公司在贸易自由化的名义下进入包括恰帕斯高地地区在内的墨西哥。对高地民众影响最大的就是可口可乐和百事可乐的进入。两个企业均在圣城城市西边开设了两个大型的工厂，主要向周边的印第安地区销售可乐产品。

印第安民众对饮料的使用与其宗教文化有关。在包括佐齐尔、策尔塔尔在内的多个印第安部族中，均有在宗教祭祀仪式上使用烈酒的习俗。最初,人们相信烈酒能够使神灵愉悦。在宗教场合下饮用烈酒,信众也会到达通神的迷幻状态。20世纪30年代后,在天主教传教士的介入下,原本的烈酒逐渐被当地自制的洛神花茶取代。然而,洛神花茶的制作和冷却需要一个多小时。因此,当可乐进入恰帕斯高地地区时,就迅速取代了洛神花茶,成为宗教场合最受欢迎的饮料。以宗教切入,可乐一跃成为当地民众日常生活中的重要饮料。

20世纪80年代末开始的新自由主义改革,亦对于高地地区的印第安农民产生了严重的影响。贸易壁垒的取消、农业保护制度的取消,使美国廉价的农产品大规模进入墨西哥,造成了墨西哥玉米、咖啡价格的大幅下降。农民们或是留在农村,靠着土地苦苦度日,或是干脆离开农村,在诸如圣城等城镇谋生。无论是哪种情况,在收入水平下降的背景下,他们要花费更高的成本维持生存,由此造成了贫困与饥饿的普遍发生。

印第安民众不仅面临着食物短缺的问题,日常生活的饮用水也出现了不足。在圣城,仅可口可乐的工厂每天的地下水抽水量就在115万升以上[1]。此外还有百事可乐,索尔(Sol)啤酒厂等一系列饮料工厂的取水。大规模的抽水造成了高地地区地

---

[1] Lopez, Oscar y Jacobs, Andrew. "En una ciudad con poca agua, la Coca-Cola y la diabetes se multiplicand". *New York Times*(*Espanol*),2018-6-16.

下水位的急剧下降,饮料厂的水井越打越深,而圣城及其周边农村印第安民众可使用的自然水源却越来越少,饮用水成为困扰当地民众的重要问题。然而,正是造成水资源短缺的可乐在一定程度上解决了水资源短缺的问题。通过与圣城的玻璃厂合作,可口可乐以非常低廉的价格购得了大量循环使用的玻璃瓶,大规模的商业合作、循环玻璃瓶的使用极大地压缩了生产成本。在圣城,500毫升玻璃瓶装的可乐批发的价格是3—4比索,而即便是在偏远的印第安农村,5比索就可以购得一瓶可乐。

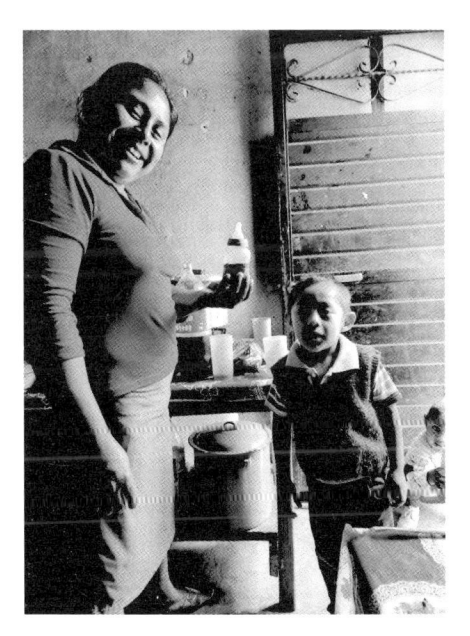

一位佐齐尔母亲给孩子的奶瓶里装上可乐

在圣城,任何一种纯净水的价格都远远高过可乐。对很多贫困的印第安家庭而言,缺水的他们只能购买可乐。于是,可乐成为家家户户饮用水的重要来源,甚至许多小孩奶瓶里装的都是可乐。恰帕斯高地地区也成为墨西哥人均可乐消费最高的地区。可乐的大规模流行,造成了当地糖尿病的高发。可乐中大量的焦糖和碳酸气体,不仅造成了严重的儿童肥胖问题,亦腐蚀着儿童们尚未发育成熟的胃壁,造成儿童胃癌的高发。恩里克告诉我,即便是在当下,可乐的广告仍然在印第安社区铺天盖地地张贴着,没有任何标语提示印第安民众,可乐会给他们的健康带来损害。作为医生,他一个人无力抗衡资本强大的多个公司,只能在他的病人中普及可乐伤身的事实,劝说他们不要饮用可乐。但他也知道,对于贫穷的他们而言,可乐可能是他们唯一能够买到的廉价水源。

听了恩里克的介绍,我的心情很是沉重。我知道,这又是一个资本谋杀民众的故事。表面上来看,自由市场的构建提供了一个人人可以参与的民主平台,但对缺少资本、资源的底层民众而言,他们并不具备自由市场上的交易资格,甚至在相当程度上沦为自由市场上的牺牲品。他们付出的不仅仅是自由市场上民主的代价,甚至包括他们的生命与未来。

圣弗朗西斯科教堂的宗教庆典

在圣城城市中心卡门附近,有一座并不高大的小山,山上伫立着一个宏伟的教堂。教堂正面是数百级台阶,西侧是连接着圣城西南入城口的盘山公路。9月25日的下午,我骑车从西南侧的入城口进入,沿着盘山公路,最终到达了山顶教堂的大门。这是一个观赏圣城城市全景的绝佳点。从山上俯瞰,山下的道路清晰可见,五颜六色的房屋错落有致,远处瓜达卢佩教堂的大门遥遥相望。停坐在台阶上,山风徐徐吹来,让人有一种心旷神怡的感觉。教堂的一侧,十来位当地人正围坐在一起。他们一边喝着啤酒,一边聊着天。看着他们正在畅聊,我走了过去,和他们打了声招呼。

一位年轻人告诉我,这是朋友们的聚会。他们是一个街区的邻居,平日里工作很是忙碌,刚好今天下午大家都有空,便相约聚在了一起。年轻人告诉我,他叫奥斯卡,是圣城的公务员。与他一起的还有教师赫苏斯,印刷厂工人巴勃罗以及他们的女朋友和家人。见我独身一人,豪爽的奥斯卡立刻邀请我参与他们的聚会,话没说完,赫苏斯就递上了一瓶啤酒。我们坐在一起,吃着辣椒炒制的花生和奶酪。巴勃罗打开了一瓶龙舌兰,我尝试着喝了一口,浓烈的酒精味让我冷不丁地呛了一下。见我有些难受,巴勃罗就不再让我喝了。

快两个月的生活经历告诉我,即便是保守的印第安人,他们对外来的人员也没有太多的防备。很多时候,他们都会热情地邀请你参与他们的生活中,和他们一起分享喜怒哀乐。得知我来自中国,在这里做调查的时候,巴勃罗的女朋友萨拉告诉我,我一定不能忽视圣城的宗教节日,这是了解圣城城市文化的最好窗口。

作为土生土长的圣城人,巴勃罗的女朋友萨拉对圣城的宗教节日很是了解。她告诉我,作为一个天主教的城市,圣城几乎每一个街区都有自己的社区保护神。这些神灵有外来的神灵,也有本地的主保圣人。每当神灵的生日或是神灵降临圣城的日子,社区的人们都会举行庆祝活动。庆祝活动一般会持续两到三天。人们身着特色服装,准备花车献给神灵,也会将圣人的雕像带到街上游行。信徒们一边在街上走着,一遍喊着"万岁,圣灵!"的口号。整个庆祝活动持续到半夜,以子夜的钟声宣告结束。

虽然在这里生活了25年,但萨拉却无法准确地告诉我圣城到底有多少神灵,也无法告诉我这里一年到头会举办多少场宗教庆典。她告诉我,她只熟悉自己生活的区域和附近街区的宗教庆典。这些年来,不断有新的移民涌入圣城,他们也会建起自己的教堂,发起自己的宗教节日,所以,她实在无法说清圣城大大小小的宗教节日。不过,7月25日圣克里斯托瓦尔圣诞日和

12月12日瓜达卢佩的圣诞日是圣城最重要的两个节日。所有的社区民众都要参与其中,共同欢庆这两个盛大的节日。我们现在所在的就是圣城知名的教堂——圣城教堂。这个教堂是16世纪时,为了纪念耶稣降临圣城建造的。教堂的庆典活动是7月25日。在这一天里,四方的信众会开着车子,载着耶稣的画像,装满鲜花,来到山顶的教堂里朝圣。人们还会燃放烟花爆竹,给基督耶稣庆生。回到家中,我查阅了文献,找到了圣城主要的节日庆典。

日期	宗教活动	所属街区
7月25日	殉道者圣克里斯托瓦尔 (San Cristóbal Mártir)	圣克里斯托瓦尔 (San Cristóbal)
7月26日	圣弗朗西斯科 (San Francisco)	圣弗朗西斯科 (San Francisco)
8月6日	耶稣幻化节 (Señor de la Transfiguración)	埃尔塞里约 (El Cerrillo)
8月6日	好希望的耶稣 (Jesús de la Buena Esperanza)	圣多明各 (Santo Domingo)
8月13日	圣母蒙召升天节 (Virgen del Tránsito)	墨西哥人 (Mexicanos)
8月15日	圣母升天日 (Virgen de la Asunción)	墨西哥人 (Mexicanos)
8月18日	闪电圣母 (Virgen del Rayo)	大教堂 (Catedral)
8月21日	圣母玛利亚加冕 (Virgen de la Coronación de María)	墨西哥人 (Mexicanos)

续表

日期	宗教活动	所属街区
8月31日	圣拉蒙·诺纳托（San Ramón Nonato）	圣拉蒙（San Ramón）
9月8日	圣母玛利亚诞生日（Natividad de María）	所有教堂（Todos los templos）
9月10日	圣尼古拉斯（San Nicolás）	圣尼古拉斯（San Nicolás）
9月24日	拉梅尔塞圣母（Virgen de La Merced）	拉梅尔塞（La Merced）
10月4日	圣弗朗西斯科（San Francisco）	圣弗朗西斯科（San Francisco）
10月28日	10月28日神（28 de octubre）	9月14日街区或马希斯特里亚尔街区（Colonia 14 de Septiembre o Magisterial）
11月5日	圣马丁·波雷斯（San Martín de Porres）	拉金塔和圣多明各（La Quinta/Santo Domingo）
11月13日	圣迭戈（San Diego）	圣迭戈（San Diego）
11月21日	卡里达圣母（慈善圣母）（Virgen de Caridad）	卡里达（Caridad）
11月22日	圣塞西莉亚（Santa Cecilia）	圣塞西莉亚（Santa Cecilia）
11月27日	奇迹勋章圣母（Virgen de la Medalla Milagrosa）	圣安东尼奥（San Antonio）
12月8日	圣母无沾成胎（La inmaculada Concepción）	阿尔特哈尔（Altejar）

续表

日期	宗教活动	所属街区
12月12日	瓜达卢佩圣母 (Virgen de Guadalupe)	瓜达卢佩 (Guadalupe)
12月13日	圣卢西亚 (Santa Lucía)	圣卢西亚 (Santa Lucía)
12月28日	圣家族节 (La Sagrada Familia)	洛斯皮诺斯 (Los Pinos)
1月2日	耶稣圣名 (El Dulce Nombre de Jesús)	库克斯蒂塔利 (Cuxtitali)

查阅宗教节历,我发现在即将到来的10月3日,圣弗朗西斯科教堂会举行宗教庆典。10月2日的下午,我来到了圣城中心城区的圣弗朗西斯科教堂。虽然不及中心教堂那般高大,但圣弗朗西斯科教堂的规模也算宏大。教堂四周有铁栅栏圈起的花园,南侧是一个大型的手工艺品市场。教堂门口装饰着三捧菊花,菊花下面挂着长长的柏树枝,预示着圣日即将到来。作为一个社区的宗教节日,圣弗朗西斯科的圣诞是教堂的神父和街区领导人共同参与组织的节日。两方负责人分别组成了教区委员会和社区委员会,在9月20号就召开了协调会议,商议圣诞日的具体分工。教区委员会主要负责仪式活动,包括弥撒、祈祷等仪式的组织。社区委员会主要负责对整个庆典的统一管理,主要包括场景设置、广告投放以及安全和保障措施。

信众们笃信,这样的日子不仅是为家人祈祷的日子,也是亡人能够得到上帝庇佑的重要时机。他们一般会举家携口地来到教堂祈祷，也会给教堂捐献诸如衣服、毛巾、树等一系列物品，亦有信众前来捐款。从10月3日早上7点15分到半夜12点，神父们要不断在教堂里做祈祷和弥撒。20世纪90年代以后，墨西哥社会还出现了福音派、耶和华见证人，甚至包括佛教和伊斯兰教在内的一系列宗教，天主教与印第安地方村社之间力量的复杂关系也在很大程度上影响着当地民众对天主教的参与。为了提高天主教信徒的比例，澄清天主教的教义思想，圣城天主教会设立了天主教电台。圣弗朗西斯科宗教庆典举办的时候，电台也会在圣弗朗西斯科教堂前进行现场直播，宣传天主教的教义思想。

下午6点多的时候，我再一次走进圣弗朗西斯科教堂。此时，下午还稍显冷清的教堂已经聚集了不少民众，教堂两侧的空地搭起了数十个棚子。有些棚子已经开始贩卖诸如卷饼、爆米花、果汁之类的食品。教堂另一侧的空地上搭起了一个黑色的舞台，已经有乐队开始在台上表演了。宗教电台设立的临时直播间位于舞台的另一侧。教堂后侧的空地上，一大堆烟花已经准备完毕。一旁的社区工作人员告诉我，烟花的燃放从今天晚上6点开始，每半个小时燃放一次，一直持续到午夜12点。明天的烟花燃放也是从早上6点开始，半小时燃放一次，直到半夜12点。

第二天早上6点,我赶到了教堂里。此时的教堂已是人声鼎沸。数百位信众拖家带口地站在教堂里,既有印第安人的脸庞,也有梅斯蒂索人甚至是白人的信众。主教费利佩在两位神父的伴随下,带领信众们做着祈祷。信众们表情严肃,跟着主教诵读圣经的内容。大约50分钟后,主教宣告仪式结束。一旁的神父端着一盆水,主教站在中间。信众们排队依次上前,他们先是在神父处接受洒水洗礼,再往主教处走。主教给信众们依次颁发证书,并与他们合影。一个年轻神父正在一旁维持着秩序。他告诉我,今天要做三次大型的弥撒,分别是早上6点、下午3点和晚上7点。其余时间,神父们会在教堂里等候着大家,如果信众个人想祈祷,都可以去找他们。不断有整家人走上台去,主教紧紧地拥抱着他们,和他们在台上合影留念。

门口处的捐赠台挤满了捐赠的信众,无论捐赠多少,教会都会登记下他们的名字,并在半个小时后给他们颁发捐赠赠书。一旁的天主教电台不断采访着过往的信众,对整个庆典活动现场直播。大门外,伴随着此起彼伏的鞭炮声,摇滚乐队正激情地演唱着,各式各样的摊位前挤满了人。一群小孩们脸上涂着墨西哥国旗的三色,喊着"圣弗朗西斯科万岁!墨西哥万岁!"的口号,穿梭在人群中间。在广场的最外处,各式各样的摊位打出打折的口号,商贩们乐此不疲地招呼着过往的行人。9点半的时候,我再次前往教堂。此时,最后一次弥撒刚刚结束。和主教合影完了的信众纷纷走出教堂的大门,天空中此起彼伏的烟花照亮了整个街区的天空。

查穆拉遇险

9月初,我结识了在圣城一家餐馆打工的佐齐尔女孩马里萨。马里萨出生在查穆拉的一个单亲家庭。母亲在怀她的时候,男友就抛弃了她。因为母亲是虔诚的天主教徒,不主张堕胎,所以坚持生下了她。马里萨自幼和外祖父母、母亲生活在一起,一家人以种植咖啡为生。两年前,因为种地收入太低,马里萨和母亲搬离了查穆拉,来到圣城务工。马里萨告诉我,虽然这几年查穆拉开始发展旅游业,但并没有太多的起色,当地民众的收入非常微薄。不少年轻人纷纷离开查穆拉,到圣城和图斯特拉-古铁雷斯等城市谋生。虽然离开了查穆拉,但马里萨每个月都会回到查穆拉看望自己的外祖父母,每逢一些重大节日,马里萨也会回到查穆拉。

10月6日,我去餐馆吃饭,又一次碰到了马里萨。那天的她一改往日爽朗的笑脸,一脸愁容地跟我诉苦:"巴勃罗,我都快被老板气死了!"原来,明天是天主教玫瑰圣母节。查穆拉会有一系列的庆祝活动。她跟餐馆老板请假,希望今天能够回家过节,但老板拒绝了她的请求。"巴勃罗,玫瑰圣母节一年只有一次,我真的很想回家。"马里萨的话引起了我对玫瑰圣母节的兴趣。但她并不知道这个节日的具体由来和含义,只知道玫瑰圣母节是查穆拉最为重大的节日之一。"或者是玫瑰圣母来到查穆拉的日子,或者是玫瑰圣母的生日吧!"查穆拉的玫瑰圣母节的庆典从早上7点开始。白天,人们以家庭为单位,拿着蜡烛、松树枝来到市中心的教堂做弥撒。弥撒完毕后,人们在广场上唱歌、跳舞和狂欢,这样的庆祝一直持续到深夜。

事实上,玫瑰圣母节与查穆拉并没有太大的关联。这个节日起源于天主教的西班牙。1571年,西班牙驱逐摩里斯科人的战争进入了关键时期。10月7日那天,教友们集体颂念玫瑰经,基督徒的军队在勒班陀大获全胜,教宗比约五世便将这个日子定为"胜利之母节"。此后,教宗格列高十三世将其改为"玫瑰节"。1960年,罗马天主教会将庆节名称改为"玫瑰圣母节",梵蒂冈第二届大公会议新订教会年历时定为纪念日。在天主教传入墨西哥后,原本属于殖民者的节日传统也为印第安天主教徒所沿袭,并融合了印第安文明的传统,成为查穆拉天主教徒的重要节日。出于对这一有着强烈文化混合主义特征的"玫瑰圣母节"的兴趣,我告诉马里萨如果老板明天放假,希望她能带我一同前去。马里萨满口答应。

第二天一大早，我并没有等来马里萨的消息，打她的电话也无人接听。老板告诉我，昨天马里萨一直在苦苦哀求，他放了她一天的假，马里萨一大早就坐车回去了。虽然有些失落，我还是决定一个人前去查穆拉，想了解下这个混合主义的节日究竟有着怎样的形态。当然，这也与我此前对这个村子的造访经历密切相关。半年前，我和安娜曾经造访过查穆拉，对这个村子的印象并不差。当我走到城市中心的汽车站时，已经接近10点了。因为节日的缘故，前往查穆拉的车辆很少。直到11点，我才等到一辆面包车。半个小时后，我终于到达了查穆拉市中心的广场。

偌大的广场上挤满了摊贩，我并没有看到马里萨所言的跳舞、唱歌和狂欢的场景。教堂门口弥漫着异香的烟雾，跪拜着的信众一直延伸到教堂外的数十米处。或许是因为信众太多，兜售门票的佐齐尔老人早已不见了踪影。不少做完弥撒的印第安人三三两两地离开教堂，或是成群骑马，或是结队步行。我观察着这些离开教堂的信众，发现其中几位信众的家就在教堂右侧的小巷子里。我在远处观察着他们。远远望去，男人们在正厅内打扫，用松树枝折成拱形门，布置成一个神位。神位前面的地上铺满了松树枝。年幼的孩童在旁边燃烧着琥珀，散发出一种奇特的异香。年轻的小伙子们在屋外操弄着各种乐器，这是晚上家庭狂欢必不可少的组成。女性在门外的小溪旁清洗着豆子、牛肉,准备晚餐的食物。

查穆拉街景

正当我心无旁骛地观察时,一个人突然拍了拍我的肩膀。我心头一颤,回头一看,发现是一个年龄与我相仿的印第安小伙。"在这里偷看可不行。"我以为他是这户家庭的成员,想起此前安娜对我的告诫,连声跟他道歉。他向我解释,他并不是这户家庭的成员,只是出于安全的考虑,提醒我不要轻易地接近他人。注意到我不同于印第安人的肤色,他开始用英语自我介绍起来。他告诉我,他叫保罗,家就住在不远处的山上。因为此前曾经在美国打工，所以能说流利的英语。受到美国文化的影响，他非常乐意结交新的朋友。他询问我是否对玫瑰圣母节感兴趣，如果可以的话，他可以带我去不同的人家看当地人是怎么过节的。

对于身处陌生环境的我而言，一个开朗且能说英语的本地向导自然是求之不得的。然而，此前在墨西哥城机场转机时警察的告诫与安娜的提醒让我不免心生警惕。我的人生阅历也告诫着我，陌生人无缘无故的热情并非善事。我摆了摆手，准备离去。他却紧跟着我，跟我解释着，他是一个好人，只是因为太想结交世界各地的朋友，才冒昧地打搅我。他翻开自己的钱包，将身份证递给我看。在他的不断坚持下，我停了下来。见我有些迟疑，他便继续解释着，查穆拉城区玫瑰圣母节的庆祝活动已经结束，只有信众家中还有着一些分散的仪式。他可以免费带我去他和几个朋友的家中，看看他们是如何做仪式和过节的。见他如此真诚，我便点头示意，向他致谢。见我不再抗拒，他指了指远处的山包，"瞧，山间的房子就是我的家。"我再次询问他是否需要什么报酬，他斩钉截铁地说，他就是出于结交朋友的目的，不需要任何报酬。见他如此坚毅，加之我也将他的身份证拍了照片，我决定去他家看看。

虽然保罗坚决说他不会收我任何费用，但我却有些过意不去。正好已是下午两点多了,我邀请保罗在广场一侧的餐馆吃顿便餐。或许是为了恪守自己不收取任何报酬的承诺,保罗始终坚持不吃饭。在我几个回合的据理力争下,他才勉强坐了下来。我拿着菜单让他选择。他左挑右选,选了四个最便宜的猪肉卷饼,并一再表示不愿意浪费我的钱。见他如此坚决,在为他点了一瓶可乐后,我便不再勉强。墨西哥的印第安人普遍有着早婚的习惯,我礼节性地询问保罗是否已经成家。原本兴致盎然的保罗突然变得沉默不语。半晌后才慢慢地说了一句"我是一个无家可归的可怜人"。原来,保罗18岁时跟随村里的伙伴前往美国加州,在当地的一家高尔夫球场担任球童。他在那里结识了墨西哥裔的女朋友劳拉,与她一同生活了六年。前年,劳拉怀上了他的孩子,而他却因为签证过期被遣返。劳拉不愿意跟他回墨西哥,和他断绝了往来。"我的孩子应该有两岁了吧,我也不知道是男孩还是女孩。"说着说着,他竟眼泪掉了出来。

无意间戳破保罗的伤心事,我有些自责。或许是因为自责,也或许是因为保罗的故事深深地感动了我,我逐渐撤去了对保罗的防备之心,完全地相信起这位印第安哥们。我甚至在内心里窃喜竟然能偶遇到这么真诚、善良的田野向导,或许保罗能给陷入困顿的我带来不少线索呢。

午饭后,我们沿着小路朝山间走去。我向保罗打听玫瑰圣母节具体的仪式过程。保罗却一改此前的滔滔不绝,只是简单地说,到了他的家里,就能够看到具体的仪式过程了。我询问他,家里的老人是否在准备晚餐。他冷峻地回答我,他的父母早已去世,家里只有他一个人。

"那么,我们是去哪里看仪式呢?"

"去我的邻居家。"

保罗态度微妙的转变与语焉不详的回答让我不免警惕起来。但一想到此前保罗的真诚,我又怀疑起自己的直觉。或许是我提起保罗父母的事情让他难过,我安慰着自己,甚至为自己对保罗的无端猜忌产生些许自责。见保罗沉默不语,我不再多说什么,只是在身后跟着他,沿着小路往山间走去。十多分钟后,我们走到了半山腰。路旁的人家已经非常稀少了。我突然发现,我离保罗示意的村庄越来越远了。明明那些人家在山头的西边,此时的我们却在往东边走。这显然不是一个好的征兆。我们正好经过一个岔路。我停下了脚步,询问保罗,村子不是在西边吗?为什么我们往东走。

保罗沉默了片刻,一分多钟后才慢慢地回答我:

"因为西边没有路,我们要走到东边的半山腰才能够往西走。"

保罗的话明显是在骗我,在视力所及的范围之内,我明明能看到西侧的路一直通向山顶,那正是保罗最初指给我的方向。我突然紧张起来。我意识到保罗并不是真心地帮助我,他对我可能有所企图。在这人烟稀少的山间,如果遇到意外,我肯定不是保罗的对手,我必须尽快回到市中心。但如果贸然质问保罗,强硬回去,必然会打草惊蛇。为了安全起见,我只能趁其不备,偷偷往市中心跑。我装作若无其事、漠不关心的样子,在保罗的身后慢慢走着。当我和保罗的距离差不多有50米的时候,我立马转身,往市中心跑去。

我并没有注意到保罗一直在暗中观察着我。当我转身的一刹那,他便发现了。我还没有来得及跑,他便追上了我。

"你在做什么,巴勃罗?"

"我的朋友是圣城的警察,是他陪我来查穆拉的,他给我发了消息,让我赶快回去。"

我不愿意,准确地说,是我并不敢戳穿保罗的谎言。我怕激怒于他,引来不可想象的后果。保罗似乎却并没有遮掩的意思,他直接从裤兜里掏出了一把水果刀。

"我不想伤害你,给我一点钱就可以了。"

几个月的生活经验告诉我,除了极个别情况外,大部分抢劫的印第安人真的非常穷困,他们并不会真正地伤害你。因此,当保罗卸下伪装的那一刻,虽然我有着些许的愤怒,却多了几分轻松。我向保罗表示，我可以给他钱，希望他放下武器，不要这样紧张。保罗并不相信我会给他钱，他粗暴地拒绝了我的请求。

"别废话，快掏钱！"

保罗态度的恶劣让我心生紧张，我担心他会因为不相信我而伤到我，便快速地掏出自己的钱包，将里面的500比索给了他。为了安抚他，我一边掏钱，一边跟他攀着交情。

"保罗，刚刚我还请您吃饭呢。"

"少啰嗦，快点。"

或许是因为钱来得太容易，或许是因为太需要这笔钱。在拿到500比索后，保罗并没有走开，而是呆呆地站在一旁。为了不刺激他，我轻声地说道：

"保罗，我可以走了吗？"

"你走吧！"

来不及整理情绪，我快步往城市中心走去。当我走了近500米，确认保罗没有跟上来后，我加快脚步跑了起来。直到我跑到市中心广场的入口时，才长长地舒了一口气。虽然我并不愿意承认，但此前与保罗交往的两个小时完全都是他处心积虑的伪装。一想到这一点，我既后怕又惋惜。后怕的是我又一次轻易地相信了别人。在这陌生的异域，如果真的发生了什么意外，谁都帮不了我。年纪轻轻的保罗不走正道，以抢劫为生，即便不会遭到被害者的反抗,也迟早难逃法律的制裁。想到在查穆拉,像他这样的年轻人比比皆是,不得不让人惋惜。迷失的不只是诸如保罗般的个体,还有着整个印第安民族的未来。

然而,当我走到广场一侧的教堂时,又有人拍了拍我的肩膀。

"你给保罗500比索,也得给我500比索。"

我回头一看,又一位有些消瘦的印第安人年轻人拿着一把水果刀,正对着我。

"什么?"刚刚被别人抢了500比索,不到半刻钟又来了?见他一本正经的样子,我气不打一处来。因为教堂门口有很多人,我不再害怕。我明确地跟他表示,我已经没有钱了,仅有的500比索都被保罗抢走了。他并不听我的解释,只是坚持问我要钱。我的身边有数十位民众,我认为他至少会因为畏惧这些人而不敢对我怎么样。我不搭理他,径直往车站方向走去。他一把抓住了我,用刀顶着我的腰部。

"你必须给我钱。"

他牢牢地抓住了我,我动弹不得。周边的人应该都注意到了我的处境,但他们似乎早已司空见惯,没有一个人出面帮助我。片刻之后,我彻底绝望了。我从背包的深处掏出500比索,递给他之后,疯狂地朝广场南侧的游客服务中心跑去。我之所以跑向那里，并非是想追回我那1000比索，而是出于自身安全的考虑。那么多的人都看到了他打劫成功，如果再有其他人效仿，我肯定无法活着离开这个城市。游客中心和旁边的警局只有两个工作人员在闲聊。得知我的经历后，他们表示无能为力，因为他们人力资源有限，不能为我提供任何安全保障。我拿出护照复印件，一再要求他们保障我安全回到圣城。或许是因为我的坚持，或许是见我情绪有些激动，他们最终联系到一家旅游公司。刚好这家旅游公司正组织游客在附近游览，他们的面包车还有一个空座。半个小时候，面包车到达查穆拉中心广场，我也随着他们一同回到了圣城。

回程的车上，这些异国的游客得知我的经历后大为不解，他们纷纷告诫我这里是墨西哥，这里很不安全。他们说的最多的便是："你竟然那么轻易地相信一个印第安人！"理智和我此前在恰帕斯的生活经历告诉我，墨西哥人其实跟我们是一样的，他们中有好也有坏，但在那一刻，我却始终没有勇气说出来。

9·26事件

10月8日的中午，我正在城市中心调查印第安人清洁工的生存状况。突然，瓜达卢佩大街涌入了一大群游行的队伍。他们戴着巴拉克拉法帽，队伍前方高举着墨西哥国旗和萨帕塔的旗帜,队伍中间的人们拿着"你的愤怒也是我们的愤怒""你的悲伤也是我们的悲伤"的口号标牌。这一行人从城市北部的公交车站,步行三公里到城市的中心,再绕着瓜达卢佩大街西边,绕过拉梅尔塞斯教堂,一直走出城外。很明显,这是萨帕塔的队伍。让人意外的是,这支超过两万人的游行队伍在行进中居然没有发出任何声音。一旁的警察也没有做出任何阻止的行动,反而颇为默契地在街道两旁维持着秩序。9月26日,在墨西哥格雷罗州的伊瓜拉市警察勾结毒贩,枪杀了当地师范学校参与游行的43名学生。这一事件在墨西哥社会引起了巨大的反响,萨帕塔民族解放军正是通过这样的方式表达他们对政府的不满。

自从1997年发生屠杀支持萨帕塔的印第安民众的事件后,大批的国际人权组织和非政府组织深入到墨西哥和恰帕斯州。迫于这些组织的压力,无论是联邦、州还是市政府层面,都不会贸然对萨帕塔民族解放自治区采取任何公开的军事行动。尽管在法律意义上来说,萨帕塔自治区并没有得到官方的认可,但双方至少在公开层面上达成了互不干预的默契。萨帕塔运动也多次声明,他们需要的是改变墨西哥国内的政治秩序,并非是国家的分裂。所以,墨西哥政府并没有采取激进的措施。当然,萨帕塔运动也意识到其与政府之前的矛盾。这些年来他们都只在自治社区内活动,很少走出自治社区。一旁执勤的警察告诉我,即便是这一次的大规模游行,萨帕塔军队也早已以电台的方式,提前一天向恰帕斯州政府和圣城市政府通知了行程的具体安排和路线。收到他们的信息后,恰帕斯州政府和圣城市政府为其提供维系秩序的警察。一旁围观的民众告诉我,萨帕塔民族解放军的队伍已经有十多年没有出现在圣城的街头了。他们的到来,意味着发生在伊瓜拉的事件影响非常恶劣。他们很担心目前的局势,不知道接下来还会发生什么样的事情。

在萨帕塔民族解放军游行后的第二天,恰帕斯自治大学法学院、恰帕斯高地大学、墨西哥社会人类学高等调查研究中心等恰帕斯高校的学生们走上街头。他们高举着"务必找到真相""我不想成为下一个被杀者"的标志,从城市北部的文化医院出发,一直走到中心广场,并在广场上发表一系列的演讲,要求联邦政府必须处理此事。学生们愤怒的演讲激起了民众的不满,游行的队伍越来越多,从中心广场一直延伸到了城市西部拉梅尔塞教堂北侧的公路旁,整个入城口几乎全部被堵塞了。这只是一个开始,10月22日,恰帕斯印第安教师自治联盟在市中心游行,抗议政府与毒贩勾结的行为,要求政府不惜一切代价严惩凶手。10月23日,圣城的大学生们占领了郊区的切德拉维、索里亚纳、萨姆斯等多个商场。愤怒的学生们强制关闭了多个商铺,向政府施压。学生们一连串的行动已经相当程度显示着民众不满情绪的发酵和整个社会秩序的岌岌可危。果然,11 月 15 日,一批蒙面的武装分子打着游行示威的旗号,占领了索里亚纳商场,封堵了超市的大门,放火焚烧了多家商铺。

圣城的学生们发起的游行

局势的紧张让我开始为自己的安全问题担忧。教师工会的何塞告诉我,恰帕斯州政府和圣城市政府已经注意到当前的一系列违法活动,他们已经开始加派人手,在各个商场、路口增加巡逻队伍。然而,墨西哥地方政府之间的关系很是复杂。虽然联邦中央政府声称要处理这一事件,但州和州以下一级的地方政府往往与错综复杂的地方势力有着很深的关系。以伊瓜拉案为例,格雷罗州的暴力犯罪活动很是猖獗。市长阿瓦尔卡(Abarca)是当地一个珠宝商,他的家族企业在当地的发展壮大就是得益于这些暴力集团的支持。他在市长选举中的获胜,也是来源于暴力集团的力量。当选市长后,阿瓦尔卡动用自己的市长权力,对暴力集团施以庇护,并与之达成了相互依赖模式的关系。这也是为什么枪击案会发生在伊瓜拉市,时至今日,尽管联邦政府已经深入伊瓜拉市,但仍然没有办法找到失踪学生的尸体。何塞坦言,这种情况不仅出现在格雷罗,恰帕斯州亦是如此。在圣城,市政府和许多准军事组织都有着密切的关系。虽然有国际人权组织的驻扎,市政府不敢公然做出什么行动,但是他们经常会利用这些准军事组织,解决一些被他们认为是麻烦的人。墨西哥地方政治的这一格局是其民主转型困境的折射。墨西哥大革命后,革命制度党通过工人、农民和军人等职业社团的建立,实现对国家的长期统治。然而,随着新自由主义改革和民主转型在20世纪90年代末的发生,造成国家社团主义纽带破裂的同时,也削弱了联邦政府对地方社会的控制。在失去约束的背景下,地方社会生成了大量的利益集团。民主改革的发生与普遍选举制度的形成,也使地方政府与联邦政府之间的关系变得更为多元。在这一背景下,部分地方政府经常为辖区内的军事组织控制，造成地方犯罪活动的频发。

虽然恰帕斯州和圣城两级政府增派了警力，加强了对重点地区的巡逻与防控。但无论是恰帕斯州政府还是圣城市政府，两者都没有对此案做出公开的表态。政府的态度激起了民众更大的不满。民众们普遍认为，如同伊瓜拉的阿瓦尔卡市长一样，恰帕斯州长曼努埃尔·贝拉斯科·科埃略和圣城的市长弗朗西斯科·何塞·马丁内斯·佩德雷罗亦是与地方势力勾结的团伙。在一次广场集会上，有群众发出声音，声称圣城的市长弗朗西斯科·何塞·马丁内斯·佩德雷罗家族占据了圣城近五分之二的房产资源，与当地多个准军事组织有着密切的联系。《恰帕斯日报》上也刊登了一系列批评州长的文章，认为州长不务正业，在群情激愤的当下，还在工作日前往墨西哥东南部的旅游胜地坎昆度假。在"我们需要真相"的呼声中，圣城的中心广场上，每天晚上都聚集了大量抗议示威的民众。

出于大规模民众抗议运动的压力，圣城市政府终于在10月末发起了一个名为"武器换电脑"的行动。市政府联合警察局，在城市的各个街巷张贴了海报，声称为了维护社会治安，遏制枪支泛滥对民众的威胁，特意发起"武器换电脑"的计划。民众可自发将自己家中持有的枪支等武器上缴给政府，政府不会追究任何刑事责任，反而还会按照"一个炸弹等武器换取一个榨汁机,手枪换取一台苹果平板电脑,冲锋枪换取一台笔记本电脑"的标准给予补偿。这个项目的开展让我既觉得好笑又心生悲凉。对于墨西哥民众而言,他们对伊瓜拉案的关注,除了声援失踪的 43 名学生、敦促查出事件的真相外,亦希望以此事件迫使墨西哥政府惩治地方犯罪势力,创造一个安全有序的社会环境。然而,"武器换电脑"计划的出台却意味着政府只想通过一个暂时性的计划缓解民众的不满情绪,并非真正意义上打击地方社会暴力集团。因为谁都知道,真正拥有大规模武器的,并非是手无寸铁的民众,而是大规模有组织的暴力集团。

对于政府作秀的行为,圣城的民众并不买账。"武器换电脑"的活动持续了近两周,仅有 28 名民众参加。上交的枪支、炸弹都是已经失效的、不具备杀伤能力的古董。项目结束之日,我采访了正在整理材料的负责人。对于我的质疑,他不以为然地说道:"参与人数少反而是好事,因为政府采购了这么多的电器。如果没人来置换,这些电器都会当作福利发给我们。"他的回答不仅验证了我对"武器换电脑"计划作秀的判断,也进一步刷新了我对墨西哥政府行为策略的认知——地方政府出台的任何计划,都可能成为官员谋利的方式。

政府的消极政策越发加剧了圣城居民的紧张情绪。城市里已经开始传言,9·26 事件中死亡学生的家长为了发泄不满、报复政府,准备在墨西哥国内开展大规模的屠杀学生行动,不少家长开始接送孩子上下学。此外,大规模游行示威的发生和不少武装暴动分子趁机打砸抢烧也使圣城的社会秩序急剧恶化。中心城区的超市、餐馆很早就关门了。原本24小时开业的欧索便利店在晚上8点就关门了,郊区的几大卖场更是彻底关门歇业。在9·26事件的推动下,圣城更是兴起了一股枪支交易的热潮。在火烧超市事件发生后的一天晚上,莉莉重新购置了一把M1911A1手枪。她拿着手枪,非常真诚地建议我:"巴勃罗,为了你的安全,你最好也去购置一把。"

选举动员会

10月17日的早上,我依旧骑着自行车在城市里到处转着。当我骑到城市北部入口的卡门附近时,发现了一群身着统一的绿色制服、举着印有马尔科·坎西诺的小旗帜的学生们。他们似乎正在准备一次游行。一位学生告诉我,他们是卡门附近文化中心的学生。因为圣城公立小学分为晨间、午后两个班级的轮换上课,学生们有着大把的课外时间。诸如卡门文化中心之类的机构满足了学生课余时间的需求,为学生提供音乐、舞蹈和美术等特长课程。一位学生告诉我,今天老师们临时通知他们课程取消,组织他们去中心广场参加一次游行活动。除了给他们免费的制服和旗帜外,还会为每位学生发放100比索的补助。一位正在张罗的老师不耐烦地告诉我,"我们是去参加选举的,你跟着去就知道了!"

我和学生们一起走到了城市中心的广场,发现平日并不拥挤的中心广场已经挤满了人。广场十字架的西侧搭设了一个高大的防雨舞台。一位身着白色衬衫的壮硕大汉正在舞台上高声地呼喊着。我这才知道,这是在为明年圣城市长选举举办的宣传活动,台上站着的是绿色生态党(Verde)的候选人马尔科·坎西诺。舞台两侧放置着大量的宣传板,上面印制着马尔科·坎西诺访问印第安农村的照片,其中不乏一些满脸皱纹、衣衫褴褛的印第安妇女和马尔科的热情拥抱与握手。一旁的宣传板上写着大大的"48000个解决方案、10000分的微笑、10000公斤卷饼、48000位老人和5000个安全屋顶"的标语。一位摇旗呐喊的人士告诉我,这是马尔科对这次选举的承诺。48000个解决方案和10000分微笑指的是马尔科能永远以微笑的态度解决所有问题,10000公斤卷饼、照顾48000名老人和制作5000个安全屋顶是马尔科给大家许下的承诺,而且这只是他上任后第一年的承诺。我有些质疑,马尔科有钱完成这么多的承诺吗?他告诉我,马尔科和别人不同,他的家业足够大。他开了一家大型的制衣厂,几乎垄断了当地的制衣行业。他还在圣城、图斯特拉-古铁雷斯等恰帕斯州内的多个城市建有自己的宾馆。"他是一个地道的亿万富翁!"好几个人告诉我,"如果他真的愿意,这些支出对他来说根本不算什么。"

马尔科·坎西诺的选举动员会

粗略估算了一下,此次活动约有 2000 位名民众参与,大部分都是面色黝黑的印第安人,甚至还有下身穿着黑色羊毛裙子的佐齐尔女性。这些印第安人穿着写有马尔科字母的衣服,举着小旗为马尔科呐喊。不一会儿,原本只是下着蒙蒙细雨的天空突然下起了滂沱大雨。一些没有挤进帐篷的民众开始涌动,广场的秩序变得有些混乱。此时,一名工作人员走到台上,大声地说着:"同伴们,大家不要担心,马尔科在广场的四个角落设置了分发雨伞的站点,每位身穿制服的同伴都可以领到一把雨伞,大家不要着急,我们的马尔科是不会让大家淋雨的。"没等他的话说完,人群一窝蜂地涌向四个角落的雨伞发放点,整个广场乱成了一团。

我跟在队列的后面。因为没带雨伞,我的头发和衣服早已湿透。一位佐齐尔族的大叔见我很是狼狈,邀请我和他共撑一把伞。他告诉我,是社区的负责人通知他来参加此次活动的。除了制服和旗帜之外,每个人签到后可以领取 2000 比索的补助,并且能够凭借制服领取食物和软饮料。现在下雨了,他们还能领到一把雨伞。得知冒雨前来参加的我没有拿到任何物品,他觉得很是可惜。他甚至建议我,应该赶紧去找广场的负责人,问他们要一套制服和 2000 比索的补助。"2000 比索,可不是一笔小数目。"的确,对于在圣城务工的大部分印第安人而言,这差不多相当于一个月的工资了。我询问他是否认识马尔科,对他的了解有多少呢?他坦言,除了知道他是个富豪外,其他的情况一无所知。对他来说,来参加这次活动的最大的目的就是挣到 2000 比索。谈到是否会真的投马尔科一票,他摇了摇头,"到时候再说吧!"

雨越下越大。不少排队的印第安人拿了雨伞之后就离开了广场。为了稳定阵势,马尔科突然从舞台上走了下来,冒雨穿梭在排队的人群中,挨个向正在排队的民众们握手拥抱。遇到老年的印第安女性,马尔科更上去行贴面礼。马尔科的举动赢得了人群中的阵阵掌声,一些准备离开的印第安人也停了下来。绕场一周后,马尔科再一次走上了舞台,发表了冗长的感言,感谢陪伴他的竞选小组的成员,感谢支持他的各个印第安社区。他一再强调,他永远是印第安人的亲密朋友。

尽管马尔科不断地感谢着大家,但雨下得实在太大了。大部分民众还是纷纷离开,偌大的广场只剩下稀稀拉拉的数百人。在好心人的帮助下,我蹭着他们的雨伞,回到了卡门附近的卷饼店,准备用美食、热饮暖暖身子。当我刚到达卷饼店时,发现卷饼店旁边一直关着门的店铺突然开门了,一些印第安妇女在门外排着队。因为下着大雨,廊檐下的队伍一直延伸到了卷饼店门口。一位妇女告诉我,她们在排队免费领取生活用品,这是一个叫做"驱动恰帕斯"的政党发放的。

从名字上来看,这是一个完全不同于绿色生态党的恰帕斯地方政党,宣传阵势上也比绿色生态党小了很多。吃完饭以后,我找到了他们的负责人弗朗西斯科。他告诉我,"驱动恰帕斯"是恰帕斯州的一个地方性政党,这个政党的活动宗旨是通过他们的行动和对恰帕斯民众的动员,让大家一起参与到改变恰帕斯的政治行动中来。到目前为止,"驱动恰帕斯"共有超过9万名党员,其中20%左右的党员是印第安人,遍布恰帕斯州的各个城市。弗朗西斯科今年50岁,是圣城当地的一名农业工程师,也是"驱动恰帕斯"在圣城的负责人。

我询问他是否注意到绿色生态党的马尔科在广场上举行的宣传动员会。他肯定地点了点头,"这么大的活动,之前还宣传了十多天,圣城的居民们都知道。"他告诉我,宣传会是墨西哥各个级别选举前的必备项目。从现在到明年正式选举前,这样的宣讲会还会开很多次,每个政党都会开。一般来说,宣传会主要是政党以公开的方式推介自己的候选人,并给予参与宣讲会的民众一些物质的回报。政党负责人通过与地方社区的代表们联络,提前确定参与的人数和需要的物资,并在宣讲会的当天以公开的方式发放给民众。这样的宣讲会,既能够满足参与民众的物质需求,又能给其他市民留下好的印象。弗朗西斯科强调,不仅绿色生态党,他所在的"驱动恰帕斯"也会召开宣讲会。我刚刚见到的妇女们排队领物品,就是他们在今天举办的宣讲会。只是因为他们的党员并没有大的资本家,加之是一个地方性的小党,缺少财团的支持,只筹集到了一百多份压缩食物、饮料、饼干、拖把、被子和水桶等物品,所以只能以这样简单的方式宣讲。

无论是数量还是物品的价值上,"驱动恰帕斯"都无法和财大气粗的绿色生态党相提并论。弗朗西斯科却认为大手笔未必是好事。现任圣城市长的弗朗西斯科·何塞,在圣城有着多家连锁宾馆。2012年大选前,仅是宣讲会上给民众发放的物品价值就高达几千万比索。虽然最终他赢得了大选,但上台后一点也不关心穷人,也不出台任何改善印第安人处境的措施,反而经常带着他的家人四处游玩。之前他曾长期在坎昆度假,最近还去中国游玩了两周。圣城的民众对其很是不满。《恰帕斯日报》连续多天发表批评弗朗西斯科市长的文章。弗朗西斯科·何塞市长和马尔科的性质是一样的。马尔科是这里的大企业家,他有资本做这些事情。虽然民众们现在的参与度很高,但此前数次的经历已经让他们对财团支持下的选举模式有了深刻的认知,他们更多只是利用选举的机会谋求利益,未必会真正地支持他。

我很赞同弗朗西斯科的说法。20世纪90年代,在新自由主义改革的推动下,墨西哥开始了政治民主化的改革。然而,主张新自由主义的革命制度党并没有很好地维系大多数民众的利益,由此造成贫富差距过大,底层民众的基本权益无法得到保障,削弱了政府和政党的群众基础。财团控制下的地方选举动员与选举之后的巨大落差亦使大部分民众对选举不抱期望。他们更多只是利用选举的机会，为自己谋取点滴福利。可悲的是，这却可能是他们在新自由主义的大环境下唯一能够薅到的政府的羊毛了。因此，不难理解在马尔科的宣讲会上，群众对报酬、雨伞和食物的执念了。

正因为如此，我认为"驱动恰帕斯"和绿色生态党之间似乎也并没有太多的差别。弗朗西斯科并不认同我的观点。他告诉我，他们与其他的政党不同。首先，他们对社区的支持是长期的。在圣城，他们固定地支持有限的几个社区。在一年的不同时间里去社区调研，了解他们的诉求，并给予他们相应的物质支持。其次，"驱动恰帕斯"政党的成员大多数是知识分子、中产商人和技术工人，他们会利用自己的特长，去社区开展一系列技术培训，帮助他们掌握一定的技术。他本人会经常去锡纳坎坦的农村，免费指导当地民众种植蔬菜。他们希望通过这样一种长期互助关系的建立，使印第安人民能够真正得到更好的发展。当然，他也知道这样的资助模式很是有限，短期内他们无法得到大规模民众的认可，但是他们希望通过这样的方式，动员更多的民众，让这些民众再去动员他们的身边的人，终有一日，他们会成功的。

两个礼拜后的周末，我在卷饼店吃午餐的时候又看到"驱动恰帕斯"政党的大门敞开着。圣弗朗西斯站在柜台前，依次向民众们发放毛毯、雨衣之类的物品。一位拿到物品的印第安女性告诉我,这次来就是为了拿雨伞和毛毯的。因为最近总是下雨,出行不便,她很需要御寒和挡雨的物品。我询问她会在明年的大选上选谁,她坚定地告诉我,一定是"驱动恰帕斯",因为"他们持久地帮助了我的家人"。

打官司

一天下午,老李给我打来电话,告诉我有一个从塔帕丘拉来的广东同乡今天来拜访他,这位同乡的经历很是曲折,我一定不能错过他,他邀请我晚上去他家吃饭。我欣然接受了老李的邀请,并去中心市场买了一些食材。当我到达餐馆的时候,李强和同乡出门逛街了,我来到厨房,开始清洗食材。半个小时后,李强和同乡拎着满满的两大袋食物来到了厨房,见到我正在洗排骨,还没等李强介绍,同乡大声地说着:"怎么能劳烦你做呢?我是地道的粤菜大师,今天晚上都让我来做。"他将洗菜的桶子拿了过去,见他执意于此,我也放手不管了。突然,他意识到还没有自我介绍过。他停下手中的活计,在上半身的围裙上擦了擦手,将精心准备的名片递给了我。他告诉我,他叫王强。他再次强调,他以前是广东省著名的粤菜大师,现在住在塔帕丘拉。如果有机会,欢迎我去塔帕丘拉做客。

不到一个小时，他的菜都做好了。白灼芥蓝、清炖排骨和辣炒鸭子。从卖相上看，确实比李强的手艺强了不少。李强拿出珍藏的龙舌兰，我们三人在办公室里吃了起来。还没等我放下酒杯，李强就向王强介绍着我的身份，强调我的高学历背景。李强特意嘱咐他，或许我可以帮助王强解决他目前的困境。我摆摆手，示意李强不要乱说。此时的王强，还没等我解释，就滔滔不绝地说起了自己的经历。

王强今年64岁，来墨西哥不足8年。此前，他是中山市区一家粤菜馆的厨师。他自诩是中山市粤菜的头把交椅，出国前的月收入在两万元以上。他的家庭也非常幸福，妻子为他生下了两女一男。2007年，因为薪资问题，他与老板发生了矛盾，产生了离职的念头。当他到广州的一家宾馆应聘时，雇主看了他的简历后大为感叹，认为以他的资历，应该去更好的单位。在雇主的介绍下，他认识了在墨西哥的阿东。阿东上个世纪80年代就前往墨西哥闯荡，经过几番打拼在墨西哥恰帕斯州的塔帕丘拉开设了两家中餐馆。在恰帕斯州的科米坦、图斯特拉-古铁雷斯也有自己的店面。因为当地厨师技艺很差，经常偷懒且不听从安排，加上人员的流动性太过频繁，他决定利用探亲的机会回国招募一些人员。通过那位雇主的介绍，他认识了王强。

第一次与阿东见面时，阿东表现得非常热情，承诺只要王强去墨西哥，他可以承担签证办理的费用，并支付往返的机票。阿东许诺王强并不需要自己亲自下厨，过去的工作是教墨西哥本地员工烹饪技术。他一个月给他四万比索的工资，每周双休。这份工作轻松且收入高的工作让他很是心动。他心里盘算着，哪怕去了那里并不如意也没有关系，就当去旅游见世面了。他和家人商议后，接受了阿东的邀请，远赴墨西哥塔帕丘拉。

刚到塔帕丘拉，王强的工作的确是教当地人厨艺，工作并不繁重，阿东承诺的高收入和假期也一一兑现。王强甚至盘算着，等日子稍微安定下来，他可以将妻子和子女一起接过来。好景不长，三个月后，阿东以新店开张、招不到厨子为由，让他去新店干一阵子。王强认为自己拿了阿东那么多的工资，帮忙应付一下也无妨。新店开张打折促销，厨房的工作非常繁重。王强每天早上5点多起来，一直工作到晚上10点。一个礼拜的高强度工作下来，年近六旬的王强腰酸腿疼，身体完全吃不消。但他觉得既然阿东跟他说只是暂时的工作，他姑且就先坚持下来。一个月过去了，阿东并没有找到新的员工，新店仍然只有王强一个厨子。因为腰疼无法忍受，王强找到了阿东。他婉转地提出要求，自己年近六旬，高强度的工作让他腰酸背痛，根本无法站稳，希望阿东能够多找几个厨子。他甚至承诺，哪怕是没有厨房经历的本地人也没有关系，他可以教他们做饭，直到他们学会为止。阿东却只是给他找了一个当地的中医,给他开了几张膏药,让他休息两天便敷衍了事了,并没有提及雇佣新员工的事宜。

塔帕丘拉街景

休息两天后,王强又被阿东通知去新餐馆上班。因为口碑已经传开,餐馆的食客越来越多。王强每天4点多就得起来,准备一天的食材。墨西哥人吃晚饭的时间很晚,他常常需要工作到深夜。一天到晚地站在灶台前炒菜,原本就有关节炎的大腿完全吃不消了。此外,塔帕丘拉的气温很高,他的身体更是无法承受高强度的工作。他再次向阿东提出要求,认为阿东应该立刻招募厨师,他实在不能坚持了。阿东一口回绝了他的要求,命令王强继续在餐馆干。王强非常生气,认为阿东违背了此前的承诺,是对他的剥削。他让阿东支付剩余的工资,准备自己一个人回到广东。阿东的态度非常强硬,他威胁阿东,如果想要工资,就继续干下去。如果不想干就马上离开这里,他不会支付王强一分钱的工资,因为是他给王强办的签证和机票。既然王强不愿意干了,工资就当是偿还机票和签证费用了。阿东在塔帕丘拉的势力很大,王强只好自认倒霉,准备购买机票回家。没想到的是,阿东居然派人把他的护照偷走了。无奈之下,他坐在阿东餐厅的门口抗议。阿东却派了打手将他打伤。王强只好离开阿东给他安排的宿舍,在当地租了一间很小的房子。

既没有护照,也没办法要到钱,王强思前想后,决定在当地租下一个店面,开设一家快餐店。因为无钱雇佣工人,自己的身体也不好,王强决定饭店以经营廉价的中式快餐为主。历史上曾是华人聚居地的塔帕丘拉已有数十家的中餐馆,这些餐馆的主要服务群体均是中产及以上阶层的人士,并没有面向大多数底层人士的中餐馆。王强开设的中餐馆,因为价格低廉、味道鲜美,很快就有了稳定的食客。收入稳定以后,王强雇佣一位印第安人,让她负责打杂、点菜、洗菜和收银等工作。一个月下来,也能有 5 万比索左右的收入。

阿东原本以为扣了王强的护照,不给王强发工资,王强就一定会妥协,乖乖地回到饭店工作。可没有想到王强居然在人生地不熟的墨西哥开了一家餐厅,而且还经营得有模有样,甚至还抢了自己的生意,阿东决定报复王强。因为此前是他以雇佣劳工的名义帮王强办理的签证,王强如今既丢了护照,也没有在他那儿工作。他雇人到塔帕丘拉的移民局,举报王强非法滞留。

说起这段经历,王强喝了一杯酒,脸上满是愤怒。

"我那么信任他,跟他来到这样远的地方,可他呢?不管我的死活,只想让我给他做苦力。我不给他干,他还要告我。亏我一直把他当亲人来看待,那么信任他。"

李强一边安慰着他,一边跟他解释着:

"最早来墨西哥打工的,哪一个不是做苦力的。一百多年前来到墨西哥打拼的中国人也是这样的,他们跟别人签了卖身契,在这里干活。直到把最初花费的佣金支付完毕,才能够得以脱身。"

"可是,我给他白干了两个月,阿东却并不想让我脱身,他甚至想置我于死地呀!"

在接到移民局传唤的通知后,他向移民局官员解释,自己并非非法滞留,而是因为被阿东欺骗,并被他扣留了护照,无奈居住于此。阿东买通了移民局的官员,坚持控告王强非法滞留。迫于无奈,王强只得雇佣当地的一名律师,在为他辩护的同时,控告阿东非法控制务工人员。王强的反应让阿东大为光火。他雇佣当地的一个黑帮团伙，趁着王强收工的工夫，将他的餐馆全部打烂，并将王强的右腿打断。由于已是半夜，没有旁人知晓。直到第二天早上雇员来到餐馆时，才发现躺在废墟中的王强。王强本以为自己孤身一人，一定无法逃过此劫。谁知道在得知他的遭遇后，雇佣的律师将他接到了家里。在他的悉心照料下，王强得以恢复健康。在律师的帮助下，他也搜集了阿东雇佣黑帮、伤人的证据。两个月后，王强的饭店恢复了营业。迫于阿东在当地的势力，王强没有招到雇工，但一个人咬了咬牙，硬是撑起了这个饭馆。

我实在无法想象，一位年近六旬、腿伤不便的中国老人如何能在语言不通的异域撑起一个饭店。对于我的疑问，王强这样回答：

> 其实我一个人也很简单，你不要想赚很多钱，只想着自己做点什么事情，就不觉得难了。我虽然一个人，但是我把生活安排的很好。早上7点起床，我骑三轮车去市场买菜，洗菜、打扫和准备到十点，差不多才有顾客前来。我的店面很小，顾客们都是一两个人过来，点的菜也不是很多，有的菜你还可以提前准备。除了周末忙碌点外，其他的时间，我并不觉得累。晚上七八点钟，我就开始收摊、打扫了。"

一个人的日子虽然有些孤独,但好在工作也不是太累,一个月下来三万比索的收益也是轻轻松松。在律师的安排下,他和阿东以及移民局的官司下个月就开打了,这让他一度产生了希望。上个礼拜,他发现店门口右侧停着一辆皮卡,他以为是别人放在那里的卡车,并没有在意。可前几天他发现驾驶室里总有人盯着他看,这让他有些疑惑。三天前的早上,当他正准备开门时,下意识地往卡车方向瞭望,突然发现了驾驶室里一支手枪口正对着他。他赶忙将大门紧闭。顿时枪声响起,大门被打了好几个大洞。因为跑到了后厨,他才幸免于难。

惊慌之中,他决定在开庭之前的几天里暂时离开塔帕丘拉。因为此前曾经来过圣城,并在这里结识了老李,他来到老李家,希望能在这里避避难。说到这里,王强的眼泪一下子流了出来:

真的,我没有想到,我实在想不通,置我于死地的,竟然是我自己的同乡。我真的没有想到,我很是伤心,非常难过。先不说我们都是中国人,我们还都是来自一个地方的。就算我没有给你干活,我也是一条命啊,怎么能对一个六十多岁的老人这样呢?

见他情绪很是低落,李强安慰着他,并跟他解释着,像他这样的情况并不少见。以前在墨西哥城,很多华人就是以海外务工为名,将同乡招到墨西哥,利用他们人生地不熟的情况,强迫他们从事非法的工作。"人心隔肚皮,你不能知道他们想的是什么。"

"可是,我们都是中国人呢,我们都是同胞呢?老话说人心齐,泰山移。可是,同胞怎么能这样对待同胞?"

"什么同胞,跟你关系好的时候、用得着你的时候是同胞,用不着你的时候,就什么都不是了。你要想开一点,像阿东这样的人,完全不是同胞,他是豺狼虎豹。这些情况我见多了,在墨西哥城,比你惨的人到处都是,有的人,连命都没有了。"

尽管礼仪之邦的中华文明讲究同胞之情、家国之爱,但远赴海外的华人素质参差不齐,对中华文化的认同也大相径庭。在异域社会艰难困苦的求生经历也在极大程度上改变了他们的价值观。在利益的驱使下,家人都可能成为谋生的筹码,更何况与他们只是有着一层虚拟认同的同胞呢?

我宽慰王强,告诉他完全可以向中国大使馆求助,申请临时护照并补小签证,这样回国就很容易了。可王强却这样说道:

> 我并不是不能回去,我自己也是不想回去。你想,我一个人风风光光地出来,现在还要靠向大使馆求助,灰头土脸

地回去,这个脸我丢不起。再说,我的小孩子还在上学,我在这里虽然清苦,一个月还能有3万比索的收入,能够供养得起他们。我现在贸然回去,哪个宾馆会要一个六十多岁的老头子啊?所以,哪怕我死了,我也要死在这里。要不然的话,等我挣够了钱,再回去。

王强的话让我很是触动。在他身上,我看到的是一个非常典型的、传统的老一辈中国人的形象——能吃苦、好面子、讲责任和不撞南墙不回头的固执。虽然在墨西哥经历了很多波折,但却仍然坚持在这里生活,并勇于承担起对家庭和子女的责任。然而,他生活的环境并非是中国,而是与中国文化差异极大的墨西哥。这里讲究的并非是一个人的兢兢业业,而是敢于冒险、敢于闯荡的墨西哥精神。在社会构成复杂的墨西哥,成功的前提并非对自我和家庭的坚守,而是在不同阶层、族群和红黑势力之间协调、斡旋的能力。我试探着询问王强,既然阿东找了黑帮,为什么王强不可以找黑帮,给他们送点钱,不就什么事情都解决了吗?王强摇了摇头,坚定地看着我:"我相信我的律师,他一定会帮我赢得官司的胜利的!"说完后,王强似乎也马上意识到了自己的天真,他突然拿出我给他的名片,一本正经地问着我:

"张博士,你能把我的故事写下来吗?能把我的材料递到中国使馆或者是墨西哥法院吗?"

我还没来得及回答,王强摇了摇头:

"还是别写了,我怕我国内的妻子和孩子们知道我的情况,让他们担忧。"

第二天下午,王强一个人默默地离开了圣城。离去前,他没有告诉我们任何消息。直到我离开圣城,我和李强都没有再见过他。

亡灵节

不知不觉间已是十月底了,仿佛一夜之间,圣城漫长的雨季突然结束了。每天迎接我的都是湛蓝的天空、洁白的云朵还有那晃得刺眼的日光。弗拉基米尔告诉我,雨季结束后的10月31日至11月2日是墨西哥举国欢庆的亡灵节。10月31日的晚上,圣城的人们会戴着各种面具,扮演成骷髅和吸血鬼的样子,在大街上游荡。从11月1日开始,人们会举家前往墓地,祭拜先人。无论在时间还是内容上,弗拉基米尔口中的亡灵节与万圣节颇为相似。弗拉基米尔却严肃地告诉我,尽管与万圣节颇为相似,但这个节日与之并不相同,它有着自己的渊源与传统,是属于全体墨西哥人的节日。

墨西哥亡灵节的起源,可以追溯到3000多年前,包括阿兹特克人、玛雅人、普雷佩查人、纳瓦人和托托纳克人在内的中美洲土著人形成的祭拜亡灵的传统。土著印第安人将亡人的头骨保存下来,并在祭拜祖先的仪式中将其拿出展示,象征着死亡祖先的重生。此后,这一传统逐渐转变为阿兹特克人的亡灵节,成为祭拜阿兹特克文化中的冥界之神米克特卡希瓦特尔和为先人奉献的节日。节庆活动起于阿兹特克古立历法的八月,到九月份才算完结。在西班牙殖民者入侵墨西哥后,天主教的传教士们为土著人的亡灵节仪式所震惊。在传播天主教教义的同时,传教士们将纪念天主教徒的诸圣日和源自古凯尔特人的纪念亡灵的万圣节带到了墨西哥,并将二者与墨西哥阿兹特克文明中的亡灵节传统融合,最终形成了当前墨西哥亡灵节的基本面貌。[1]

在圣城,人们认为10月31日是年轻人狂欢的日子,11月1日是逝去儿童的亡灵返回家庭的日子,11月2日是逝去成年人的亡灵返回的日子。骷髅是亡灵节的象征,10月31日的晚上,人们会戴着印有头骨的面具在大街上行走、狂欢。节日期间,人们还会制作一些骷髅状的糖果、面包和饼干,上面刻着逝者的名

---

[1] Whizar-Lugo, Víctor M. y Anestesia en México. Día de Muertos. Una Festividad Ritual con Tradición Mexicana. *Anestesia en México*, Suplemento 1, 2004.

字,赠送给亲戚与朋友品尝。11月1日至2日也是人们祭拜逝者的日子。在这两天里,人们把家里打扫得非常干净,并在家中搭设祭台,祭台中央是逝者的遗像,周围布置着菊花、玫瑰等各种鲜花和逝者生前喜好的各种食物,引导逝者的亡灵返回家中。节日期间,人们还要举家前往墓地祭拜先人,在坟墓前方点燃蜡烛,奉上鲜花与各种食物。

圣城市政厅的祭台

在圣城,亡灵节的庆祝活动始于10月31日。当天的祭祀活动局限在城市的公共空间。人们在旅馆、广场、商城以及城市的其他公共空间,搭设祭台、摆放供品,纪念亲人、朋友以及其他值得铭记的逝者。当天的公共祭祀中,规模最大的当属圣城市政厅走廊内的公共祭祀了。这段不足100米的走廊,圣城民众自发摆放了12个祭台,吸引了圣城数千名民众前去祭拜。

在这12个祭台中,一个是奥古斯托·莫拉雷斯·克鲁斯研究中心的学生们搭建的。奥古斯托·莫拉雷斯·克鲁斯研究中心是圣城市区的一所提供义务教育的私立学校。学校的创始人是首任校长奥古斯托·莫拉雷斯·克鲁斯。十多年前,克鲁斯白手起家,四处借债,最终创立了这所私立学校。正当学校发展蒸蒸日上时,校长却积劳成疾,于2007年过世。学生们感念校长的恩德,每到亡灵节,便在市政厅前的走廊搭设祭台,纪念校长。奥古斯托·莫拉雷斯·克鲁斯研究中心的学生们搭设的祭台是以圣城的标志性建筑——卡门为背景的。校长的遗像摆放在卡门中央,祭台上摆放着鲜花、蜡烛。祭台下方压着七张剪纸,上面是墨西哥人演奏乐器的图案。传说图案上的人们能在天堂演奏乐器,将亡灵送回人间。祭台上还摆放着各式各样的水果,这些水果都是克鲁斯校长生前最爱吃的。"我们希望校长能够再回到学校,看看他创立的校园,我们也希望更多的人能够了解我们的校长,铭记这样一位为恰帕斯做出过贡献的人。"研究中心的何塞老师一边布置着祭台,一边跟我解释着。

走廊的中央是来自印第安策尔塔尔村庄奥克丘克的村民为纪念村社酋长桑蒂斯而搭设的祭台。策尔塔尔小伙阿尔弗雷多告诉我,奥克丘克是由三个村社组成的高地村庄。由于土地资源不足,村社的人们常常发生矛盾争执,打斗不断。老酋长桑蒂斯在任时,为了维护村社的团结平安,奔波于村社的各个角落,调解矛盾纠纷。他还时常拿出自己的积蓄与粮食,帮助贫困家庭渡过难关。正是他的辛苦工作,才有了今天奥克丘克村社繁荣的局面。桑蒂斯酋长二十多年前就已经过世了,村社的民众却一直铭记着他的恩德。每逢亡灵节,村民们都会搭设祭台,纪念桑蒂斯酋长。今年，他们更是自愿来到圣城，在市政厅前的走廊搭设祭台，让更多的人了解、铭记这样一位伟大的印第安圣人。

奥克丘克村民为桑蒂斯酋长搭设的祭台

奥克丘克村民们为桑蒂斯酋长搭设的祭台规模最为宏大。

祭台是以印第安村社常见的棕榈树、松柏树为背景,村民们将棕榈树折成圆环,靠在市政厅大门的两侧,上方悬挂着策尔塔尔人常见的木琴、木鼓、笛子和吉他等乐器。用松柏枝搭成的祭台是神圣的存在。祭坛外侧的两根蜡烛既是祭台与走廊地面的分隔,也是神圣与世俗的分界。祭坛第二层的13根蜡烛,象征着策尔塔尔人身上的13个关节。祭坛正中央前方的十字架是天堂的象征。中央两侧各有的十根蜡烛,象征着人的十个手指与十个脚趾。玉米是策尔塔尔人祭祀时的神圣物品,祭坛四个角落散放着的红、白、黄、黑四种玉米,祭坛中央摆放着用红、白、黄、黑四种玉米做成的汁,象征着东、南、西、北四个方向,也是亡灵再生的象征。策尔塔尔人传说,人是上帝用玉米做成的。如同玉米能够再生一样,死亡的人们也能够借助玉米复活。此外,祭坛中央摆放着田鼠汤、玉米煮鸡蛋等食物,这是策尔塔尔人日常生活中的重要食物。祭坛的四周摆放着香蕉、土豆、玉米饼、青椒、草莓等水果,这些都是策尔塔尔人经常食用的水果,也是他们供奉给桑蒂斯酋长的食物。傍晚时分,阿尔弗雷多拿起吉他,同行的伙伴们吹起了笛子,唱起了策尔塔尔人的传统歌谣。阿尔弗雷多告诉我,他们是在乞求神灵庇佑桑蒂斯酋长,让他能在天堂里永生,他们亦是在邀请桑蒂斯酋长,让他重回村社看看。

当阿尔弗雷多拿起吉他,为桑蒂斯吟唱时,旁边的戈麦斯女士在一旁小声地哭泣着。戈麦斯女士一家也搭设了祭台,祭拜的是2013年因病去世的女儿玛尔蒂塔。戈麦斯女士十多年前与丈夫从一个印第安佐齐尔人的村庄搬迁至圣城,以在城市里打零工为生。他们一家租住在城市北部一个棚户区里。因为工作很忙,根本无暇顾及七个子女。玛尔蒂塔是她的第四个孩子,她是一个非常美丽的姑娘。2013年6月的一个晚上,玛尔蒂塔觉得有点不舒服,戈麦斯给了她一片药物。可是第二天早上,玛尔蒂塔已经没有知觉了。戈麦斯和她的丈夫将玛尔蒂塔送到医院,大夫检查后遗憾地告诉他们,一切都太晚了,年仅16岁的姑娘死于心脏血管爆裂。每每想起此事,戈麦斯女士都心痛不已。"我没有照顾好我的孩子,我原来有七个孩子,现在只有六个了!"戈麦斯女士静静地坐在祭台旁,不停絮叨着。一旁前来祭拜的人们纷纷宽慰着她,"看,你还有六个孩子呢,他们不都挺好的吗。再说,玛尔蒂塔在天堂里永生呢。"在大家的劝解下,戈麦斯女士渐渐停止了哭泣。

洛里亚女士是一个78岁的老人,她一边照顾着因为脑瘫坐在轮椅上的51岁的大女儿卡迪,一边整理着为丈夫奥斯卡搭建的祭台。"我的丈夫是2007年去世的,那时候他已经有93岁了。他是我们家的英雄,我很早的时候就认识他了。他对我特别好,他疼爱女儿,照顾儿子。卡迪是脑瘫患儿,他从来没有放弃她。他一字一句地教卡迪识字、发音,你看,现在卡迪能说的话都是他教的。"洛里亚女士不断地向过往的行人讲述着丈夫的点滴。"我现在就是想让更多的人知道,我的丈夫是一个好人,是一个值得大家怀念的人。"听着洛里亚的讲述,不少人开始眼泛泪光。

2014年9月26日,格雷罗州伊瓜拉市发生了43名学生被警察勾结的毒贩枪杀的事件。为了纪念那些无辜死去的学生,恰帕斯自治大学法学院的师生们也在市政厅前的走廊上搭设祭台。在摆放心形蜡烛哀悼学生的同时,他们在祭台四周写着"政府必须行动""43名学生永生"等标语,表达着他们对墨西哥政府的不满与抗议。

市政厅走廊举行的公共祭祀面向所有民众。从早上10点到晚上10点,不到100米的走廊里挤满了前来祭祀的人群。既有衣衫褴褛的乞丐,也有着政府部门的工作人员,既有身着西服的白人、梅斯蒂索人,也有身着传统服饰的印第安人。在市政厅前的开放空间举行众人参与的集体祭祀,对逝者的集体追忆和对死亡痛苦的分享,无疑从私人层面上缓解了死亡带给逝者家庭的伤痛。无论是曾经为恰帕斯做出过贡献的伟人,亦或是普普通通为家人奉献一生的寻常人士,公共祭祀中传颂的都是逝者之于家庭和社会的责任与奉献。不同族群、阶层的民众通过对公共祭祀仪式的参与,在分享逝者奉献精神的同时,表达着多元族群的恰帕斯社会对逝者的认可。在集体认同形成的同时,传递、倡导着一种积极、向上的价值观。对于曾经爆发过激烈族群冲突的恰帕斯而言,这样一种超越种族的、全民参与的公共祭祀,在缓和族群冲突、凝聚集体认同、推动社会发展上有着重要的意义。

喝了这碗田鼠汤,你就是策尔塔尔人

在这12个祭台中,最吸引我的是奥克丘克策尔塔尔部族纪念酋长桑蒂斯的祭台。我不断地询问着年轻的负责人阿尔弗雷多,请他给我讲解祭台背后的故事。他实在太忙了,根本没有时间回答我的问题。我们约好了傍晚时分,参观人数少的时候再聊。当我在傍晚时分到达祭台处时,阿尔弗雷德将我介绍给了村社现任的酋长戈麦斯·洛佩斯。戈麦斯酋长认为,包括玉米、蜡烛、卷饼之类的物品其他祭台也都有,他应该把最具特色的祭台供品重点介绍给我。这就是祭台上的那碗老鼠汤。他一再强调,祭台上摆放碗里盛着的并非是普通的老鼠,而是来自田地里的田鼠。起初,策尔塔尔人是并不吃田鼠的,直到一次洪灾的发生。那次洪灾持续了很久,整个策尔塔尔村社损失惨重,只有很少的人因为躲在山顶的洞穴里才幸免于难。最初,洞里的人们还有些囤积的食物。因为洪灾迟迟没有退去，最后竟一点食物都没有了。洪水退去后，幸存者中有一位年轻的小伙子，他拿着一根小木棍，顺着一个小洞不断地挖着。不一会儿，一只硕大的田鼠从中跑出，洞里有数十粒玉米。人们把这些玉米种在地上，最终收获了很多的粮食。策尔塔尔人的粮食危机一下子就解除了。人类差点都度不过的危机，田鼠居然安然无恙，这意味着它们具有超强的生命力。策尔塔尔人相信田鼠具备强健身体和灵魂的功效，逐渐形成了吃田鼠的习俗。亡灵节上供奉田鼠汤，也是为了让逝者的灵魂能够强大。

戈麦斯告诉我，祭台上的食物本来就是让人强健的食物，在灵魂享用过后，更加具备神性。每次祭祀举办后，族人以及围观的民众都可以享用这些食物，既能确保身体健康，也能给人带来好运。戈麦斯让几个年轻人收拾祭台上的器物。阿尔弗雷多将水果、蔬菜和玉米分发给围观的群众。收到食物的民众很是高兴，他们一边吃着一边离开了祭台。不一会儿，祭台上只留下了一碗田鼠汤。

"那么，为什么田鼠汤又要留下来呢？"我询问。

"那是给你的，小巴勃罗（Pablito）①，那是祭台上最尊贵的

---

① 这是西班牙语中的指小词现象。在西班牙语中，名词、形容词、副词、过去分词、副动词依据字母结尾，可以通过加 ito 或 cito 等后缀的现象。指小词类似于汉语中的"小"、"点"的意思，有着舒缓语气、表达亲切的意思。

食物,一般的时候都是留给村里的声望好的长者,我曾经吃过很多次。你来自遥远的中国,是我们策尔塔尔人最尊贵的客人。早上的时候,阿尔弗雷多跟我说你要来找我调查的时候,我就嘱咐他了。让他把鼠汤留下来,给您这位最尊贵的客人。"

听了戈麦斯的话,我如鲠在喉。脑海里萦绕着"田鼠汤"三个大字,以及那略微看起来有些恶心的汤碗。在那一瞬间,我的脑海里出现了一个念头,他们并不知道我的真名,也不知道我是哪个学校的。他们知道的只有我的西班牙语名字,以及我是一名中国人,我大可一走了之。一秒钟后,理智又一次地告诉我,即便他们并不知道我的真实信息和名字,他们却仍然能够真诚地将他们所认为的最珍贵的食物给我,这足以见得他们的淳朴和对我的信任。如果我就这么一走了之,他们一定很是失望吧。

也许是因为紧张,也许是因为有些忐忑,我一动不动地站在祭台前面,脸开始变得滚烫,手也忍不住地发抖。这时,戈麦斯觉察到了我的异常,他走了过来,拍了拍我的肩膀,

"小巴勃罗,你是怎么了?是不是害怕吃田鼠汤?"

我没有回答他,只是尴尬地挤出了一丝微笑。

"没事的,很多梅斯蒂索人也不吃田鼠汤。他们认为田鼠不卫生,不是好的食物,对于我们策尔塔尔人来说,田鼠却是难得

的美食。你放心吧,我们经常吃,一点问题都没有。"

戈麦斯说得如此真诚,瞬间就把逃离、拒绝等一系列喝鼠汤的退路全都堵死了。哪怕是一碗毒药,在那个场合,我也只能把它吞下去。也许是为了宽慰我,也许是为了缓和当时的氛围,戈麦斯打开了一个饭盒,将祭台上的一部分田鼠汤倒在了自己的碗里。此后,他又从一旁的盒子里拿出了一点香菜,洒在了两个碗里。看到他在那拨弄着田鼠汤,我的心里忍不住地恶心。然而,我还没来得及整理思绪,戈麦斯端着两碗田鼠汤走了过来,

"巴勃罗,我陪你一起喝。最尊贵的田鼠汤,给来自中国的小巴勃罗!"

我尴尬地笑了笑,勉强地回应着他。

"来,巴勃罗,干杯!喝了这碗汤,你就是我们策尔塔尔人最尊贵的朋友了。"

戈麦斯端起盒子,连同盒子里的小田鼠干一饮而尽。见到他如此豪迈,一旁的我也只能端起小碗,闭着眼睛咽了下去。我原本以为,田鼠汤的味道会难以下咽。出乎意料的是,鼠汤的味道并不难吃。甚至有点类似于鸡汤的味道,柠檬和香菜的佐料夹杂其间,更是鲜美可口。然而,一看到盒子里的田鼠,我还是忍不住地恶心了起来,我竭力控制住自己,身体开始往前倾。

"巴勃罗,怎么了?"

戈麦斯看着我弯着腰,脸涨得通红,他关切地问着我。

"没事,只是第一次吃田鼠,有些不太适应。"

"没关系的,巴勃罗,你知道这个城市、这个国家的很多人也不喜欢吃田鼠肉,喝田鼠汤。他们觉得田鼠是很肮脏的动物。因为我们喜欢吃田鼠,他们还说我们就是田鼠的后代。在他们眼中,田鼠和我们一样都是肮脏不堪的。但是我们从来没有觉得田鼠是肮脏不堪的。他们觉得我们像田鼠,那正是说明我们具备着像田鼠一样顽强的生命力,我们反而很是高兴。"

戈麦斯不仅是奥克丘克杰出的酋长,更是一位充分掌握地方性知识的智者。

"我不知道在中国的文化里面田鼠代表的是什么?从你的表现中,我觉得应该和梅斯蒂索人的感觉差不多。但我要提醒你的是,我们对于动物的看法并非是天生形成的,而是因为我们的文化不一样,它与动物本身并没有太多的关系。田鼠是长在地里的,没有任何疾病。所以,你不要担心,虽然你喝了田鼠汤,但我可以保证,你一定会没事的。"

戈麦斯拍了拍我的肩膀,握着我的手,

"不管怎么样,巴勃罗,你能够喝了我们的田鼠汤,我感到很是高兴。这至少证明,你对我们没有歧视。"

听完了戈麦斯的话，我的心情平复了下来，反胃的感觉也慢慢地淡了下来，喝完田鼠汤后许久，我都没有出现任何不适的症状。晚上的时候，我一直在思考着戈麦斯对我说的那番话。是的，没有什么动物生来是肮脏的，也没有什么动物生来就是食材。有的只有接受过文化洗礼的社会和人，以及这个社会和人对于食物的选择。部分有着种族中心主义的梅斯蒂索人并没有认识到这一点，他们才会以物取人，将食材的差异建构为族群阶序的表征。只有打破自我文化的固有束缚，真正地尊重对方的差异，理解对方的文化，才能实现真正的理解与交融。庆幸的是，虽然我曾在这一过程中有过犹豫，有过动摇，但最终我还是迈过了这个坎。

我很好奇，为什么没有受过太多教育的戈麦斯居然会有这样的文化敏感，能够从如此高度的视角向我解释策尔塔尔人食用田鼠的问题。此后的一天，在和阿尔弗雷多 WhatsApp 的聊天中，他跟我解释：

> 因为我们自幼生活在这样一个不同的世界里。我们是印第安人，我们的身边有着太多的梅斯蒂索人。很小的时候，我们总因为各种与他们不一样的习惯而被他们歧视、看不起。但是，我们不是天生的低等人。我们和梅斯蒂索人

都生活在恰帕斯,生活在墨西哥。我们唯一不同的是我们的语言、我们的文化还有我们的世界观。不同并不是低级,不同也不是有罪。萨帕塔起义已经20多年了,为什么萨帕塔民族解放自治区仍然存在?那是因为不同的印第安人仍然没有得到人们的认同。如果他们都能理性地认识到我们和他们的不同,不再用歧视的眼光看待我们,那么,恰帕斯州就会变得更加的美好,这个社会也会更加平静的。

"那么,我喝了那碗田鼠汤,是不是意味着我已经跨出了界限,和你们已经成为朋友了?"

半个小时后,他发来了一条信息:

"我知道其实你并不乐意喝鼠汤,但是在那个地方,那么多人在,如果你把那碗汤倒了,或者是吐了,你肯定不会顺利地离开。还好,你最终喝了它,所以,一切都很平静。"

"那么,我们是朋友了吗?"

"是的,喝了那碗田鼠汤,我们都是策尔塔尔人。"

亡灵节的家庭祭祀

对于圣城的大多数家庭而言,亡灵节最为重要的仪式是跟随家人一同前往墓地祭拜先人。11月1日和2日的两天里,圣城的大街上到处都是拿着鲜花、蜡烛,前去墓地祭拜先人的人群。洛里亚告诉我,他们一家准备在11月2日前往墓地祭拜她的丈夫奥斯卡。在征求儿子的意见后,洛里亚邀请我与他们全家同行。11月2日下午1点,带着啤酒、卷饼、鸡肉、牛油果、花生等食物和蜡烛、鲜花、扫帚在内的祭祀物品,我和洛里亚、她的大女儿卡迪、儿子塞萨尔驱车前往公墓。

圣城的天主教公墓位于城市西郊,占地面积约为25公顷。圣城的大部分居民都会选择在此安葬自己的亲属,亦有少部分居民因为宗教、经济等诸多原因,将逝者安葬在圣城周围的高山上。不到15分钟,我们就到了公墓门口。公墓的正门是一个圆形的拱门,上面立着高大的十字架,书写着源自《约翰福音》里的一句经典:"复活在我,生命也在我,信我的人,虽然死了,也必复活。"接受了天主教教义的恰帕斯人认为,死亡只是生命形式的转变,是现世生命的结束,永生生命的开始。如同现世的人居住房屋一样,墓地是灵魂栖居的场所。恰帕斯人将公墓修建得非常豪华,并不亚于现世人们居住的房屋。如果是家族的墓地,墓地会按照现世房屋的样式修建。屋顶上摆放着十字架,屋内摆放着瓜达卢佩的神像与鲜花。逝者的棺材放置在房屋地板下的空间内,用铁门锁住,上面盖着地毯。屋内置办有长椅等家具,方便人们祭拜。门口写着家族的姓名,以及各个逝者的生卒年月。房屋的外墙刷着各种颜色的涂料。如果逝者孤身一人,家人一般将棺材埋在地上,上面建着一个高大的长方形的水泥平台,在水泥平台前端开设一个象征性的窗口。窗里放置着瓜达卢佩圣母像与逝者的遗像,供奉着蜡烛、鲜花以及逝者生前喜好的水果与食物。由于只有丈夫一人去世,洛里亚只为丈夫修建了一个水泥平台。

当我们到达洛里亚丈夫奥斯卡的墓地时,周围挤满了祭拜的人群,他们正在举行多种多样的祭拜仪式。有的家人邀请了乐队,在逝者的坟墓前演唱着欢快的乐曲;有的家人在打扫墓地,为逝者摆上了鲜花、蜡烛与食物;更多的人们围坐在墓地的房屋内,打开脚下封锁亡人棺材的大门,逝者与生者共处在狭窄的空间内。如同生者在世时一般,大家一边喝着可乐、吃着花生和卷饼,一边聊着天。

当我和塞萨尔整理坟墓的时候,洛里亚另外的两个儿子奥斯卡和杜韦以及他们的孩子都赶了过来。在恰帕斯,亡灵节是一个以父系血缘为核心的节日,洛里亚的儿媳妇都赶回自己的娘家去了,整个祭拜仪式只有洛里亚及她的儿孙一同参加。我和奥斯卡、塞萨尔和杜韦打扫着他们父亲的墓地,洛里亚打开丈夫墓地前方的窗口,将带来的鲜花放在里面。她点燃准备好的

坟墓里欢聚的一家人

白蜡烛，供上丈夫生前最爱吃的牛油果和佛手瓜。洛里亚和子女们坐在墓地前的长椅上，给子孙们讲述着丈夫生前的故事。儿子们一边听着母亲的叙述，一边喝着啤酒，吃着卷饼和花生。听着母亲的叙述，大儿子塞萨尔拿着一罐啤酒，放在父亲坟墓的窗口，说道："嗨，爸爸，你也来一罐吧"。洛里亚的孙子孙女们在墓地里四处奔跑着。对于他们而言，年幼的他们无法感知死亡的真正意义，熙熙攘攘的人群、欢快的乐曲、各式的美食让他们尽情享受着节日的欢愉。正是这份童真映衬着墨西哥人对待死亡的豁达态度。见到我们正在聊天，紧邻洛里亚丈夫墓地的一家人走了过来,他们热情地拥抱洛里亚。"你们好吗?""我们很好。"他们将随身带来的一朵玫瑰花放在墓前,"谢谢你们。"

当我们把啤酒、花生、卷饼吃完的时候,已经是下午四点半了。洛里亚和儿子们再一次打扫丈夫的坟墓。将丈夫墓前的窗户紧锁后,一家人踏上了回家的路。当我们走出公墓时,远处的夕阳照射在色彩斑斓的坟墓上,反射出耀眼的光芒。塞萨尔告诉我,那些耀眼的亮光是亡灵复活永生的象征。

亡灵节期间,圣城民众多层次的祭祀活动及其背后传递的天主教信众对待死亡的态度固然值得我们提及,但引起我反思的却是在这多层次的祭祀体系中社会精神的传承与重建。在私人的家庭生活中,通过家庭成员参与的祭祀仪式和对逝者行为的追忆,实现着个人道德与家庭秩序的巩固与强化;在公共空间中,通过将家庭祭祀转变为开放空间全民参与的公共祭祀,在传承一种积极向上价值观的同时,亦创立一种超越族群的集体认同。无论是对于个人、家庭,还是多元族群的恰帕斯社会,以及墨西哥现代民族国家,亡灵节期间多层次的祭祀体系与活动显然都有着重要的意义与价值。

在三天的节日庆典中,圣城市政府并没有对祭祀活动过多干涉。10月31日当天,民众在市政厅前的走廊搭设祭台时,市政府派出了下属的家庭发展委员会对走廊秩序加以引导。11月1日至2日,家庭发展委员会派出了数百名工作人员,在城郊的公墓内维持秩序、搀扶老人、照顾儿童,并为祭拜的民众免费发放饮用水、面包和牛奶。圣城市政府对待亡灵节的态度体现出墨西哥国家权力对本土民俗的认知与定位。对于多元族群混血的墨西哥而言,他们将国家的认同象征溯源至本土的印第安文明。正是伟大的印第安母亲,孕育了古代玛雅辉煌灿烂的文明,也正是在伟大的印第安文明基础之上诞生了现代的墨西哥民族国家。尽管一些观点认为,墨西哥民族国家创立者在印第安玛雅文化和西方殖民文化之间做出选择的同时,也造就了此后墨西哥与美国之间的差距[1]。然而,正是这一选择,隐喻着墨西哥人对待本土民俗、传统的尊重态度以及在此基础上不同于西方秩序的发展观。正是这样一种态度,使得如今的圣城政府以一种尊重的心态面对包括亡灵节在内的本土民俗,并使得本土的民俗文化以一种温和的方式实现着社会与国家秩序的重建与维系。当然,这也恰恰正是民俗作为软性社会规范的题中之意。

---

[1] Brandes, Stanley. "El día de muertos, el Halloween y la búsqueda de una identidad nacional mexicana." *Alteridades*, vol. 20. 2000.

沦落为妓

11月3日的晚上,我在圣城中心市场买菜时,又一次遇见了塞西。她赖在姐姐的摊位一侧,祈求姐姐能够收留她,忙碌的姐姐却没有任何表示。她满脸愁容地望着我:"巴勃罗,我又一次失业了。你看,连我的姐姐也这样嫌弃我。不让我住她家里,我真得睡大街了。"看到塞西的窘境,我难免心生怜悯。但一想到她此前的作为,一种"哀其不幸,怒其不争"的感觉不可抑制地涌了上来。这一次,我也帮不了她。

我2月份的时候就结识了塞西。彼时,她在老李家做保姆。因为经常和李强往来,一来二往就与塞西熟识了。那时的塞西,从早到晚地照顾李强刚出生的小女儿索埃。尽管工作很是辛苦,塞西却时常露着笑脸,每次见面都会半开玩笑地叫我"小巴勃罗"。一次发工资后,塞西买了一部三星智能手机。因为没钱支付流量费,她想使用李强餐馆的Wi-Fi。可莉莉不允许工作时使用Wi-Fi,没有将密码告诉给她。她希望我能告诉她Wi-Fi的密码。见她 脸真诚,我便将密码告诉给了她,嘱咐她不要在工作时使用。

也许是出于感激,也许是觉得心软的我不是坏人,那件事情以后,塞西和我的联系逐渐增多了起来,有时也会通过WhatsApp

聊一会儿天。得知我在调查印第安人,塞西经常半开玩笑地说,我也是印第安人,你可以来调查我呀。就这样,塞西成为了我最初田野的访谈对象之一。几次访谈后,我对她的人生经历有了细致的了解。

塞西出生在离圣城不远的一个名为奇隆的策尔塔尔村庄。除了她以外,家里还有两个姐姐和三个弟弟。虽然子女众多,塞西的父亲却是个不折不扣的浪荡子,他和村里的不少女人有勾搭。塞西年幼时,父亲长年累月不在家,母亲一人承担着养家的重担。由于人口众多,劳力短缺,挨饿是她年幼时最深刻的记忆。塞西家庭的情况并非特例,在大男子主义盛行的墨西哥社会,抛弃妻子的现象十分常见。经济条件恶劣的印第安农村,因为体能的优势,男性往往在传统的经济生活中处于绝对的主导地位,这更恶化了女性的处境。塞西告诉我,在奇隆,超过40%的人有着和她相似的家境。塞西三弟出生后的两年,父亲在一次酗酒后过世,塞西的家庭状况更加恶劣了。为了谋生,两个姐姐很早就离家务工,其中一个在圣城以给人做保姆为生,莉莉是她的第一个雇主。靠着姐姐们的资助,贫穷的一家才在困境中坚持了下来,塞西和三个弟弟才有机会读书。

14岁时,塞西小学毕业。她离开了奇隆,到了离家最近的奥科辛戈,一边打工一边上初中。"那个时候我可是个美人,很多人喜欢我。"因为相貌很好、身材性感,年轻的塞西成为班上瞩目的焦点,她很快就和班上一位名叫杜桑的佐齐尔男孩相爱了。"他经常给我送玫瑰花。下课后,我要去饭店打工到12点,他每天晚上都在饭店门口等我。几次下来,我就跟他住在一起了。"第二年,塞西就搬到了杜桑的家中,成为了杜桑的妻子。16岁那年,塞西生了第一个小孩,此后又接连生了两个小孩。

回忆那段婚姻,塞西充满了悔恨。刚刚离开家的她并不知道爱情是何物。只是觉得杜桑很帅,嘴巴很甜,便认为和他在一起是人生最幸福的事。两人同居后,杜桑的父亲将家里的田地分给了他们一块。15岁的小夫妻并没有做好独立生活的准备,婆家给的土地本来就不多,杜桑却沉迷于赌博,无暇耕种土地,生活自然捉襟见肘。大儿子出生以后,家里甚至连玉米等果腹的食物都没有。迫于无奈,杜桑开始耕种父亲给他的土地。可种了一年的咖啡,却并没有太多的收入。经朋友介绍,杜桑在第二年改种了收益更高的大麻。原本指望靠着大麻改善家里的经济状况,可丈夫却经不住诱惑染上了毒瘾,种植的大麻都被丈夫吸食了。随着孩子接二连三地降临,塞西一家的生活更是难以为继。在第三个孩子出生后,杜桑又染上了酒瘾。酒醉后的他时常对塞西施以暴力,打骂成了家常便饭。

听了塞西的介绍,我很是困惑。明知家庭情况很是糟糕,丈夫也不负责,塞西居然能放心将三个孩子交给丈夫,独自一人来到圣城务工?对于我的质疑,塞西总是以各种理由搪塞。见她有意回避,我也不多过问。一次和莉莉聊天,她告诉我塞西是被丈夫一家赶出来的,起因是杜桑在家中发现塞西和邻居偷情。将这个消息告诉给莉莉的,正是塞西的亲姐姐。得知这一消息,我开始怀疑塞西的人品,甚至揣测她是不是有意在欺骗我。或许是注意到我态度的变化,塞西开始有意无意地讨好我。一个多星期后,塞西给我发了短信,约我晚上在市中心旁边的咖啡店里坐坐。塞西在莉莉家的工作并没有常规的休息时间,常常是一连数周的工作后,莉莉才会放她半天假。她用宝贵的休息时间约我喝咖啡,着实让我有些吃惊。

"所以,我知道你为什么不友好了。是莉莉跟你说了什么吧?"

还没坐下来,塞西就开门见山地说了起来。我并没有否定,只是表示我想听听她自己是怎么解释的。出人意料的是,她并没有否认自己在家中偷情被抓的事。

"我是有一个情人,是我的邻居,也确实是因为有一次我和他约会被杜桑的父亲发现了,他们非常生气,将我赶了出来。我这么做是被逼无奈的。我的丈夫不管我们的死活,我的三个孩子都是我来养着。他也不关心我的想法,只顾自己在外面快活。

我需要钱和粮食来养活孩子,可是在村子里,哪里能弄到钱和粮食啊。我只能跟他上床,这样他会给我一些粮食。而且他也很会关心我,跟杜桑完全不一样。"

"可是,虽然条件那么差,你也不能靠着这个生活啊?"

"巴勃罗,你不知道一个女人,尤其是像我这样的女人在村子里生活的艰辛。家里什么吃的都没有,三个小孩还在旁边哭,丈夫不管我们的死活。我们要活命。尤其是我的小儿子,他饿得大哭的时候,我考虑的只能是活命。"

塞西的回答让我无言以对。半响之后,我问她,既然丈夫已经如此不负责任,她怎么能够把三个孩子扔在家里呢?她告诉我,她在家的时候,丈夫和她是一个独立的家庭。当她离开家以后,她的丈夫肯定没法生活,只得靠公公婆婆的接济。"我的公公家里还有一些地,我的孩子不会饿死的。"

我无法核实塞西所言的真假,但她谈及孩子时,我却能真切地感受到她的伤心与不舍。说到动情处,塞西甚至翻出三个孩子的照片,一边翻看着照片,一边流泪。至少在那一瞬间,我相信她对孩子的情感是真实的。我宁愿相信哪怕塞西在婚姻生活中有过失之处,但她内心并不坏。她能将这段经历告诉我,充分说明了她对我的信任和真诚。为了表示对她的认可,也为了不给她增加负担,没等她说完,我便借上厕所的间隙把账给结了。

当我们聊完,塞西才发现我已经付完了。

"你付款了呀?所以,巴勃罗,我们还是朋友吗?"

"当然!"

这件事以后,我和塞西的联系逐渐增多。闲暇之余,也会通过 WhatsApp 聊聊天。一天半夜,塞西突然给我发来一条消息,"巴勃罗,我要去图斯特拉-古铁雷斯找我的男朋友了。我要离开这里了。"塞西告诉我,她在脸书上认识了一个男人。这个人对她特别好,经常对她嘘寒问暖,无微不至。这几天,那个男人说他在图斯特拉-古铁雷斯有一家店面,想要塞西过去同他一起经营,并许诺半年内和她结婚。塞西欣喜万分,迫不及待地想辞去这份工作,早日和他见面。我提醒塞西,不要贸然行动。她只是在网上与对方聊过,现实生活中对方究竟是什么样子谁也不知道。如果真的觉得对方是个可信的人,也应该托人打听一下对方的底细。沉溺在对爱情幻想中的塞西并没有考虑我的建议,只是固执地认为自己不能再错失追求幸福的机会了。一周后,她跟莉莉请辞,一个人去了恰帕斯州的首府图斯特拉-古铁雷斯。

半个月后,我接到了她的电话。塞西在电话里哭个不停。果然,那个网友是个骗子。他没有任何固定的职业,以在图斯特拉-古铁雷斯偷窃、行骗为生。塞西到达的第一天,就被他骗上了床。在骗取塞西所有的积蓄后,他对塞西不闻不问,连吃喝的东西也不给。塞西询问他开店的事,他竟一口否认。走投无路的塞西请求他给自己一些生活费,却被他鼓动去妓院卖淫。绝望的塞西离开了这个骗子,独自一人步行了近70公里,才回到圣城。

一无所有的塞西希望能够重新到莉莉家工作。她首先找到了姐姐。得知事件经过的姐姐觉得塞西的行为让自己脸上无光,并不愿意出面相助。塞西找到我,希望我能帮她说些好话。此前,塞西的一意孤行让我很是恼火,我并不愿意帮她出面说情。塞西一直在苦苦地哀求我,一再表示自己已经尝到教训了,不会再发生类似的事情。她抽泣着说,如果真的走投无路,她只能去妓院做妓女了。见此情形,我答应了她的请求,承诺愿意去做她姐姐的工作,希望我们两个共同出面,帮助塞西回到莉莉家。

我和塞西找到姐姐的店铺,塞西不停地给姐姐认错,希望姐姐能够帮助她。我在一旁劝导着她的姐姐,跟她解释塞西只是一时糊涂,她的内心是非常单纯、善良的。如果我们一起出面,肯定能够说服莉莉。否则,塞西就真的就无家可归了。一个多小时后,塞西的姐姐同意了我的建议,我们三人一同到了莉莉家。莉莉的态度很是坚决,她不能忍受塞西三心二意的行为。

此外，这件事情让她知道塞西一直在工作时偷偷玩手机，并不专心带孩子，更让她大为光火。在莉莉面前，塞西不停地认错，请求莉莉的原谅。塞西的姐姐也跟莉莉说情，讲述妹妹数次被骗的经历，以期博得莉莉的同情。塞西更是表示，如果莉莉能够接纳自己，她工作的前半个月工资不要，只要能有个地方睡，有东西吃即可。最终，莉莉同意塞西回来继续干活，但她要求塞西不能使用手机，必须专心照顾索埃，塞西点头答应了。

那一段时间，因为调查从事琥珀交易的印第安人，我时常出入莉莉家。很多时候，热情的李强和莉莉时常邀请我一同吃饭，偶尔我们还会喝点红酒或是龙舌兰酒。由于不胜酒力，好几次聚餐，我都会在莉莉餐馆的客房内小憩一会，稍微清醒后才离开。一天中午，锡莫霍韦尔的冈萨雷斯将一大包琥珀原石卖给李强，李强邀请我一起陪冈萨雷斯喝酒。酒过三巡，我开始有些迷迷糊糊，便下席到餐馆的客房内小憩。不知过了多久，梦中的我突然感觉脸上仿佛贴了什么东西。我睁开眼，原来是塞西的手摸在了我的脸上。惊醒的我将她的手打开，一下子坐了起来。见到我反应如此剧烈，塞西变得有些紧张。

"巴勃罗，我只是想看看你酒醒了没有。"

"我没事，以后麻烦你不要靠近我了。"

我并不知道塞西这样做究竟是有着怎样的意图，但当我清醒以后,塞西不自然的反应却显示她的意图并不单纯。我试着从她的角度理解她的动机。但无论怎样,塞西的做法是不恰当的。那天的遭遇也是我接受规范的学术训练,开始田野调查后的第一遭。我一直认为,作为一名学者,除了通过田野作业获取研究资料以外,人道主义的理念是田野过程中必须坚守的底线。这一理念的要求之一便是对身处绝境的田野对象的一定帮扶。尽管明知塞西有一些毛病,但知道她的境遇后,我仍然不遗余力地帮助她,希望她能够走上正道。塞西却误解了我的善意。我无法接受塞西在男女问题上的轻浮。为了避免引起更大的误会,这件事情后,我便尽力和塞西保持一定的距离。平日里除了礼节性的问候外,基本没有其他交集,对于她在 WhatsApp 上的留言也不再回复。在一个多星期都没有收到我的回复后,塞西不再给我留言了。

我原本以为,经历许多事情后的塞西会对自己的行为有所反思。没想到的是,两个星期后,塞西却彻底与莉莉决裂了。原来,寂寞的塞西背着莉莉上网,在网上结识了一群印第安男女。他们在每个周末的晚上定期举行通宵派对,酗酒狂欢。塞西加入了这个团体。一个周末的晚上,她以家人生病为由向莉莉请假,其实是去参加通宵派对。第二天一大早,醉醺醺的塞西回到莉莉家。见她如此状态,莉莉很是生气。出于对塞西姐姐和我的考量,莉莉并没有开除她。只是责备她几句,让她下次不要这样了。第二个周六的晚上,塞西又以同样的理由请假。莉莉没有答应。这一次,塞西和莉莉发生了激烈的争吵,一气之下收拾了东西离开了莉莉家。

离开莉莉家的塞西只得投奔在城里经商的姐姐。又气又恼的姐姐无奈地收留了她。借住在姐姐家的塞西并没有收敛,每天在家里昏睡,只有到饭点时才起来吃饭。更为可气的是,塞西居然对自己的姐夫示爱。老实的姐夫如实地跟妻子汇报。一怒之下,姐姐也将塞西赶出了家门。无家可归的塞西只能在城市中心的市场上过夜,于是便发生了开头的一幕。

蓬头垢脸的塞西裹着一床脏兮兮的被单,蜷缩在了中心市场摊位的角落里,靠着在城市里捡别人剩下的饭菜为生。莉莉告诉我,像她这样的情况,最后只会沦落到妓院。一个星期以后,我再也没有遇见过塞西。她的姐姐告诉我,塞西搬到马路对面的那条街去了。那条街,正是圣城的红灯区。

下篇　圣卢西亚：一个印第安自治社区的抗争故事

遇见胡安

我永远都忘不了2014年10月26日，那是我第一次见到胡安，知道圣卢西亚自治社区的日子。那几天，圣城终于告别了漫长的雨季，迎来了久违的阳光。如同之前的每一天，我骑着自行车，在圣城四周游荡着，借此打发无聊的时间，也希望能有一些新的突破。此前，我一直在城市中心区域的街道、教堂里游荡，只来过几次城市北部印第安人聚居的棚户区。除了跟随帕哈罗去过他的家，跟随阿道弗、米格尔去过他们家和教堂，访谈过住在这里的印第安人环卫工外，我并没有对这片区域有过系统的调查。几乎所有的人都告诉我，这一片的秩序并不太好。一次去福音派教堂的途中，一个手持旧瓶的醉汉更是将我截住。幸好正准备出门的阿道弗看到了我，在他的呵斥下我才得以脱身。这一次的经历让我心有所忌，一直有意避开这片土地。

既是出于对萨帕塔运动后政府控制区内印第安族群生存境遇的关注，也是由于人类学研究中对与现代化隔离的他者的向往，陷入困顿的我还是决定把目光投向生活在这个片区的印第安人。10月下旬后，我开始在圣城北部印第安人聚居的棚户区内游荡。26日的中午，当我越过圣城北部的小河，经过锡纳坎坦师范学校时，我注意到学校旁边的巷子深处是一个封闭的小区。社区的铁栅门上挂着"圣卢西亚社区"的字样，并画有一个镰刀和萨帕塔的图标。栅栏内的房子均是盖着石棉瓦的木板房，小区内部亦是没有硬化的土路。虽然小区看上去很是简陋，但房屋的布局却很是整齐，道路方方正正、错落有致。直觉告诉我，这个社区可能就是我期待已久的田野对象。

当我走到社区门口时，几个看守大门的印第安小孩跑了出来，指了指旁边"私人社区"的字样，禁止我进入。我跟他们解释，我来自中国，不是有意冒犯社区，只想看看这个社区是什么样子。小孩用好奇的眼光打量着我，示意我在门口等着。一个小孩朝社区深处跑去。不一会儿，小路尽头的房间里走出了一个年轻人。他的皮肤黝黑，个子不高却很是瘦削。他上身穿着一件白色衬衫，下身是一条黑色的裤子。还没等我说话，他主动

圣卢西亚自治社区的西门

介绍自己,他说他叫胡安,是这个社区管理委员会的成员,他询问我为什么来到这里。我跟他解释,我是一名来自中国的学者,在这里开展田野作业,我对这里的印第安人很感兴趣,想进入社区看看。我拿出随身携带的护照复印件和邀请函。检查了我的材料,胡安打开了大门,邀请我进入社区。

在胡安的带领下,我们穿过社区正门的主干道。这是一个规模宏大的社区,南北两侧的外墙距离至少有 500 米。道路两旁是错落有致的石棉瓦木板房。每个房子的一侧有一块和房屋面积大小相当,用木栅栏围起来的玉米地。小区内部亦不乏一些贩卖卷饼、蔬菜和水果的小商店。快走到尽头时,右手边有一个规模不大的舞台,上面搭着简易的棚子,这是社区居民开会的地方。

在社区的办公室里,胡安正襟危坐,简单介绍了社区的基本情况。这是一个印第安人的自治社区,社区的居民都是来自圣城周边的印第安农村,最远有来自帕伦克的印第安人。由于新自由主义改革后农村经济的破产,他们从农村来到了城市。因为无法负担圣城高昂的房租,他们在城市北部的高山和荒地上搭棚度日。2009 年,他的父亲马里亚诺发现城市北部的这片空地,便率领无家可归的印第安人占领了这里。这片土地之前属于墨西哥国立印第安研究所所有,是属于联邦政府的土地。父亲率领社区民众占领的行为遭到了政府的持续打击。三个月后在政府派出警察的驱赶下,他们被迫离开这里。

由于印第安人社会经济状况境况的持续恶化,无家可归的印第安人越来越多。政府承诺的搬迁安置也没有兑现。他们于 2012 年再次占领了这里,并建立了一个以印第安人为主体的自治社区。胡安自豪地告诉我,从 2009 年至今,这里已经有 1600 多名印第安人聚居,成为圣城最大的、有组织的印第安人居住的自治社区。印第安人、自治社区,胡安不多的介绍让我想起了不远处的萨帕塔自治区。正是因为与政府和谈的破裂,萨帕塔民族解放军在离圣城不到50公里的区域内建立了与政府隔离的自治区。胡安却告诉我,虽然他的父亲曾经参加过萨帕塔民族解放军,社区里的不少成员也曾在那儿生活,但他们和萨帕塔并不一样。然而,究竟怎么不一样,胡安并没有回答。

胡安不多的简介让我对自治社区产生了好奇,也让我萌生了以此为田野对象的想法。对于我贸然提出来的要求,胡安没有办法答应。沉吟了许久后,他告诉我,他可以把我的申请提交到社区管理委员会,只有等一周一次的社区管理委员会讨论后,他们才能决定是否准许我进入自治社区。虽然有些失望,但我能理解胡安的决定。圣城有着许多的印第安人组织。因为利益取向的不同,这些组织之间、组织和政府之间的关系非常复杂。他们很难对外面的人士产生信任。即便取得了他们的信任,也要时时谨慎,避免卷入到他们的纷争中。

两天后,我接到了胡安的电话。他告诉我,社区委员会还没有通过我的申请,但他有一个小忙需要我帮助。两天后,他们会在圣城的大街上游行,抗议涅托政府削减医疗投入的改革。因为恰逢工作日,自治社区的居民都在上班,游行队伍没有足够的人手。他想以个人名义邀请我参加,凑个人数。我毫不犹豫地答应了他的请求,但我必须承认,我的加入并非是出于我和胡安的交情,而是希望借此取得胡安的信任,为进一步的田野做准备。

虽然早已习惯了墨西哥人晚到的规矩,我还是按照和胡安约定的时间准时出现在圣城文化医院的门口。半小时后,胡安和他的同伴们乘着敞篷小卡车到达目的地。见我早已在一旁等候,胡安显得有些尴尬,连声跟我说着抱歉。胡安和同伴们拿出一面旗帜,上面印着自治社区所属的公民协会独立组织联盟的标志,画有醒目的镰刀标识和马克思、恩格斯的画像。见到这些物品,我脱口而出,"这些东西中国也有,我们从小就接受马克思主义教育。"听到我的介绍,胡安很感兴趣。我一边准备游行的标语,组织游行的队列,一边向胡安介绍马克思主义在中国传播的历史以及中国共产党如何带领中国人民建立新中国的历史。在胡安看来,以马克思主义为指导的共产党率领穷苦大众创立新中国的历史足以表明其支持弱者的左翼立场。在准备工作结束后,胡安询问我:

"所以,你是左翼的共产党员?"

"是的,我是共产党员。"

胡安伸出了他的右手,在充满力量的握手后,他说道:

"所以,我们都是左翼的兄弟吧。"在胡安说出这句话后,我能感觉到,胡安对我的所有疑惑都打消了。

从城市南郊的文化医院到市中心的广场,这次游行持续了三个多小时。胡安和我像久未谋面的老友一样,沿路不停地聊着。胡安告诉我,他是佐齐尔族人,全名叫胡安·卡洛斯·希门内斯·韦拉斯科。他出生于1985年,自幼生活在恰帕斯州潘特洛镇(Pantelhó)一个叫作圣卢西亚的村社。胡安的父亲马里亚诺有15个小孩,他是家里老大。由于小孩太多,家庭生活非常贫困。马里亚诺是一名幼儿园老师,也是一名坚定的革命者。他一直致力于改善底层印第安人的处境,并与剥削、镇压村民的村社酋长展开了激烈的斗争,因此多次被投入监狱。1994年萨帕塔运动爆发后,父亲离开家乡,参加了萨帕塔民族解放军,直到1998年才回到家里。此后却因为支持印第安人的立场被地方政府视为政治异见分子,没过多久又被投入监狱,几年后才被释放。特殊的家庭环境使胡安自幼就为家庭生活奔波,同时也激发了他改变命运的斗志。因为家里子女众多,父亲又经常被警察抓去监狱,作为长子的他承担起照顾母亲和弟弟妹妹的重任。幼年时,胡安一边在村里的小学上学,一边帮助母亲种植玉米、咖啡等农作物,同时承担着照顾弟弟妹妹的任务。此外,他亦承担了村社教堂的清洁工作,以此换取学费和生活费。小学毕业后,他孤身一人来到了圣城,一边打工一边学习,完成了初中和预科的学习。2006年,胡安考上了恰帕斯州最好的大学——恰帕斯自治大学。

收到录取通知那天,胡安非常激动。下班后的他决定犒劳自己。他走进了一家阿根廷牛排店,正准备坐下时,餐馆服务生竟然因为他腰间披着的佐齐尔传统的羊毛毯子而拒绝为他服务。"那是一种我无法忍受的侮辱,我离开那家餐厅,一个晚上都没有睡着,我决定反抗。"那次事件后,胡安意识到,虽然经历了几百年的融合,但印第安人仍然是墨西哥主流族群梅斯蒂索人歧视的对象。他决定改变这一切。于是,他开始读切·格瓦拉和马科斯,并将他们视为自己的偶像。进入大学后,他加入了恰帕斯自治大学的左翼政治组织恰帕斯大众农民阵线,发起了一系列反对歧视印第安族群的抗争运动。胡安的行为引起了学校的不满。在一次游行示威后,恰帕斯自治大学将他开除,这距离他入学不到半年。事后,胡安却了解到,这次事件中学校只开除了他一个人,其他组织没有受到任何影响。"因为我是印第安人,其他的成员是梅斯蒂索人。"开除事件使他更加深刻地认识到墨西哥社会中种族歧视的存在,也使他更加坚定了改变这一状况的决心。第二年,他报考了为印第安村社培养师资的拉赖思萨尔师范学校,最终被顺利录取。从师范学校毕业后,他被分配到恰帕斯远郊的奥蒂略·蒙塔尼奥小学任教。工作之余,他继续组织和参加政治组织,领导印第安人抗争运动。他还协助父亲,在圣城创立了自治社区。"墨西哥社会的种族歧视已经根深蒂固了,只有持续不断的抗争才能改变这一状况,或许你可以给我们讲讲中国人是怎样革命的。"在讲完自己的经历后,胡安意味深长地感叹道。

在街头发表演讲的胡安

游行结束时,胡安拍了拍我的肩膀,微笑着告诉我,"巴勃罗,你别担心,我已经知道你的情况了。我会如实和我的父亲汇报,尽力让你住进圣卢西亚自治社区的,你等着消息!"和胡安告别后的两个小时,胡安将我拉进了恰帕斯教师自治组织的WhatsApp群里。当我看到群里不断发布的各种会议安排、游行安排时,原本悬置的心顿时落下了。四天后,胡安给我打电话,他告诉我，社区委员会已经同意了我的申请，他们会在周日下午六点的社区例会上向社区民众介绍我，给我安排房子，让我做好准备。

马克思主义的中国同志

一想到即将开始正式的田野调查，真正住在一个没有华人的印第安社区，我的心情很是激动。冷静下来后，我却发现事情并没有我想象的那么简单。社区内的房子都是木制的，不少房子之间的木板有着很大的缝隙，一些房子甚至连门锁都是由铁丝随意扭合的。如果入住社区，我随身携带的护照、笔记本电脑这些重要的物件怎么保管？晚上睡觉的时候，万一门锁被人撬开，我的安全有保障吗？如果遇上大暴雨天，地势低洼的自治社区会不会被洪水淹没，如此之大的缝隙会不会让雨水洒进来？既然已经做好准备了，就不能退却。我安慰自己，不管怎么样，总先住一阵子再说吧。

下午5点，我到了圣卢西亚自治社区的大门口。胡安带我进了社区，让我把东西放在他母亲的家里。五点多的时候，社区的街道上已经稀稀拉拉地有了一些民众。大约五点半的时候，胡安拉着我往外走。他告诉我，社区的大会马上就要开始了，他的父亲马里亚诺要在会上将我介绍给社区民众，以便于我后期可以顺利地开展田野调查。我和胡安沿着门口的主干道一直走到社区管委会办公室附近的舞台处。此时,舞台的四周已经稀稀拉拉地聚集了差不多200位民众。不一会儿,一个个子不高、有些敦厚的中年男子走上了舞台,他手持话筒,大声喊叫着:

"同志们,会议开始了,请大家保持安静!"

胡安告诉我,这是他的父亲马里亚诺。在马里亚诺静音的手势下,大家很快安静了下来。马里亚诺如同长者一般,拿起了一本点名册。点到每个家庭的名字时,户主或是他们的配偶回答一声"到"。在马里亚诺的点名声中,400多户家庭差不多都到了。结束点名之后,马里亚诺介绍最近发生在社区的一些事情。其中包括下个月他要去墨西哥城参加一次农民组织举行的抗议游行。这不仅是为了自治社区的民众,更是为墨西哥印第安人的发声。这次行动需要社区居民的支持,建议大家根据家庭收入情况资助他此次的旅行开支。其次,最近有一些准军事组织①在恰帕斯州政府和地方政府的支持下,一直想破坏自治社

---

① 准军事团体(Paramilitarismo)是当地最为重要的非正式力量。殖民时代前,不少印第安村社就建有自己的武装力量。20世纪80年代起,随着农民破产的增多,大量失业的、无家可归的印第安人离开革命制度党控制的农民协会,他们组成拥有武器的准军事团体,以打家劫舍为生。最初,由于无法控制不断兴起的准军事团体,革命制度党控制下的恰帕斯地方政府力求通过依赖准军事团体,实现对印第安社会的管控。随着20世纪90年代恰帕斯印第安族群运动的大规模蔓延,革命制度党政府亦希望借助准军事团体的力量,平息包括萨帕塔运动在内的印第安族群运动。

区的安定。为了安全起见,他建议社区安全委员会增加对社区保安的投入,更好地保障社区的安全。第三,不少居民反映,他们晚上下班回到社区时,常常在社区的街道上遇到喝醉酒的居民,他们或是躺在街道上,或是做出一些匪夷所思的危险举动。他再次重申,社区不鼓励居民喝酒,饮酒要适量。一旦醉酒,居民们最好回到家里,不要给其他居民带来不便。最后,马里亚诺郑重其事地向社区居民介绍,他要将一位来自中国的马克思主义的同志介绍给大家,他是来自中国的巴勃罗,是一位从事人类学研究的学者,将在社区进行一段时间的田野调查,希望得到大家的支持。马里亚诺邀请我走上舞台,我紧张地有些不知所措。见到我有些尴尬,他微笑着问我:"不对同志们说几句吗?"我走上舞台,磕磕绊绊地回答着,"感谢大家的欢迎,我要在社区生活一段时间,希望能够得到大家的帮助!"我刚说完,胡安在下面呼应着:"让我们欢迎来自中国的马克思主义同志!"舞台下方响起了热烈的掌声。见到他们如此热情,我在心里暗自窃喜,在马里亚诺的支持下,至少我未来的田野应该不会再遇到太大的问题了吧。一想到这里,原本悬置的心稍微安定了些许。

会议结束后,马里亚诺和社区民众朝北走去。胡安告诉我,那是一周一次的祈祷,会有圣城教区的神父来主持。他现在要给我安排住处,不能带我过去。我和胡安走回他母亲的房子,在

社区大会上马里亚诺将我介绍给社区民众

拎上行李后,他将我拉到了对面的一间绿色小木屋处。

"这不是你的房子吗?"

"是啊,别的房子我不太放心,所以我将我自己的房子腾给你!"

"那你住哪里?"

"我住我女朋友家。"

胡安告诉我,因为紧邻社区土十道,就在他父母家的对面,他的房子是社区最为安全的住所,我也可以时不时地去他父母家吃饭。胡安的房子是简单的一室一厅。后面是一个简单的卧室,除了放置他的床外,还有几个书架,上面摆放着一些书本。

前侧的大厅放了一个老旧的电视和音响，对着正门的墙壁上，挂着切·格瓦拉的画像。胡安把我拉到了房子的后门处，他自豪地给我展示，他的卧室特意装了一个抽水马桶和淋浴室，这在条件简陋的自治社区是很难得的。不过，他也不无遗憾地表示，因为没有热水器，所以我只能用冷水淋浴。胡安把钥匙给了我。临走时，他跟我说着，"巴勃罗，别担心，虽然我的房子只是简陋的木板房和门锁，但这里却比圣城安全多了。在这里，你完全不用担心安全问题。"行李放置后，马里亚诺一家邀请我去他家吃晚餐。就这样，我开始了在自治社区的生活。

马里亚诺和圣卢西亚自治社区

我和胡安风尘仆仆地来到对面马里亚诺的家中，胡安的母亲正在做饭，胡安的十多个兄弟姐妹正在一旁打闹着。这时，马里亚诺突然给我打了电话，让我一个人去道路尽头的社区办公室，他有事情要找我。听了我们的对话，胡安也有些疑惑，他也不知道具体是什么事，但他让我不用担心。既然马里亚诺在大会上宣告让我入住社区，肯定不会赶我走的。办公室里，马里亚诺一脸严肃地让我坐下。他告诉我，虽然社区委员会允许我入驻自治社区，但是我必须遵守如下的规定，否则是会被赶出自治社区的。他拿出了一本笔记本，让我仔细听他的讲话：

第一,你不能酗酒、吸毒和盗窃。一旦有上述行为,你会立刻被驱逐;其次,社区委员会给你分配一间房子,你不需要缴纳房租,但需要按月支付25比索的治安维护费;第三,作为社区的一员,你必须无条件地参加社区内部每周二、四、日的大会和天主教弥撒,以及圣诞、新年的重大节庆和社区活动。在社区遭遇外来攻击时,你必须与社区成员一道参与到保护社区的斗争中。

我毫不犹豫地点头答应所有的规定。我告诉马里亚诺,胡安决定把他的房子让给我,我不需要社区委员会给我分配房子,但我仍然会每个月按时交纳25比索的治安维护费。马里亚诺微笑着点了点头。因为初入社区,我对社区的历史并不了解。最初的一两周里,除了参与社区的公共性事务外,我的主要精力都放在搜集整理社区的历史和马里亚诺的个人经历上,在对马里亚诺和他的家人以及社区民众的多次访谈中,我最终梳理出了马甲亚诺和自治社区的发展史。

马里亚诺1958年出生在恰帕斯州潘特洛市圣卢西亚村社的一个贫苦的印第安佐齐尔人家庭。他是家中长子,在他出生后,家里又陆续添了两个弟弟和一个妹妹。马里亚诺的童年生

每周日的社区弥撒

活并不幸福。当时,父亲只继承了祖父不到1公顷的土地,有限的土地根本无法供养庞大的家庭。另一方面,由于马里亚诺的头骨很大,明显有别于传统的印第安人,父亲对这个长子并不喜欢。艰苦的生活磨砺着他的性格,使他产生了改变命运的想法。他敏锐地意识到,在物质资源与社会资源匮乏的印第安乡村,只有读书才是唯一改变命运的办法。当时,卢西亚村社的天主教会办着一所学校,父亲却并不愿意为他支付学费。绝望之下,马里亚诺向教会学校的老师请求,以每天为学校打扫为条件,最终获取了免费学习的机会。完成小学学业后,马里亚诺离开了家乡,来到了高地城市圣城,一边学习,一边擦鞋和在餐馆打小工。靠着兼职的收入,马里亚诺最终完成了初中和预科的学习。20世纪80年代,为了弥补印第安地区的师资短缺,恰帕斯州政府鼓励预科毕业的印第安学生回乡从事教育工作。在这一政策的惠及下,完成预科学习的马里亚诺成为了一名幼儿园教师。

尽管有了稳定的工作和固定的收入,回乡从教的马里亚诺面对的却是依旧贫困、凋敝的印第安农村。年轻的马里亚诺喜欢去学生家里家访,一些学生家庭的贫困程度让他触目惊心。印第安村社的贫困与圣城的富庶形成了鲜明的对比。为什么印第安人辛辛苦苦工作却依然食不果腹、衣不遮体,而城里的人们不用工作却过着锦衣玉食的生活？年轻的马里亚诺困惑不已,他迫切地希望通过自己的斗争,改变印第安社会的贫穷面貌。促使他直接行动的导火索是当时圣卢西亚村社酋长的暴行。

殖民时代以前的印第安农村,统治村社的酋长是本土社会的宗教精英。当殖民者的天主教士进入印第安村社后,在其宗教同化的政策下,印第安村社的酋长转变为村社天主教的主教,在管理村社的同时,亦承担着组织祈祷、弥撒等宗教活动的义务。在墨西哥现代民族国家建立后很长的一段时间里,国家权威并没有有效地控制这些偏远的印第安乡村,这些村社也大多处于酋长领导下的自治状态。随着墨西哥大革命后现代政体的确立，为了获取民众的支持，作为执政党的革命制度党开始逐渐深入印第安乡村。从20世纪60年代开始，革命制度党开始在圣卢西亚村社活动，而村社的酋长也成为革命制度党村社的代理人。在国家权力与政党权威的支持下，圣卢西亚村社的酋长变得肆无忌惮。他不仅巧取豪夺，甚至村社的天主教活动也成为他谋取利益的工具。酋长利用弥撒的机会，强迫村民去其开设的小店以高额的价格购买蜡烛、可乐、柏树枝等宗教物品。一旦有人反抗，酋长就会动用武装力量将其投入监狱。

酋长的暴行引起了马里亚诺的思考。他意识到，革命制度党和政府的贪得无厌与腐败是造成印第安村社贫困的重要原因。20世纪80年代后，他率领村社民众拒绝参加天主教的弥撒活动，以此来反抗酋长的暴行。马里亚诺的反抗遭到了酋长的残酷镇压，他曾多次被酋长投入监狱。屡次斗争的失败使马里亚诺清楚地意识到，改变印第安与墨西哥社会需要长期、持久的斗争。因此，尽管遭遇酋长的残酷镇压，一旦出狱，马里亚诺便又会立刻投入到反抗酋长的斗争中。

20世纪80年代末至90年代，在新自由主义政策的影响下，圣卢西亚村社村民们赖以依存的咖啡价格从1990年的46比索/公斤降低到1994年的6比索/公斤。咖啡、玉米和香蕉价格大跌的同时，其他生活用品的价格却在持续上涨，村社民众的生活难以为继。在这一背景下，马里亚诺多次向恰帕斯州政府的议员上书，要求政府或者禁止从美国、加拿大进口农产品，或者提高国外农产品的关税，对印第安农民施以补贴。马里亚诺的请求并没有得到任何回应。

1994年1月1日，恰帕斯州的印第安人在白人将领马科斯的带领下，发动了轰动全球的"萨帕塔起义"。印第安人发表了举世闻名的《第一丛林宣言》，这篇宣言清算了自殖民时代以来，殖民体系以及当前新自由主义经济政策对于印第安人的迫害。同殖民政策一样，新自由主义给印第安人带来的是经济的贫穷、文化的隔离、尊严的丧失和种族的灭绝。"我们再也没有任何可以失去的了。"深受殖民主义和新自由主义毒害的印第安民众发出了"我们受够了"的呼声。"只有斗争，只有持续不断的斗争才能建立一个民主、平等的社会。"萨帕塔民族解放军占领了包括圣城在内的恰帕斯州内的多个城镇，要求墨西哥政府改变现有的新自由主义经济政策，在提高印第安人收入的同时，捍卫印第安人的合法权益，实现印第安社会政治、经济和文化的协调发展。1996年，在与政府和谈破裂后，萨帕塔民族解放军占领了恰帕斯丛林地区的多个村镇，并建立了与政府隔离的、绝对自治的萨帕塔民族解放区。

萨帕塔起义和《丛林第一宣言》的发表让马里亚诺很是触动。他意识到，印第安人的现状不仅是墨西哥政府与革命制度党造成的结果，更与全球不平等的经济秩序有着密切的关系。在萨帕塔运动鼓舞下，年轻的马里亚诺加入了萨帕塔民族解放军，凭借出色的政治头脑，他成为萨帕塔解放区内基层村社的主席。马里亚诺管辖的村社组织村民们集体生产劳作，建立了为社区民众提供医疗保障的传统医学小组，同时在社区开展了禁毒运动。

尽管社区建设取得了一定的成效，但在萨帕塔民族解放自治区的见闻却让他对自治区的理念产生了怀疑。一方面，白人将领马科斯是萨帕塔民族解放自治区的统帅，但他并没有足够的精力管辖解放区内的所有村社。在基层村社里，村民们面对的是上级指派的村社主席。由于马科斯无法深入所有村社，部分缺少监控的村社主席利用职位谋取利益，甚至有枪杀无辜村民的现象；其次，由于推行极端的自治政策，除了部分非政府组织外，自治社区切断了与外部的所有联系，由此导致了社区内医疗、教育资源的不足，部分居民更是因此丧生。

《丛林第一宣言》让我明白印第安社会出现问题的原因，让我知道新自由主义是一套不平等的体系。萨帕民族解放区给我们带来了建立一个相对民主、平等的社会的希望。但是村社的主席却胡作非为,村社民众的生存也无法保障。很难让人相信这就是印第安人向往的社会。

1998年末,怀着对萨帕塔民族解放区的深深失望,马里亚诺离开了自治区,重新回到了卢西亚村社。虽然如此,马里亚诺却并没有动摇其反对新自由主义的左翼立场。

我们没有享受到国家与经济发展的任何便利,在墨西哥建国200年的现在,我们仍然住在破旧的房子里,甚至连基本的生活物资都无法保障。

只有秉持左翼立场,坚定不移地反对新自由主义,并对底层的、弱势的印第安民众施以持续不断的关注,才能帮助印第安人走出困境,也才能帮助墨西哥走出依附体系的阴影。如何才能实现这一目标?马里亚诺自己也没有答案。重新回到村社的马里亚诺加入了左翼政党民主革命党(PRD),希望借此继续组织民众开展政治斗争。然而,卢西亚村社的酋长联合革命制度党以马里亚诺参与过萨帕塔起义军为由将其投入监狱,直至2000年才将其释放。出于对自身安全的考虑,出狱后的马里亚诺与

200多位民众从圣卢西亚村社撤离,来到了圣城。在圣城定居后,马里亚诺加入了当地政治组织公民协会独立组织联盟,并成为这一组织高地地区的负责人。此后,他率领印第安民众组织了多项政治斗争,其中以"占领北部市场"影响最大。

北部市场是恰帕斯州政府2009年在圣城兴建的一项开发工程。北部市场占地面积7公顷,2009年动工兴建,2011年建设完成。当时,恰帕斯州政府准备利用圣城城市北郊的土地兴建一座现代商贸物流中心。在市场修建过程中,恰帕斯州政府驱赶了部分居住在此但并没有合法土地手续的印第安人。市场修建完毕后,这部分无家可归的印第安人请求在市场内摆摊,恰帕斯州政府驳回了印第安人的这一请求。在这一背景下,马里亚诺率领数百名印第安人,发起了"占领北部市场"的运动,封锁了进出市场的各个路口。最终,政府部门在原有的市场的基础上,兴建了2000个临时摊位,免费给印第安人使用。

随着新自由主义渗透下印第安农村经济的持续萧条,越来越多的印第安人离开农村,在圣城打零工为生。缺少技能的印第安人只能以在城市里擦鞋、打小工为生。由于收入太低,房租价格太贵,他们根本无法购买土地、置办房产,只能在城市外围的空地搭设简易棚户。随着农村经济的越发萧条和持续不断的宗教纷争,圣城郊外印第安棚户区的规模越来越大,印第安人的发展问题也越来越突出。

2009年,马里亚诺发现圣城城市外围有一片闲置的空地。这片空地原属墨西哥国立印第安研究所所有,是研究所帮助印第安人发展经济、传承文化和开展技术培训的场所。1994年,萨帕塔民族解放军曾占领了这片土地。1999年,萨帕塔武装力量撤离圣城后,这片2.5公顷的土地一直处于荒废的状态。对于斗争中的马里亚诺而言,这片空余的土地有着重要的意义。一方面,这块土地可以给无家可归的印第安人提供安身之所;在经历了一系列波折后,雄心勃勃的马里亚诺打算以此为基础,在圣城郊区建立一个印第安社区,探索适宜于印第安社会的发展之路。在马里亚诺的心中,成长的故土圣卢西亚是一个回不去的家园,马里亚诺希望通过自己的努力,再造一个属于印第安人新的家园。因此,他将这片土地命名为"圣卢西亚"社区。

2009年3月,马里亚诺率领600多户、2000多名印第安民众占领了这片土地,开始了印第安自治社区的建设。当时的行动,除了公民协会独立组织联盟,还得到了恰帕斯高地地区独立委员会、恰帕斯高地地区独立组织和独立组织三个印第安人抗争组织的支持。然而,当时恰帕斯州政府准备引入资本,在此建设一个大型的超市。政府派出的工作人员买通了另外三个组织的领袖,承诺印第安人搬离后会给予他们土地。三个月后,在政府军队的驱逐下,马里亚诺和社区民众被迫离开了自治社区。此后,政府一直没有兑现给印第安人分配土地的承诺。

2012年6月17日,在农民运动组织的支持下,马里亚诺再次率领1000多名印第安民众在此占领了这片土地。持续的占领激起了州、市两级政府的不满,2013年1月3日,州政府派出警察打伤自治社区的成员,抓走了马里亚诺。一部分民众出于安全的考量,离开了自治社区。胡安和弟弟卢西奥不畏强权,他们奔走呼号,联系恰帕斯境内多个人权组织,发起了多次声援马里亚诺的游行,最终迫使政府于当年的8月18日释放了马里亚诺。正是由于这些人权组织的帮助,如今,各级政府不敢明目张胆地发动清除行动,圣卢西亚自治社区能够继续存在着。

由于提供免费的土地,自治社区吸引了大量无家可归的印第安民众。自治社区委员会提供的数据显示,圣卢西亚自治社区登记在册的居民共有439户,1642人。这样一个规模庞大的社区,均由民众自发形成的自治组织管理着。自治社区的主席是马里亚诺担任,下面设有四个席位的社区委员会,成员包括马里亚诺、马里亚诺的两个儿子胡安、卢西奥和另一名也叫胡安的教师。社区委员会总体维护社区的秩序,负责社区的土地分配、街道修建和卫生、安全等事宜。社区委员会下设节日委员会和安全委员会，每个委员会均有16个成员，全部由社区民众以家庭为单位轮流担任。节日委员会主要负责每周一次的弥撒，为圣诞、新年、瓜达卢佩圣诞等节日时的集体聚会提供饮食、器具等各种服务。安全委员会以四人为一组，以周为单位轮换，负责自治社区的安全工作。每天晚上5点30分至9点30分，安全委员会必须在社区内巡逻，其他时间主要在社区门口驻守，禁止其他闲杂人等进入社区。由于安全委员会需要脱产，社区每月会从各个家户中收取25比索的治安费，补贴给安全委员会的成员。通常来说，每个家户可以根据自己的情况，选择参加节日委员会和安全委员会中的一个即可。在这两个组织之外，自治社区的每个成员还有义务参与社区的各项集体活动，在社区遭到攻击时保护社区。

胡安告诫我，虽然表面上看来自治社区形势很好，人人热衷于社区公益，但却潜藏着各种危险。由于没有得到政府的承认，联邦、州和市政府一直想将自治社区的民众赶离，虽然因为人权组织的压力，他们不敢贸然行动，但是他们却暗中买通了一些人，让他们以无家可归的印第安人身份入住自治社区，在将自治社区的情报传送给政府的同时，发起一系列破坏行动。正是因为这一原因，社区委员会一直不敢接受我的申请。他也提醒我，一旦发现身边的可疑人员，要立刻上报给社区委员会。

萨帕塔

马里亚诺和胡安都谈到萨帕塔运动对他们的巨大影响。正是萨帕塔运动的爆发，促使了印第安人的觉醒，激发了他们对全球化和墨西哥政府的反抗。萨帕塔自治区的持续存在，掀起了恰帕斯州内印第安自治运动的浪潮。但他们也强调当前的萨帕塔自治区存在着不少的问题，导致部分印第安民众从中逃离。除了马里亚诺以外，自治社区有数百名和他有着类似经历的民众，何塞就是其中一位。

何塞是除了马里亚诺一家外，我在自治社区结识较早的居民。在我入住社区后的第二天，何塞就找到了我。得知我是来自中国的社会主义兄弟，他很是激动。在萨帕塔自治社区的生活经历让他并不愉快，他迫切地希望通过我，了解中国共产党领导贫困人民革命的历史，看看革命后的中国人究竟是什么样子。正是通过他，我对萨帕塔自治区内普通民众的日常生活有了更为深刻的认知，对萨帕塔自治区有了更为感性的认知。

何塞出生在恰帕斯奥科辛戈郊外的一个策尔塔尔村社，家里一共有着五个兄弟姐妹。何塞所在村社，每户人家只分到0.5公顷的土地。因为土地缺乏，何塞一家以给村里庄园主塞萨尔打工为生。塞萨尔是一位有着50公顷农场的庄园主，庄园里种着咖啡、大豆和香蕉,农作全靠印第安苦力完成。萨塞尔是一个有着强烈的种族主义思想的梅斯蒂索人,他总是想方设法地侮辱何塞一家。当何塞一家走在路上和他碰面时,他不仅不会和他们打招呼,反而会拿起马鞭,驱赶他们。在何塞刚满20岁的一天,忙碌完工作的他正在庄园里吃着午餐,萨塞尔突然走了过来,和几个朋友把他死死按住,往何塞眼睛里灌柠檬水。更多的时候,塞萨尔会无缘无故地拿起马鞭,直接抽打何塞。当时,无论是在奥科辛戈,还是在圣城,对于印第安人的歧视、侮辱是普遍存在的现象。因为家境贫寒,虽然遭遇各种侮辱,何塞只能选择继续在塞萨尔的农场工作。

何塞仍然保留着的萨帕塔军帽

虽然没有能力反抗，但何塞对这种贫穷、充满歧视的生活早已厌倦，他在等待一个反抗的时机。1994年1月1日，马科斯率领印第安人发起萨帕塔运动。得知消息后，他和哥哥第一时间赶到了圣城，加入了马科斯领导的萨帕塔民族解放军。在占领圣城的数十天里，他听了马科斯组织的演讲。马科斯宣称能够给贫穷的印第安人带来土地，让他们过上有尊严的生活，这让何塞和他的哥哥很是激动。他和哥哥趁着起义的间隙回了村子，动员他们的三个兄弟一起加入萨帕塔民族解放军。然而，三个兄弟都是虔诚的福音派信徒，认为加入抗争的萨帕塔民族解放军是对教义思想的违背。何塞和他的哥哥离开了奥科辛戈的农村，随着大部队在一个名为圣何塞的村子里安顿了下来。没过多久，传来了政府和萨帕塔民族军和谈破裂的消息。尤其是在政府派出的准军事组织屠杀支持萨帕塔的无辜村民事件发生后，萨帕塔和政府之间的关系彻底中断了。马科斯宣布萨帕塔占领的村社为自治区，并用铁丝网将其与政府控制的区域隔离开来。何塞一再强调，虽然与政府控制区隔离，但是萨帕塔谋求的是自治，并非是对于国家的分裂与反叛，他们要求的只是一个更为公正的社会。

在马科斯宣布自治以后，圣何塞迅速建立了自己的政权机构。萨帕塔自治区的政府结构和联邦政府较为相似，也是采用科层制的模式。最基层的是村社委员会,上面有市镇政府,最上层是萨帕塔的中央政府。中央政府是马科斯领导的"美好政府"委员会,市镇和社区的政府也被称为"美好政府"委员会。因为身处底层,何塞很少有机会接触中央的"美好政府",他只知道市镇的美好政府一般有五名左右的工作人员,基层的村社政府通常有七八位工作人员。在他所处的镇,一共有 30 多个基层村社。按照萨帕塔的管理规定,不同层级的政府的工作人员并非固定的,而是按照一定的年限在不同的地方轮岗,原因是为了避免权力的固化。

基层的"美好政府"给每户家庭分配了土地,何塞分配到了 2 公顷的土地,他在这片土地上种植咖啡、大豆和玉米,也养殖了一些鸡。自治社区主张互帮互助,农忙时节,每个社区都会抽调 2—3 名的劳动力,利用作物成熟的时间差去临近的社区帮助那些劳力缺乏的家庭。当社区的农作物收获时,其他社区也会派人前来帮助。因为没有成家,何塞经常外出帮助其他村民。正是在外出互助的途中,他结识了妻子。此后,妻子搬到了他所在的村社,和他一起安定了下来。他们修建了房子,养殖了猪、鸡等家禽家畜,地里也种满了各种农作物。"我们劳动的所有收获都归我们自己所有,我们不需要给地主上缴任何东西,那是我最幸福的一段日子,我觉得自己想要的平等生活就是这样。"何塞对成家之后的那段日子很是满足。

劳作之外，自治社区中最大的任务就是政治思想的学习。基层的自治社区每个月都会安排15天左右的集体政治学习。学习时间从早上9点至11点，学习的内容主要包括萨帕塔关于印第安人诉求的基本理念和对未来生活理想的介绍，同时也会介绍一些马克思主义和社会主义思想的基本内容。当然，这样的学习安排只是在农闲时才有，农忙时的政治学习多以广播的形式进行。

萨帕塔自治区的最大特点在于封闭式管理。为了防止政府部门的破坏，自治区与政府控制的区域用铁丝网隔离。自治区内的居民不能随意出入，外界的民众不允许进入。此外，萨帕塔自治政府拒绝墨西哥政府的任何援助，只有少数几家非政府组织能够进入其中，开展社会援助服务，自治区的物资是非常贫乏的。自治社区里，最为基本的经济形态是物物交换。比如，何塞家里一般会养着10只鸡，但全家吃不完这么多的鸡肉。当他家缺少咖啡的时候，他就将家里的鸡拿到村里的集市，跟出售多余咖啡的同伴们交换。当然，诸如新型电器这类自治社区没有的物品，每个村社都会有人去政府控制的区域内购买，再弄到自治社区内销售。这些物品通常只能用比索来购买，只有经过多次物物交换，才能最终换到足够的比索。

除了物资匮乏外，自治社区面临的比较突出的问题是教育和医疗资源短缺。在何塞居住的村社，没有正规的医院，只有一名印第安传统医师。何塞和妻子一共生下了八个孩子，两个孩子因为生病没有得到有效的救治最终死亡。此外，虽然自治社区都建立了学校，师资却依靠外来的国际志愿者。在圣何塞，由于没有国际志愿者前来教学，学校一直荒废着。何塞的六个孩子都没有接受任何正式的教育，甚至连自己的名字都不会写。

何塞的子女在家门口玩耍

何塞的讲述让我一度认为是物资短缺、教育和医疗资源的缺乏使他最终离开了萨帕塔。何塞却告诉我，他在意的并非于此。虽然萨帕塔自治区并没有彻底改变印第安人贫穷、落后的面貌，那里的生活也并不尽如人意，但他却依然喜欢在那里生活。因为在那里，何塞第一次拥有了自己的土地，所有的人们都称呼彼此为"同志"，大家因为一个美好的社会理想而团结在一起。印第安人再也不是受侮辱的存在，而是真正成为生活在这片土地上的主人。何塞承认，圣何塞离政府控制的区域并不算远，从萨帕塔自治区正式成立之日起，墨西哥政府一直在萨帕塔自治区相邻的区域投入了大量的资金，鼓励、吸引印第安民众离开自治区，承诺给予他们土地和资金支持。虽然周边不断有人鼓动他离开，但他一直不为所动，始终坚持在自治社区生活。

真正促使何塞离开萨帕塔自治区的是一次其他社区领导的来访。在萨帕塔自治区，不同社区经常因为劳动互换、交流思想而相互造访。2009年的一天，临近的一个社区要来造访圣何塞，社区委员会让他和妻子接待前来造访的其他村社的领导。他和妻子一大早起来，做了玉米卷饼、大豆饭，还杀了一只鸡。晚餐的时候，客人们居然抱怨他准备的饭菜不够丰盛。其中的一位领导人竟然在饮酒后想强暴他的妻子和女儿，这让何塞十分愤怒。他向社区政府反映，一周之后也没有得到他们的答复。基层社区的态度让他很是失望，他产生了离开自治社区的念头。何塞说，萨帕塔自治社区并不允许私自离开。为了安全起见，半个月后的一个深夜里,何塞带着全家悄悄离开了生活了15年的村子。

在圣城,我曾遇到不少和何塞有着类似经历的民众。他们对萨帕塔很是失望,不少民众更是因此直接称呼马科斯是骗子。然而,何塞却始终认为马科斯是一个好人,马科斯一直想改变印第安人的处境,为印第安人服务。只是因为整个萨帕塔自治区太大了,马科斯不可能一人管理整个自治区。据说如今的马科斯,居住在奥科辛戈附近一个名为拉加鲁查的村子里。他已经非常年长了,很多事情不可能亲自处理,他必须依赖自治社区的干部。自治社区的干部并非都是像他一般的好人,很多干部只是平凡的人。如果运气好,遇到的基层社区领导有着较高的觉悟,那么民众们自然相安无事。如果像他一样,遇到不好的领导,那也只能自认倒霉。在离开萨帕塔以后,何塞的观点也发生了一些变化。他觉得如今已经是21世纪了,而萨帕塔自治区的民众却还过着缺少医疗、教育的日子,这显然是不对的。"印第安人固然需要平等和尊严,但这并不成为我们拒绝社会、拒绝世界的理由。"

离开萨帕塔后,何塞带着全家来到了圣城生活。如今,何塞是一名泥瓦工,每天能够挣到140比索左右的收入。这个收入足以养活一家人。虽然物质上得到了满足,但何塞仍然感受到这个社会对印第安人的敌视和歧视。所以，当圣卢西亚自治社区建立以后，何塞搬进了自治社区，和自治社区的同仁们一道，希望通过斗争，改变印第安人的处境，让墨西哥更加美好。

在一次和玛利亚教授的聊天中，我将何塞的故事告诉了她。见我对萨帕塔自治有着如此的兴趣，一直从事萨帕塔自治教育实践研究的她第一次将我带进了萨帕塔自治区。没进入自治社区之前，玛利亚谨慎地嘱咐我，我能够尽可能地观察，也可以拍照，拍照之前也一定要询问对方是否同意。第二天一大早，玛利亚就开着车，到了自治社区的大门口接我，我们一起前往奥科辛戈附近的萨帕塔自治区。由于道路坑坑洼洼，差不多四个小时后，我们还在路上行驶着。当我们经过奥科辛戈后，玛利亚驶入一条窄窄的乡村道路。曲曲折折的山路很是陡峭，在一个巨大的上坡湾道后，我看到了一大片铁丝网。铁丝网上写着"萨帕塔自治区"的标识，不远处的一个铁丝网上，写着"注意！这间学校是人们自治管理，谁都不能阻止"和"包括女性的所有人都应该接受教育"的标语。这样的语言虽然生硬，却显示出萨帕塔自治下的印第安人追求公正的诉求。

下车后，村里的人像熟人见面一样和玛利亚打着招呼。玛利亚微笑着带着我，走进了一片建有很多栋低矮木房屋的区域，这就是当地印第安自治社区的学校了。我们走进一间教室，一位年轻的老师正领着学生跪在地上,地板上铺满了松树枝。他们面前的四方,摆放着红、紫、黄、白四种玉米,每个方向插着一支蜡烛,中间的交汇处插着两支蜡烛。原来,年轻的老师正向学生们讲授着不同颜色的玉米在召唤亡灵时的象征意义。学生们七嘴八舌地提着各种问题。教室外面突然传来一阵鼓掌声,我走出教室,才发现一个瘦小的儿童正努力地攀登着一棵树。围观的师生们不断地鼓掌,他终于爬了上去。一旁的老师发现了我这个陌生的面孔,他微笑着告诉我他们在上体育课,爬树是这个月课程训练的重要内容。不远处的草地上,十多位学生围坐在老师的面前,每个人的手上拿着一张纸板。老师让他们回忆自己养鸡的经历,绘制一幅鸡和鸡蛋关系的图画。不一会儿,老师离去,十多个学生们凑在一起讨论。二十分钟后,一幅简单的图画出来了。学生们绘制的五幅图描绘了从鸡蛋到成熟的鸡的全部过程。每幅图配上了说明,分别是鸡蛋、孵化、三个月的幼鸡、它们跟随母鸡四处觅食、它们食用玉米和其他食物、这些鸡可以被食用、出售或者是换取其他物品等。

玛利亚邀请了学校的校长,他向我讲述了社区学校的教育理念与实践。从1998年开始,萨帕塔自治区内的学校就实行一项名为"太阳种子"的教育计划。这一计划不仅在于培养学生掌握现代社会应有的技能,也强调他们对本族群文化的传承与发展。"太阳种子"的教育计划充分发挥了社区的能动性,主张教育志愿者、社区精英和基层政府人员共同参与教学计划的制定。这一教育计划按照年龄不同,将学生们分为低、中、高三个层次。每个层次有着不同的教育目标。大致上来说,低层次的学生注重培养描述与表达的能力,中层次的学生注重培养他们认识本民族和墨西哥文化与社会的现状并传承其文化的能力,高层次的学生主要培养其与外部世界沟通,发出印第安社会呼声的能力。每个层次的学生都必须学习语言、数学、我们的土地、世界与社区的历史、自治社区建设、体育和社区劳动等多门课程。其中,语言课程以土著语言为主,辅助西班牙语教学。数学课程主要立足于印第安人生活实践,从简单的印第安人人口统计开始,一直学习到土地测量与资源开采过程中的数字计算。"我们的土地"通过对印第安人开发自然的历史学习,普及节约土地、保护环境的理念,传承本土印第安人自然主义的文化理念,促进人与自然和谐关系的形成。"世界与社区的历史"主要从世界文明的视角对印第安文化的形成与发展进行学习,在培育学生对族群文化的认知同时,亦对世界形势下印第安人的处境问题进行讲述。自治社区建设主要通过对社区自治活动的模拟与参与,培育学生参与社区自治的能力。体育通过对足球等体育活动的学习与开展,锻炼学生们的体魄。社区劳动主要是对传统生产技艺的传承,通过对现代科技的介绍,普及与推广现代农业技术。

校长的介绍不禁让我想起半年前造访锡纳坎坦加米奥小学的情形。虽然一个是完全自治的教育,一个是国家管辖下的学校,两者都非常重视对于印第安文化和生存技能的培养。这反映出这样一个事实,虽然遭遇全球化和现代化的冲击,这却在更大程度上激发了印第安民众传承民族文化的自觉。下午三点多,自治社区的领导人为我们准备了一顿午饭。玛利亚、我和四位社区领导人坐在了一起。饭前,玛利亚微笑着对我说:"巴勃罗,有什么问题尽管问吧。"

初来乍到,我并不敢直接提一些尖锐的问题,在感谢完社区领导的接待后,我委婉地问起,是不是每个社区都有这样能够运转的学校。一位领导告诉我,从1997年开始,每个自治社区都有自己的学校。过去,萨帕塔自治区内的大部分教师都是国际志愿者,不排除在一些偏远的村庄存在着教师资源短缺的问题。如今,萨帕塔自治区内的民众都是热爱本族群文化的人,即使没有国际志愿者的帮助,他们也会自发组织教师队伍,弥补教师短缺的问题。谈论到社区的医疗条件,他们并不避讳,直言大部分萨帕塔自治区都存在着医生资源不足、医疗器具短缺的问题。目前,地方社区也试图通过对本土医学的发展与培养,缓解这一问题。然而，仅靠这些方面的努力是不够的，自治社区也在最大限度地接受非政府组织的医疗援助。见到他们如此坦诚，我也不再避讳，直接问起了何塞所言的基层政府权力滥用的问题。他们承认，部分萨帕塔自治区内确实存在基层政府混乱的问题，但他们通过轮岗和社区民众参与治理、领导等方式，尽可能地消除权力结构的异化，真正实现"以对被领导者的服从实现领导"。此外，萨帕塔力求通过思想教育，改造、感化这部分人员。作为一个历史性的遗留问题，这一问题的解决需要足够的时间。

因为时间太过短暂，我并没有真正意义上在萨帕塔社区进行长期深入的田野，也无法逐一验证何塞、马里亚诺等人所说的真假。从社区领导人的表态中，可能萨帕塔确实存在着领导人与社区民众距离遥远、生存物资难以保障等问题，基层民主权力的落实也与其宣称的理念存在着一定的距离。但却不能因此否定萨帕塔运动的意义。正是萨帕塔运动者的振臂一呼，撕开了资本主义的裂缝，同样，在萨帕塔运动的鼓舞下，越来越多的人如圣卢西亚自治社区的印第安民众一样，以一种自发的方式投入到变革墨西哥社会的实践中。

接连被驱逐

从萨帕塔自治社区回来后，我开始挨家挨户地对自治社区的居民进行访谈。我需要详细了解他们的家庭状况，对他们的家庭结构、经济情况等做一个细致的访谈，希望听到他们对自治社区的真实评价。我也希望了解究竟是什么原因让他们离开农村，来到圣城。更为重要的是，挨家挨户的访谈能让我迅速和社区的居民们熟识，这对我后期田野的深入有着很大的帮助。自治社区的规模实在太大了，400多户分为南北中三个片区。许多家庭早上10点起床后就外出务工，直到很晚才回来。一些家庭只会说佐齐尔语或是策尔塔尔语，这更增加了我访谈的难度。最初，我一天只能访谈四到五户家庭。直到10多天后，在胡安的帮助下，我提前一天预约访谈对象，访谈速度才慢慢提升。

正在准备晚饭的妈妈

一天晚上，结束完访谈的我饥肠辘辘地回到了马里亚诺的家中，妈妈正在准备晚饭，我无聊地和马里亚诺的小儿子达尼有一句没一句地交谈着。不一会儿，马里亚诺怒气冲冲地走了进来，他冷冰冰地跟我说，"巴勃罗，你和我来办公室一趟，我有事找你！"马里亚诺的态度让我很是意外，我不知道究竟发生了什么事情，惴惴不安地跟着他来到了自治社区的管委会。

"巴勃罗，你是不是询问他们对自治社区有什么不满？是不是有人和你控诉我贪污？你调查这些问题的意图究竟是什么？"

出乎意料的是，还没等我坐下，马里亚诺便怒气冲冲地询问我。

我一下子反应过来，是我的调查与询问惹得马里亚诺不快。在刚刚过去的一周里，我挨家挨户的访问，其中一个很重要的问题是关于家庭经济状况。不少居民告诉我，这些年来，他们种植的咖啡、香蕉和玉米的价格都出现了大幅度下降，他们的确是因为入不敷出才不得已离开农村，来到圣城等城市生活。因为旅游业的发展，圣城房租价格飞涨，他们有限的收入无法支付高昂的房租。当马里亚诺宣布免费分配土地时，他们纷纷搬进了圣卢西亚自治社区。在入驻圣卢西亚自治社区的第一天，马里亚诺就告诉我，我需要每个月支付 25 比索的治安维护费。虽然这笔钱并不多，但到每个家户时，我很自然地问起他们的收入能否支付起这笔费用。大部分民众的回复是积极的。他们告诉我，虽然他们的收入不高，但是这笔钱并不多，他们完全能够应付。一些居民提到了另一个问题，即在这笔治安维护费之外，他们还要承担其他额外的开支。提及较多的是马里亚诺参与大众农民阵线安排的前往墨西哥城和其他城市的游行示威，这些开支都是由社区居民资助。这样的活动差不多一个月一次，每次每户的捐赠至少都在150比索以上。最近的一次，马里亚诺和他的儿子卢西奥前往墨西哥城游行，竟然要求每户捐赠200比索。每个家庭都会碍于马里亚诺的威望不得已捐款。粗略算一下，即便是按照每户200比索的标准，自治社区400多户，算下来也是80000比索。马里亚诺和卢西奥去墨西哥城，哪怕坐飞机，住最好的旅馆，也花不了这么多钱。然而，这些捐款的去向，马里亚诺从来没有公开过。另外，还有一位住户在访谈时告诉我马里亚诺并非他所声称的那样向所有无家可归的印第安人免费提供土地，她得以入住圣卢西亚自治社区，是花了1000比索的进入费。她明确地表示，这1000比索的入场费进了马里亚诺个人的腰包，并非是给社区的公益性捐款。当然，这只是她一个人的说辞，其他居民并没有跟我提起这一情况。

我询问过胡安，他承认这些问题都是真的。他的父亲虽然是一名幼儿园老师，但却只接受过高中教育，并没有太多的思想觉悟。另外，父亲有过一段非常贫困的童年生活经历，他对金钱看得比较重。作为一名有着明确政治思想的革命者，胡安坚决反对父亲、兄弟和其他社区领导人贪污腐败的行为。他曾数次建议父亲不要收取村民们的资助，将入场费退给居民。父亲不为所动，甚至还与他发生了争执。他无奈地说到，老一辈领导思想的转换需要时间。他会一直坚持下去，直到父亲真正改变。

除了胡安以外，我没有和其他人说过这一情况。唯一可能的是，因为我们的访谈大多数在门口进行，路过的民众不时前来插话。我猜想可能是路过的民众将访谈的内容告诉给了马里亚诺，惹得他大怒。对于马里亚诺的厉声斥责，并没有太多的时间给我思考如何应对，我唯唯诺诺地向他解释，

我并非有意冒犯，只是想了解社区民众的经济状况。哪怕偶尔有居民提及这些问题，也并非是对您不满。哪怕我听到了一些不一样的看法，我对您仍然充满着敬意。

我的致歉并没有获得马里亚诺的原谅，他依然骂骂咧咧。他甚至开始问我，是不是敌人派我来搜集社区的情报，挑起民众对他的不满，进而危及社区的统治。对于马里亚诺的质问，我有一种匪夷所思的感觉。我一遍一遍地向他解释着，我无意冒犯，

我可以以我党员的身份保证,我没有任何政治意图。半个多小时后,直到我承诺以后不再触及此类问题,马里亚诺才终于安静了下来,他让我回家吃饭,他在办公室处理一些事情。

马里亚诺的反应让我对未来的日子充满了担忧。从办公室出来后,我回到了卧室,收拾了一些东西,做好了离开这里的准备。饥肠辘辘的我来到妈妈的家吃晚饭。奇怪的是,与在办公室的紧张氛围不同,饭桌上的马里亚诺全然没有之前的愤怒。他和颜悦色地让我坐下,妈妈给我盛了豆子饭。饭桌上的我诚惶诚恐,一改之前的大大咧咧。胡安朝我使了好几个眼色,我也不敢回应。或许是见我太过紧张,在我吃饭完毕,准备离开时,马里亚诺突然拉着我:

"巴勃罗,不要再有下一次了!"

原本悬着的心终于放下了。至少,马里亚诺这一次不会驱逐我了,我可以在这里继续待下去了。这一次的经历也给我敲了警钟,以后的田野中,哪怕再有民众提及类似的话题,我也只能听听罢了,不能深究。十点多的时候,我正准备洗漱睡下,胡安来敲我的门,约我去社区对面桥头的酒吧里喝酒。在酒吧里,我和他讲述了今天的遭遇。胡安再次表达了对于父亲的不满。他告诉我,这样的事情他遭遇过很多次。因为劝诫父亲不要收受居民的其他费用,他和父亲发生了多次冲突。虽然每次父亲都很愤怒,但几天过去就没事了,我大可不必为此过分担忧。胡安劝解我要理解他的父亲。马里亚诺之所以表现得如此激烈,这与他此前的遭遇有很大的关系。在第一次占领这片土地建立自治社区时,除了马里亚诺领导的大众农民阵线外,还有其他三个组织。但恰帕斯州政府通过各种手段,最终诱导其他三个组织的领导,使他们私底下接受了政府的安排,同意从自治社区中撤离。此外,他们不断在社区中诱导民众,以马里亚诺贪污为借口,动员民众离开自治社区,最终造成了社区成员的分化,使他们被迫离开。马里亚诺对此耿耿于怀,当听到居民提及我在询问类似的问题时,他不得不怀疑我是不是敌人派来的。我无奈地和胡安解释,我并非有意询问这些问题,而是他们主动说起来的。既然马里亚诺这么害怕人们反对他,为什么他还要收受居民的贿赂呢?胡安笑笑着不说话,半晌过后,他才来了一句我很熟悉的话:"他需要时间。"

第二天,我继续着对于社区居民挨家挨户的访谈。在自治社区管委会的办公室旁,我又一次遇见了马里亚诺,他微笑着和我打招呼,仿佛那场风波从未发生过。我也以为,在经历了这场风波后,一切都会变得更加顺利。始料未及的是,我很快就陷入了新的危机中。

周五傍晚,吃完饭后,我正准备上床躺会儿,突然传来了急

促的敲门声。我打开门,马里亚诺一脸怒气地站在门口:

"巴勃罗,你来我的办公室一下!"

马里亚诺的语气和脸色与上次如出一辙,这让我有一种熟悉的恐惧感。我不知道在哪里得罪了他,只好再一次唯唯诺诺地跟他回了办公室。

"巴勃罗,有居民告你性骚扰!"

突然起来的指控让我大吃一惊。我和马里亚诺解释,我从未有过骚扰社区居民的事宜,不知道这样的指控从何而来。他告诉我,一位女性社区居民今天找到他,向他控诉我没有经过她的同意就直接闯入她的家门,当时的她只穿了一件内衣。她的丈夫得知此事后很是生气,要求社区必须对我做出惩戒。

我实在不知道这样的指控从何而来。仔细回想起来,才想起前天上午确实发生过类似的事情,但这和马里亚诺的指控大相径庭。当时,我挨家挨户地访问。有一户人家大门紧闭。我敲门后,发现门没锁。里屋传来了一声"谁呀?"的声音。我回答到:"我是巴勃罗,是马里亚诺开会时向大家介绍的来社区调查的中国人。"她回答了一句"嗯!"我以为这是她同意我访谈的意思,便推开了她的家门。听到我进门的声音后,她突然来了一句"我的丈夫不在家,我不能和你聊天"。我连忙向她致歉,关门后离开。自始至终,我只是进入了她家的大门,连她长什么样子都不知道,何来的性骚扰呢?

虽然马里亚诺的反应没有上次剧烈,但任凭我如何解释,他回答我的始终只有一句话,"不管有没有性骚扰,你的行为已经引起了社区居民的不满,我必须召开社区委员会大会,商议是否允许你继续在社区居住。"见他态度如此坚决,我也不好多说什么。离开办公室后,我找到胡安,向他解释了事情的原委。他宽慰着我,让我不必为此焦虑。但他也提醒我,自治社区的居民都是印第安人。在传统印第安文化中,女性在家庭中的地位是非常低的。在丈夫缺席的情况下,她们不能和其他男性有任何接触。虽然我并没有和这位女性有过任何接触,但我必须理解她对我的指控,并对她的指控做出回应。当然,胡安也会在社区委员会的会议上为我辩解,确保我能够继续在社区做田野。在他的陪同下,我们一起找到了那户人家。她的丈夫刚好也在家里。胡安和他打了招呼,我赶紧向他鞠躬,告诉他我并非有意冒犯,如果对他的妻子造成伤害,请他谅解。他没有回答我,态度也不是那么友善。

虽然胡安告诉我,他会在社区委员会的大会上替我辩解,但星期六一整天,我都是心不在焉。访谈做得马马虎虎,吃饭也只是匆匆地扒拉一口,整个人处于浑浑噩噩的状态。傍晚时分,胡安来到我的房间。他神情凝重地告诉我:"巴勃罗,我已经尽力了。"他在会上替我解释,但那户人家丈夫的态度很是坚定,他认为我和胡安道歉并不真诚。他坚持让我在社区大会上公开向他家致歉,他才肯原谅我。社区委员会也达成了共识,只要我得到了那户人家的原谅,我就可以继续在自治社区居住。长舒了一口气后,我告诉胡安,完全没有问题,我可以在自治社区大会上道歉。胡安疑惑地看着我,他不明白为何我能够放弃自尊在社区大会上公开致歉。我向他解释,虽然有沟通方面的原因,但我确实给对方造成了伤害。其次,如果能够取得他们的谅解,在社区大会上致歉也无妨。我并不认为在社区大会上公开致歉是一件丢脸的事情,因为确实是我的原因。胡安将信将疑,他告诉我,如果我真的能够在社区大会上致歉,他敢保证我肯定能留下来。

第二天傍晚的社区大会上,在马里亚诺发言后,我拿着手写的讲稿,又一次站在了台上。与第一次的意气风发相比,虽然这一次是以道歉的名义出现在这个舞台上,但对我却是一次更为刻骨铭心的体验。站在那个舞台上,我这样说道:

> 首先,我真诚地向费尔南多先生一家,尤其是他的夫人致歉。在没有得到她明确允许的情况下,我推开了她家门,对她和费尔南多先生造成了困扰。我要对他们说一声对不起。我也向各位社区民众承诺,不会再有类似的事情发生。

作为一名来自中国的学者,我很感激大家在过去的一个多月里对我的支持,但是我也必须承认,因为文化差异和个人习惯,我有很多地方做得不够。也恳请大家在未来的日子里给予我指点,告诉我哪里不对,让我更好地成为圣卢西亚治社区的成员。

我朝着台下的民众深深地鞠上一躬,台下的胡安鼓起了掌。在他的带领下,更多的民众也鼓起了掌。下台后,胡安悄悄地告诉我,他原本以为我只是机械地回应费尔南多的致歉要求,但没想到我会在后面恳请大家的帮助。在这样一个大会的场合,社区的民众都会支持我的。"如果他再不原谅,大家就会觉得他太不明智了,本来这也不是一件大事。"胡安悄悄地问我,我在台上的发言是不是表演,他始终觉得我不可能朝费尔南多认一个并非是我的原因的过错。我明确地回答他,不是。从内心层次上来说,这是我对社区民众的一次真诚致歉。胡安拍了拍我的肩膀,不再多说什么。

晚饭时,马里亚诺告诉我,费尔南多原谅我了,我可以继续在社区调查,我如释重负。深夜时分,我躺在床上辗转反侧。回想起这一个星期以来接连遭遇的风波,内心久久不能平息。虽然在这陌生的田野中,我在文化层面上是白纸一张的新人,但对

在马里亚诺家的日常饮食

社区民众而言，我却是和他们承担同样责任与道义的一分子，没有谁有义务去包容你的过失。这两次风波对我最大的教训在于，在一个陌生的环境里，我应该时刻注意自己的行为。由于社会文化之间的巨大差异，哪怕是一个无意识的举动，也会在这样的语境中有着多层次的象征意义，由此被放大解读，使自己陷入被动的格局中。当然，这两次的风波并非没有积极的意义。首先，问题的出现便使能够迅速地掌握这个社区的生存规则，极大地加速了我对社区的了解，以及在这一社区中"社会化"的进程。其次，从胡安的态度中可以看出，我的致歉不仅得到了费尔南多的原谅,也得到了多数社区居民的认同,这对我田野的继续未尝不是好事。

自治社区的居民们

达尼·洛佩斯

达尼·佩雷斯·洛佩斯是我在自治社区挨家挨户走访时结识的朋友。黑黑瘦瘦的他个子并不高,眼神却异常坚定。每天早上推开门,我都会看到他扛着一个摆放着香烟和口香糖的小木货柜,朝社区的大门走去。每天晚上10点多,我关门的时候却还没有见到他回来。一天早上,我拦住了他,询问是否可以访问他。他告诉我,他叫达尼·佩雷斯·洛佩斯,今年30岁。原来住在离圣城约30公里的切纳洛(Chenalhó)。他们一家七口人,全部住在圣卢西亚自治社区,以他在城市里沿街叫卖香烟、口香糖为生。因为赶着去上班,他并没有太多时间回答我的问题,只是让我今天晚上10点30分在社区门口等他,他请我喝酒。他的邀请着实让我有些意外,一个人养七口人,本身压力就很大了,他又哪里有钱请我喝酒呢?我私底下揣测,他或者是想让我请他喝酒吧。我去郊区的切德拉维超市买了两瓶红酒,准备等他晚上回来的时候一起痛饮。

晚上10点半，我拎着两盒红酒，站在社区的大铁门前等着他。他并没有按时前来。大约10点50分，我才看到他一只手扛着货柜，另一只手拎着一箱啤酒，有些吃力地朝着社区走来。我走了过去，准备帮他拎啤酒。他生硬地拒绝了我的帮助，让我跟着他走。他的家在自治社区的最深处。我们拐了好几个弯，穿过一片田埂后，才走到门口。他推开门，正对门的桌上放置着妻子给他留的晚饭。一侧房屋的灯已经暗了，妻子和孩子们已经睡着了。眼下已经快12月了，圣城的夜晚有些寒冷。达尼在门口点了一堆火，把桌子挪到了门口，张罗着我坐下。他递给我一瓶啤酒，我把红酒给他，他却坚定地摆了摆手，告诉我，这是我第一次来他家里，他必须请我，下次可以让我请他。即便是我请他，他也不喜欢喝红酒，普通的啤酒就好了。尊重他的意愿，我接过了他递过来的啤酒，和他一边吃着烧鸡豆子饭，一边聊了起来。

一杯问候的啤酒下肚后，达尼让我猜猜他今年多少岁。我感觉他应该年龄不大，但印第安人皮肤黝黑，很难判断出真实的年龄，便随口报了一句35岁。达尼笑了笑，告诉我他今年30岁。30岁就有了五个孩子，这着实让我有些惊讶。达尼告诉我，他16岁就结婚了，有五个孩子也很是正常。酒过三巡，他仿佛一个天然的演说家，滔滔不绝地讲起自己的人生经历。他告诉我，他来自切纳洛，是一名地地道道的佐齐尔人。他格外强调，他的父母生下了十三个儿子,没有一个女儿。原本村子里的生活虽然贫穷,却也过得下去。1997年春,一起暴力事件打破了村里的宁静。当时,萨帕塔运动爆发,村里许多印第安人加入了萨帕塔的队伍,不少村民和萨帕塔也有着多多少少的联系。因为萨帕塔声援印第安人的立场,大多数村民支持萨帕塔对政府的抗争。1997年的4月的一个周末,村里大大小小两百多人前往教堂做祈祷,突然遭到有政府背景的准军事组织的屠杀,40多名村民在这场屠杀中死亡,不少遇害者是女性和儿童。① 万幸的是,达尼一家因为参加姨妈儿子的生日躲过一劫。但这次屠杀仍然对他产生了重要的影响。他们闻讯回家时,村里早已乱成一团。几乎每家每户的门前都摆放着棺材。接连不断的哭声、教堂里四处的血迹让村子成为了人间地狱。达尼说,他的好几个朋友都在这次灾难中丧生。他永远都忘不了他们小小的、布满血迹的身躯躺在棺材里的情形。他痛哭不已,却发现自己没有任何改变结局的能力。说到这里,达尼抹了抹眼角的泪珠,"他们应该都在天堂里吧!"

出于对类似事件的恐惧,屠杀事件后不到一周,大部分村民

---

① 达尼讲述的是1997年12月12日发生在切纳洛市的阿克特阿尔村的惨案。当时,同情萨帕塔起义军的蜜蜂(Las Abejas)组织在阿克特阿尔村教堂避难,被革命制度党政府支持的准军事集团屠杀,造成45人死亡,无辜丧生者中甚至包括身怀六甲的孕妇。

搬离了村子。父亲带着他们搬到圣城。虽然屠杀事件已经过去17年了,那些逝去的人的面孔也随着时间的流逝日渐模糊,但他认为,那次事件给他造成的影响是终身的,是不会随着时间的流逝而消失的。从那以后,他不再相信政府。对于除家人之外的其他人,他很难建立信任。他怕见到武器,只要见到持枪的人,哪怕距离他很远,他都会心跳加快,有一种忍不住想跑的冲动。

搬到圣城后,他们全家挤在城市北部的一个小房子里。父亲以在城市里做泥瓦匠为生,这是印第安男性最常见的职业,一般一周的收入在400比索以上。母亲没有工作,在家里照顾他们。一家大小的生活总算安定了下来。没过多久,父亲就抛弃了全家,再也没有出现过。母亲曾外出寻找过他,但没有一丝音讯。有朋友告诉他们,父亲找了一个年轻的佐齐尔女孩,两人已经搬到图斯特拉-古铁雷斯生活去了。没有收入来源的他们被迫辍学,早早地开始谋生。达尼从事过很多个行业,但因为心理问题,他根本没法与人合作,最终他只能以在城市里沿街贩卖小商品为生。2000年,他遇到了同是佐齐尔人的妻子,当时,妻子在一家餐馆里打工,向他购买了一块糖果,此后两人日渐熟识,同居在了一起。他的十二个兄弟中,有六人在图斯特拉-古铁雷斯工作,剩下的几个和母亲住在圣城。去年,舅舅告诉他们,马里亚诺率领印第安人建立了一个自治社区,免费给印第安人分配土地,他们就搬到了这里。目前,除了他以外,还有三个兄弟和母亲都住在圣卢西亚自治社区。母亲和最小的、还没成家的兄弟住在一起。他们的房子离得不远,彼此之间也能够相互照应。

达尼现在每天在城市里沿街叫卖,早上10点钟出门,晚上10点30分左右回来,一天下来的收入在100比索上下。如果周末或是节假日,他的收入会更多,这足以养活他们一家。不知不觉间,我们已经聊到了凌晨。此时,自治社区安全委员会的巡逻队路过达尼的门口。见到我们在喝酒,巡逻队善意地提醒着我们不要酗酒闹事。达尼也告诉我,明天还要继续上班,他得休息了。

原本以为,在这一次的闲聊之后,我和达尼可能不会有太多的交集。谁知道第二天晚上,当我准备上床休息的时候,达尼兴高采烈地敲着我的房门,他大声地叫着:"巴勃罗,一起来喝酒。"我以为达尼今天遇到了大生意,便应邀再次来到他的家里。他告诉我,没什么喜事,就是想邀请我一起喝酒。达尼这样热情,我也不好拒绝。只是在喝了一瓶啤酒之后,我便借口明天早上有访谈,早早地撤离了。达尼拍了拍我的肩膀,告诉我没关系,邀请我明天晚上再喝。我以为达尼说的客气话,谁知道第二天晚上，他又一次兴高采烈地来敲我的房门，请我去他家喝酒。这一次，我实在不好推托，只好赴约而去。

连续几个晚上的酒局让我有些奇怪，我不知道这是达尼生活的常态，还是他专门为我做的准备，我更担心他的收入能否承担起这样的开销。在这一次的酒局上，我向达尼提出了这一问题。我的斤斤计较惹得达尼有些不高兴。他端起酒杯，一本正经地告诉我，"巴勃罗，我有足够的钱，我不需要你的担心！"达尼觉得我是在怜悯他，他并不喜欢这种感觉。他强调，他每天的收入在100比索以上，这四瓶啤酒下来，差不多是80比索，剩下的钱他会给自己的妻子。的确，圣城的物价水平并不高，20比索确实能够买到一些粮食、蔬菜和水果。但这点钱想要吃上一丁点儿肉星，基本是不太可能。我询问他难道不知道这点钱只够维持基本的温饱吗？他告诉我，他知道这点钱能够买得到什么，但他们不需要每天都吃肉。每个周末，他会给妻子远超于此的收入。在他看来，一周能有两天吃肉已经是很不错的了。我有点无法忍受达尼的冷酷，我问他为什么不愿意削减每天饮酒的开销，给家人增加点生活费呢？达尼摇了摇头，他告诉我，他每天工作接近12小时，一直都在街上游走。这样的工作非常辛苦，他根本没有时间享受生活。唯有每天晚上的啤酒让他开心，他又何苦不满足自己呢？平时的日子里，他给家人的20比索已经是他能够付出的极致了。如果想要更多的钱,如果想要过上好的生活,就得自己付出。"我有妻子,有孩子,但是,我不可能把我的一切都给他们,我还有自己的兴趣和爱好!"达尼的话让我陷入了惆怅的情绪中,我不知道是该赞扬达尼对于个体价值的肯定呢,还是为达尼妻子和孩子的处境而忧虑,只好一次次地举起酒杯,和达尼一饮而尽。

我实在好奇,达尼这样做,他的妻子和子女究竟过着怎样的一种生活。第二天上午,我来到了达尼的家。达尼已经外出工作了,他的妻子似乎也不在家。脏乱的房子里,一个小姑娘正在哄着一个年幼的婴儿。我问她是不是达尼的女儿,她点了点头。注意到了外人来访,四个年纪相仿的男孩跑回了门口。他们好奇地打量着我,一个年龄稍大的开始带头起哄:

"中国人,中国人,零钱,零钱!"

我掏出了兜里的几个硬币,他们一溜烟地朝自治社区的小卖部跑去。不一会儿,每个人的手上多了一个棒棒糖。最大的小孩把一个棒棒糖递给了正在照顾孩子的小姑娘。吃着棒棒糖的他们比之前友善了许多。小男孩告诉我,除了中间那位是住在隔壁的邻居外,他和其他四位都是达尼的孩子。圣城的公立学校是两班倒的教学方式,我以为已经到了适龄年龄的他们应该吃完中饭后就去上学,他们却告诉我他们从来没有上过学，甚至连自己的名字也不会写。这让我很是惊讶，因为从幼儿园到初中的义务教育阶段，圣城的公立学校全是免费的，达尼只需要将孩子送到学校即可。我询问他们，达尼是否让他们去打零工，他们摇了摇头。这让我更难以理解了，既然不是出于经济原因，为何达尼不愿意让自己的小孩去学校呢？我在达尼的家里等了差不多两个小时，也没有见到他的妻子。因为还要继续调查，我离开了他的家，想着晚上的时候再去找达尼聊聊。

不出所料，晚上10点多，如同中了彩票一般，达尼又一次兴高采烈地敲着我的房门，邀请我去他家里喝酒。虽然如往常一样跟着他一同前去，我的心情却很是沉重。我实在无法理解达尼，既然家里没法照顾孩子，为何不送这些孩子去学校。达尼的回答居然是这些孩子是在颠沛流离中出生的，他们没有出生证明和身份证，无法进入公立学校享受义务教育。我询问达尼为何不给孩子办理这些证件。他告诉我，整个手续下来每个人差不多需要100比索。当他说出这个数字的时候，我实在无法抑制内心的愤怒。达尼每天喝酒的开销固定在80比索，他居然舍不得拿出100比索给孩子们办理出生证明和身份证。或许是见到我有些愤怒，达尼开始强调，他有五个孩子，一个孩子100比索，每个孩子都办的话就是500比索了。我无奈地摇了摇头，实在无法理解一个父亲怎么能够如此对待自己的孩子。话不投机，我只好喝起了闷酒。一个多小时后，我给了达尼500比索，让他去给孩子办理出生证明和身份证。倔强的他硬是坚持不收，他反复强调，我们是兄弟，他不能收我的钱。如是再三，我趁他不注意将钱放在了咖啡壶下。

第二天一大早，胡安来敲我的门。他告诉我，早上达尼特意来找他，让他把钱给我。胡安很好奇，问他这个钱是怎么来的，达尼并没有回答。我将整个故事告诉给了胡安，他摇了摇头，告诉我这在当地很是常见。尽管公立学校完全免费，但印第安人常常以各种理由不送他们的孩子上学。他相信达尼的为人，从他每天晚上邀请我喝酒和断不接受我的援助就可以看出他并非爱财如命的人。胡安认为，达尼之所以如此可能是因为他对恰帕斯社会的失望。在阶层日益固化的恰帕斯，即便接受了教育，也无法改变印第安人的底层处境。在圣卢西亚自治社区，本科毕业后找不到工作的印第安人大有人在。虽然理解达尼的想法，但胡安也并不支持他做出的决定。他告诉我，在圣卢西亚自治社区，大约有100多名适龄儿童处于失学的状态。他曾挨家挨户地劝说他们上学，但却收效甚微。我让他再去做达尼的工作，但他却摆摆手，告诉我不要太多干涉他们的生活，不然到最后可能会影响我在社区的调查。

我是多么希望,这个故事会有一个我们惯常看到的结局:达尼或是接受了我的资助,或是因为我的行为影响到了他,最终他给孩子办理了出生证明和身份证,孩子们能够顺利上学。现实却并非如此,他的孩子们仍然每天在自治社区的街道、草坪上四处游荡,而他依旧是过着挣一天钱花一天钱的日子。只是,当他多次邀请我前去喝酒时,我均以身体不适拒绝了。我尊重他的想法,但是我也实在无法心安理得地喝着他辛苦挣来的血汗钱。几次以后,虽然见面时仍然会礼貌地问好,但他再也没有邀请过我。万幸的是,这并没有影响到我们的关系。在平安夜的晚上,我们又一次坐在一起,他微笑着对我说:"巴勃罗,干杯!"

单身母亲弗洛雷亚

在自治社区里,单身妈妈是一个很大的群体。在对自治社区整体调查后,我发现在自治社区中的单身妈妈家庭居然有102户,差不多占了自治社区家庭四分之一的比重。这着实让我大吃一惊。弗洛雷亚·德·玛利亚·埃尔南德斯是我在走访中认识的单身妈妈。第 次和她见面,她正和邻居们坐在后院里缝制着纺织品。我询问她是否可以对她做一个访谈,她不断地点着头。很难想象,眼前这位满脸皱纹、两只手长满老茧的粗壮女人只有32岁。这个女人的坎坷经历足以让她成为自治社区单身母亲的代表,她对生活的反抗姿态又具备鲜明的启蒙意义。

和达尼一样,弗洛雷亚的童年生活也是非常不幸的。她的家在维斯坦,离圣城大约有着四个多小时的车程。很早的时候,她的父亲就过世了。父亲去世后,祖父、叔叔和伯伯把原本分配给他们家的土地全部收回。失去土地的母亲只好带着四个子女离开村庄,到圣城谋生。最初,一家五口挤住在城市北部的高山上。没有一技之长的母亲以给城市人家做保姆为生,一个月的报酬是500比索。母亲常常早上6点起床,给他们做好一天的饭后,9点离开家门,晚上7点多才能回来。好在他们几个兄弟姐妹都已经到了上学的年纪,平日里没有母亲的照顾也没什么问题。

随着子女们日益长大,搭建在山上的棚子不够住了。母亲在城市北部租住两间房屋,一个月的租金在400比索,而她的工资却只有500比索。此时,弗洛雷亚已经是小学三年级的学生了。日复一日辛苦劳作的母亲和家徒四壁的处境让她很是痛苦。当母亲整日为生活费发愁时,她决定不再前往学校。她要挣钱来养活自己,减轻母亲的负担。年幼的她去邻居那里批发花生、蚕豆和小零食,每天在城市的广场、步行街上叫卖。游客们常常可怜她个子小、身体单薄,她的商品通常销售得很好。就这样浑浑噩噩地过了7年,直到16岁的时候,她遇到了第一任丈夫。当时,她在广场上贩卖水果,他在广场上给人擦鞋。他似乎看上了她，主动给她招揽顾客。几天下来，弗洛雷亚对他有了好感。弗洛雷亚好几次感慨："我太单纯了，因为从小没了父亲，三个弟弟对我很一般。当他帮我招揽顾客，对我花言巧语的时候，我就彻底地爱上了他。"她害怕母亲和弟弟们会因为自己结婚离家，导致家庭收入减少不同意她恋爱，男朋友却承诺会带她到图斯特拉-古铁雷斯谋生。一天早上，扛着货柜的她和男朋友私奔了。他们离开了圣城，在图斯特拉-古铁雷斯落下了脚。虽然没有举行任何仪式，他们俨然夫妻一般。丈夫以在图斯特拉-古铁雷斯做小工为生，她依旧在城市里叫卖各种小商品。这样的生活最初很是平静，甚至因为没有沉重的家庭负担，两人还有了一些储蓄。一年以后，他们的第一个孩子出生。弗洛雷亚不得不停止了工作，在家全职照顾孩子。因为嫌弃孩子晚上的哭闹，每晚回家的丈夫都得喝上大量的啤酒，直到醉醺醺的时候才能入睡。丈夫回家的时间越来越晚，有时甚至好几天也不回来。她以为丈夫只是工作繁忙。直到有一天，丈夫把一个年轻的女子带回家来。愤怒的她觉得受到了极大的侮辱，虽然已是晚上10点，但她仍然坚持带着孩子离开了那个家。

她在图斯特拉-古铁雷斯中心市场的棚户区找了一个房子，再一次开始了叫卖的工作。因为没有人照看儿子，她必须带着孩子工作。说起这段经历，弗洛雷亚兴高采烈地给我比划道：

弗洛雷亚(中)和邻居们在聊天

我把孩子背在身后,胸前挂着一个货架。或许是人们见我带着孩子工作不容易,我的物品总是比别人销售得快。租房子,养儿子,我挣钱没有任何压力。

孩子三岁多的时候,弗洛雷亚给他找了个幼儿园。早上将孩子送到幼儿园后,她开始了一天的工作,下午两点她将孩子接回来,一边带着孩子一边工作。虽然生了孩子,20来岁的她依旧美丽。在市场工作的几年里,不乏追求的人。第一段婚姻的伤痛使她不敢轻易接受任何男性的示好。直到独身以后的第四年，她遇到了第二任丈夫。他是市场上卖鱼的商贩，每天在市场上一直忙碌到很晚。看到弗洛雷每天在市场上工作，他主动询问她是否愿意和他生活。他告诉弗洛雷亚，自己的工作很是繁忙，根本没有时间谈恋爱，只是觉得弗洛雷亚那么勤劳，肯定是一个称职的妻子。已经25岁的他虽然没有任何恋爱的经历，但愿意和她结为夫妇。他并不嫌弃她的第一个孩子，会把他当作自己的儿子。这段有些仓促甚至缺乏爱意的表白却让她很感动。她认为他的第二任丈夫和大部分男人都不一样，是一个有家庭感和事业心的男人。他们很快同居在了一起。弗洛雷亚不再满市场游走，而是在摊位上贩卖各种水产。丈夫在一旁招揽顾客，或是处理各种水产。两人的配合很是默契，家庭积蓄也有了显著的增长。没过多久，弗洛雷亚又一次怀孕。她为丈夫生下了一个儿子。第二年，她又为丈夫生了一个女儿。生完女儿后，她甚至一度觉得，以前所有的磨难都是为了现在的幸福生活。好景不长，如同第一任丈夫一样，第二任丈夫也开始了夜不归宿。敏感的她知道这并非好的预兆，她把孩子托付给邻居，出门跟踪丈夫，发现他和另一个女子在一起。弗洛雷亚本意并不想结束这段婚姻，毕竟他们有了两个孩子。但丈夫却始终坚持分开。他的理由是他需要一个更年轻的、没有结过婚的妻子。

丈夫的态度彻底激怒了她，她离开了图斯特拉-古铁雷斯。

回到圣城后，她一个人带着三个孩子，租住在城市北部的棚户区内。上午她在家里做纺织品。下午2点半，三个孩子上学回来后，大儿子帮着照看小女儿，弗洛雷亚带着小儿子，或是扛着纺织品，或是推着冰激凌车，在圣城街头叫卖。因为城市北部棚户区房租并不低，且离市场有些距离，当马里亚诺宣布建立圣卢西亚自治社区后，她就带着孩子们搬进了社区。弗洛雷亚告诉我，她是社区的老人了，2009年的第一次占领，她就参与其中。2012年，他们又一次搬进了社区。我有些好奇，既然弗洛雷亚的母亲和三个弟弟都居住在圣城，为什么她不愿意和母亲、兄弟们一同生活呢？弗洛雷亚告诉我，从17岁离家出走，她有15年没有回家了。虽然知道母亲仍然和弟弟们住在一起，但她实在不好意思再去打扰他们。而且，她的三个弟弟都已经成家，有了自己的家庭，她也不愿意再去打扰他们。

"所以，巴勃罗，你一定要帮助我们，不要让政府把我们赶走，不然我又没有家了。"

弗洛雷亚的故事在自治社区里很是常见，其在相当程度上代表着部分印第安女性的悲惨境遇。这一现象的出现，与传统印第安社会的劳动分工和女性的社会角色密切相关，而随着印第安社会全球化、现代化进程的加快，印第安女性的处境越发恶劣。传统的印第安社会建立在农业文明的基础之上,在这一社会中,咖啡、玉米、香蕉种植以及家庭生活的维系是依靠男女之间的二元协作完成的。在农耕文明的印第安社会中,重体力的农业生产活动是以男性为主导的。通常情况下,男性从事着农作物的种植、收获等基本工作,女性辅助男性,承担抚育子女、照顾家务的工作。尽管男女之间的相互配合构成了印第安社会的基本生产结构,但社会生产中的角色分工及其效率差异形成了印第安社会中男尊女卑的文化氛围。在传统的印第安社会中,男性处于绝对的主导地位,女性附着于男性而存在。此外,每个村落都有管理村落生活、维持社会秩序的自治村社组织,男尊女卑的性别阶序依存于村落内部的管理秩序。宗教作为礼法体系的规范,亦强化并维系着传统社会的性别阶序。

男尊女卑的社会氛围对于印第安社会的女性权益产生了重要的影响。这一影响首先表现在对生产资料土地资源的占有上。20世纪墨西哥大革命之后,政府规定农村的土地归村落所有,并由各个村社组织予以分配。然而,在大部分的印第安村落中,女性只分到很少的土地资源,部分女性更是没有任何土地。另一方面,男性价值的体现在于其生产劳动的所得。对于女性而言,劳动机会的缺失使得人们通常以子女生育的多寡作为评判妇女的标准,女性往往沦为生育的机器。在自治社区中,年龄在40岁以上的女性,最少也有6个孩子,生育超过15个孩子以上的女性更是大有人在。不少女性认为生育多是其称职的标志。

印第安社会中男尊女卑的社会文化随着这一地区现代化进程的加速不断强化。印第安地区现代化的进程是商业资本对印第安地方社会不断渗透的过程。在这一过程中,由于男性在传统经济生活中的主导地位以及其体能的优势,他们能获得比传统社会更大的收益,从而越发强化、巩固其在经济生活中的主导地位。相反,印第安女性融入现代化的进程是其在经济生活、社会生活中逐渐边缘化的过程。在传统的农业生产中,女性尚能够在家庭范围内从事力所能及的生产活动,而一旦到了现代化的城市里,传统文化中对于已婚女性道德行为的规范使得其往往只能沦为家庭主妇,对家庭经济收入的贡献几乎为零。在自治社区的调查也佐证了这一观点,80%的男性从事泥瓦匠、建筑小工的工作,月收入在3000比索左右,更有少量的男性从事司机、电工等工作,月收入可达5000比索。与男性相反,除了单身母亲外,绝大多数家庭完整的印第安女性只在家里照看小孩,承担家务等基本工作。

男女性之间收入差距的急剧扩大越发巩固了男性在家庭生活中的主导地位,这一直接后果便是家庭危机的出现。在男性权力急剧放大,对于家庭收入绝对掌控的当下,他们获得了更大的自由。在面对形形色色的诱惑时,他们常常可以轻轻松松地摆脱家庭的束缚。不少印第安家庭在搬到城市以后,丈夫很快就离家出走,与其他的女性鬼混,抛弃妻子成了家常便饭。即便是在完整的家庭中,也存在着家庭暴力、性暴力等诸多问题。在自治社区的走访中,我时常遇到醉酒的丈夫痛打妻子的场景。此外,由于男性的强势地位,导致这一地区性暴力的盛行。他们可以肆无忌惮,在无保护的前提下与任何女子发生性行为,滥交的行为导致了这一地区艾滋病及诸多性病的频发,而他们又将这一疾病传给家庭生活中的妻子。2018年的数据显示,当前墨西哥女性艾滋病感染者占总感染者的25%,在恰帕斯州,这一比例已经上升到了40%。①

尽管作为一种社会文化现象,男女之间的性别不平等长期存在于包括印欧人在内的整个墨西哥社会中。但是横向层面上,墨西哥社会多元族群的矛盾以及社会对于印第安人的歧视在一定程度上掩盖了墨西哥社会中存在的性别问题。掩盖并不意味着不存在,对于这一不断凸显的社会问题,墨西哥政府一方面制定了多项公共政策,试图对妇女的权益进行保护。恰帕斯州和圣城政府也试图通过举办女性职业培训等多种路径,给予

---

① Alfaro, Daniela. "Chiapas es la entidad con más casos de VIH y sida en mujeres". *Alfaro Noticias*, 2018-12-3.

印第安女性公平就业的机会，改善印第安女性的经济处境，提高女性在社会生活中的地位。在萨帕塔起义后，多个国际社会公益组织也开始深入到这一地区，致力于对印第安妇女的援助。然而，与族群问题相比，由于这一问题背后文化因素的根深蒂固，各项举措的滞后性都使其效果不尽如人意。弗洛雷亚之类的女子，在多次遭遇婚姻之痛后，彻底对男性失去了信心，而圣卢西亚自治社区，也为毫无资本的她们提供了一个避风港。

自治社区一角

独居女性玛利亚

玛利亚·迪亚斯·洛佩斯女士是自治社区中最为特殊的一

户居民。今年 27 岁的她是恰帕斯跨文化大学的本科毕业生。当我第一次敲开她的家门时,虽然只有她和一个小女孩在家,但她并不畏惧,大方地打开了门,邀请我来家里坐坐。玛利亚的这一举动显示着她不同于其他印第安人女性的特征,正如她所言,她受过大学教育,曾经在政府部门工作,她知道要改变印第安女性的弱势地位,首先得从女性自身入手。她对我在社区大会上的道歉嗤之以鼻,仅仅是因为进了家门,就在社区大会上兴师动众地道歉,她觉得实在没有这个必要:

> 那个蠢蛋女人居然会因为丈夫不高兴去马里亚诺那儿告状,这足以说明那个女人在家里没有任何地位。可怜的是,那个女人不仅没有意识到这点,还以为自己去马里亚诺那儿告状是对的。等着看吧,巴勃罗,没几天她又会去马里亚诺那儿告状,说她老公打她的。

我不想把大量的时间浪费在这件事情上,赶忙转移话题,询问起她的家庭情况。但她似乎并不喜欢回答我的问题,依旧喋喋不休地说着。她开始数落起马里亚诺:

> 马里亚诺也真是混蛋,那个男人怎么说,他就怎么做,

他也不是个好东西,他想着的是怎么维护他在社区的统治,维护他作为家长的地位,从来没有真正地为穷人考虑过,也没有想过怎么改变我们的处境。他要的只是我们对他的臣服。

玛利亚的话让我有些意外。我一时语塞,不知道该怎么接她的话。但我明显地感觉到她对马里亚诺有很大的意见。我询问她对马里亚诺有什么样的意见。她直接告诉我,她对马里亚诺很不满意,尤其是在财务方面,马里亚诺有着太多贪污腐败的行为。自从她入住自治社区,除了每个月的 25 比索外,她还要承担大大小小的额外开支。这些开支都是用于支持马里亚诺和他的家人以参加政治运动为由去全国各地旅行。两个月前,马里亚诺去图斯特拉-古铁雷斯参加政治会议,他仅仅去了一周,就要求每户给他捐赠 150 比索。上个月,他和卢西奥去墨西哥城参加游行,在社区大会上要求每户捐赠 200 比索。社区 400 多户居民,一次下来的捐赠高达好几万比索,远超过他们政治活动所需要的开支。马里亚诺却从未公开过这些钱款的使用去向。上个月,当马里亚诺再次要求大家捐赠时,玛利亚是拒绝的。社区治安委员会上门威胁她说如果不捐款,他们会考虑将她驱逐。无奈之下,她只好缴纳了捐款。"马里亚诺就是一个独裁的守财奴,所有的一切都是为他自己考虑。从未真正为大家服务。"

我询问她,既然对马里亚诺如此的不满,为何不离开圣卢西亚自治社区。我这个直接的问题让她很不高兴,原本喋喋不休的她一下子沉默了下来。一分钟后,她告诉我:"巴勃罗,我想离开这里,可在圣城,你还能找到月租金低于 400 比索的房子吗?"她给我算了一笔账,即便是在城市北部的棚户区,租住一间房子也需要 500 比索以上。在圣卢西亚自治社区,每个月固定缴纳的费用是 25 比索的治安费。对马里亚诺的捐赠,一个月最多一次,有的时候两个月一次。每次的捐赠也不会超过 200 比索。这显然比在城市租房划得来。算完这笔账,玛利亚郑重地向我解释,她并非一毛不拔的守财奴。虽然目前没有工作,但是几百比索的基本开支她是出得起的。她愤怒的是马里亚诺打着为印第安人争取权益的口号,实际上却是在利用印第安人,为自己挣更多的钱。最近,她更是听到一些居民议论,马里亚诺甚至开始收取居民的入场费了,

"每户 2000 比索,他真是个混蛋!"

这是我第一次在自治社区内听到对马里亚诺如此激烈的负面评价,我甚至一度怀疑,玛利亚口中的马里亚诺和我认识的马里亚诺究竟是不是一个人?我好奇的是,为什么我在自治社区里住了差不多一个多月,只有玛利亚对马里亚诺有着如此激烈的评价呢?执拗的玛利亚仍然在喋喋不休地抱怨着,想要直接

问她这些问题根本不可能。琢磨了一会,我准备从玛利亚身旁的小女孩入手。我故意询问她,她的女儿今年几岁了。见我如此提问,她急忙跟我解释,这不是她的女儿,是她3岁的妹妹。因为母亲生病了,家里没有人照顾她,她才把妹妹带到圣城。她格外强调,"巴勃罗,虽然我现在失业,身边也没有合适的男朋友,但是我一定会找到我理想的丈夫的,我不会成为单身妈妈的。"

显然,无论是对马里亚诺的直接抱怨,还是对于婚姻和生育的理解,玛利亚有着自己明确而又直接的观点,不遮遮掩掩,追求公平正义,这太不同于传统的印第安女性。我询问她,是否接受过正式的教育。她点了点头,总算开始回应我的问题了。

27岁的玛利亚来自离圣城不远的查穆拉,父母是地道的农民。她是家中长女,家里还有九个弟弟妹妹。在她10岁的时候,父亲远赴美国务工,两年才回来一次。此时,家里已经有了七个弟弟妹妹了。母亲一人忙里忙外,作为长女的她承担了大量的家务,这在相当程度上磨练了她坚韧的品格。查穆拉人以凶猛好斗闻名周边,家里没有男人可不是一件好事。小的时候,因为父亲不在家,很多邻居、路人都纷纷来她家的田地里偷取玉米、香蕉等各种食物。因为害怕被报复,母亲只能默默忍受,不敢有任何举动。十几岁的玛利亚却并不害怕,她背着母亲,去集市上买了好几个大的捕兽夹子,偷偷放在地里。几天以后,就再也没有人来偷她的东西了。谈及这段经历,玛利亚露出了难得的笑容。我和她讲起两个多月前在查穆拉被抢的经历,惹得她哈哈大笑。她告诉我:"那些人都是草包,你要是也拿着一把刀,他们就不敢对你做什么了。"

虽然家庭贫困,玛利亚坚持认为只有上学才能改变命运。2005年,她结束了初中的学习。家里本指望她在查穆拉找个人嫁了,或是继续帮着家里照顾弟弟妹妹,她却据理力争,一个人来到圣城上预科。虽然远离母亲和兄弟姐妹,她并没有逃避照顾他们的责任。预科的学习只有半天,剩余的时间她都在外面打工。小商贩、服务员、销售员,年轻女子能干的活计她都干过。打工挣得的钱除了供给她上学的开销外,她每半个月都会回家一次,将剩余的积蓄给母亲,帮着母亲做一些家务。2008年,玛利亚考上了恰帕斯跨文化大学。这是一所以印第安学生为主的大学,玛利亚的专业是佐齐尔语和西班牙语翻译。之所以选择这所学校,主要是因为这所学校倡导多元文化,而玛利亚也希望通过自己的学校,向更多人介绍和传承佐齐尔文化。

2012年,玛利亚大学毕业。当时,恰帕斯州政府正在佐齐尔人聚居的区域开展一项救助贫困女性的工作,这一工作是由恰帕斯政府的社会发展部负责。这一部门到跨文化大学招聘佐齐尔人毕业生，负责这一项目的落地和与地方社会的沟通工作。政府部门承诺，虽然这个项目只是阶段性的，但他们招聘的佐齐尔学生会在项目结束后获得公务员身份，主要从事佐齐尔社区发展的工作。不出意外，玛利亚获得了这一职位。入职以后，她跑遍了恰帕斯州60多个佐齐尔人的村社，帮助近百名女性组建了纺织品和农产品生产合作社，向各个社区宣讲男女平等的理念，帮助了大量的单身妈妈和深受家暴之苦的母亲。玛利亚告诉我，她去的最苦的地方，是一个名为圣费利佩的村子。村子坐落在一片茂密的丛林里，只有一条可以勉强通行的小路。村里没有电，也没有手机信号。最初，玛利亚步行了四个小时才到达这个村子。村里的男性平时多在地里劳作，女性在家里照顾小孩。因为交通不便，现代化的建筑材料无法运入，村民们的房子都是木板房。吃的也只有豆子饭和各种蔬菜，偶尔才有一两顿鸡肉。她亲眼见到许多女子因为偶尔违背丈夫的意志被打得遍体鳞伤。村子里没有任何医药，受到伤害的女子只能简单地涂抹一些草药。玛利亚试图劝说她们起来反抗暴力，谁知道这些女性竟然一起劝说玛利亚，要她遵守佐齐尔女性的传统道德。玛利亚在村子里住了十多天，没有产生任何的效果。但她却强调，如果再给她一个月的时间，或许结局又是不一样了。

没有太多的时间留给玛利亚。9个月后，这一计划就宣告结束了。玛利亚和一同入职的十多名同伴并没有等来公务员的录用通知。相反,在项目结束的第一天,她就被社会发展部的领导告知下个月起不会收到薪水了。虽然这笔薪水只有区区的2500比索,玛利亚却大为光火。她认为州政府言而无信,承诺给印第安人公务员工作却没有兑现。她联合十多名同伴一起抗议。他们抗议了十多天,也没有收到任何回复。原本信心满满的玛利亚自觉受到了侮辱,她陷入了一个无法控制的低谷之中。一个月后,从小养成的坚韧性格很快让她从低谷中走出,她认为虽然遇到了挫折,但是绝对不能放弃,她一定要改变这个不公正的社会环境,让佐齐尔人乃至更多的印第安人过上好的日子。

当她得知马里亚诺率领一群无家可归的印第安人占领这片土地,建立自治社区时,她是激动的。她第一时间搬进了这个社区,参与了社区的文化委员会,组织社区的各项公益活动。随着在自治社区生活的时间越长,她对自治社区评价却越来越低。马里亚诺的腐败、社区集体决策的民主匮乏以及毫无目的的政治行动,都让她越来越怀疑圣卢西亚自治社区是不是真的在为印第安人谋福利。我告诉玛利亚,如果真的对社区发展有什么想法,她完全可以去找马里亚诺说。玛利亚摇了摇头,她用一种近乎绝望的语气回答我:"如果他真得听的进去,就不会有你在社区大会上的道歉了。"

玛利亚告诉我,因为没有钱,她只能在自治社区里住着。上个月母亲病重,她把最年幼的妹妹接到了身边,更没有时间外出工作挣钱了。虽然如此,她却认为在自治社区的居住只是暂时的。一旦母亲身体好转,她将妹妹送还查穆拉,离开自治社区也是顺水推舟了。她不经意地说了一句:"即便我不离开自治社区,这个自治社区也不会存在太久的。"我有些奇怪,不知道她为何会做出如此悲观判断,她一本正经地告诉我:"从1492年开始,所有的印第安人运动都会陷入这样的境地,他们打着抗争的口号,却无一不是因为自己的贪念、软弱与短视,最终让自己成为抗争的对象。这是一个必然,马科斯是这样,马里亚诺也是这样。"

雷米希奥·桑蒂斯·戈麦斯一家

在玛利亚之外,自治社区还有一些中年的知识分子,他们有着与玛利亚类似的生活经历,却对自治社区有着完全不同的看法。雷米希奥就是其中一位。刚进社区时,我并不认识雷米希奥。一个傍晚,吃完晚饭的我正在社区里闲逛。胡安突然给我打电话,说社区居民雷米希奥家里杀了一只羊,邀请我们一起去喝酒。我和胡安绕到社区拐角处的自治社区的办公室,朝西走到一个狭窄的胡同口,一直走到底,才到了雷米希奥的家中。雷米希奥的住处是自治社区最为普通的样式。小小的木板房分为外侧的客厅和里侧的卧室,一旁是一块菜地和洗手间。并不宽敞的堂屋中间是一个巨大的火坑,上面吊着一个高大的不锈钢桶,里面是早已炖烂的羊肉。见到我和胡安进了门,他连忙让妻子把他自己酿造的玉米酒端了出来。看得出来,他是一个非常热情好客的人。晚上的天气有些寒冷,我们三人围着火塘,一边吃着羊肉,一边喝着玉米酒。趁着倒酒的间隙,我站了起来,瞄了一眼锅里的羊肉。整个大桶并没有其他配菜,只有原色的羊肉和羊汤。这样白煮的羊肉,不仅没有惯常的膻味,反而有着一股天然的清香。我和胡安大块地吃着,雷米希奥频频举起酒杯。他的妻子和三个孩子,坐在堂屋一旁的餐桌上,妻子不时过来给他们盛羊肉。

喝了些许玉米酒后,雷米希奥黝黑的脸上泛起了微微的红色。他问我在中国是什么职业。胡安告诉他,我是一所大学的老师。有些微醺的雷米希奥告诉胡安,许多年前他也是老师,而且是为数不多的策尔塔尔老师。这倒一下子把我和胡安惊住了。单从外表上看,粗犷的雷米希奥穿着破破烂烂的衣服,说着有着浓烈口音的西班牙语,一双粗糙且皲裂的双手和没有一本书的房屋,很难让我和胡安将他与老师的身份联系起来。见到我有些迟疑,雷米希奥连忙解释,他说的"老师"不是上课的老师,而是给政府服务的"知识分子"的意思。雷米希奥得意地说到，他1994年至2000年在政府部门工作，负责圣城市政府组织的调查和援助策尔塔尔人的项目。作为当时为数不多的策尔塔尔知识分子，他自认为是帮助策尔塔尔人发展的"老师"，也是帮助政府了解策尔塔尔人的"老师"。

原来，萨帕塔运动爆发后，除了派出军队镇压萨帕塔民族解放军外，州、市政府也试图了解印第安人的诉求，为印第安人的发展制定一系列计划。无论是州还是市一级的政府，基本没有会说印第安语言的官员，政府的计划面临着缺少执行人员的困境。基于这一情况，市政府在圣城及其周边的农村征募会说西班牙语和土著语言的人士参与这一项目。当时，策尔塔尔人雷米希奥还居住在维斯坦的农村里，20来岁的他刚结束预科阶段的学习，顺理成章地成为村里唯一的推荐人选。两个月后，他收到了录用通知，从村里来到了圣城，成为了这一项目的执行人员。

我们正聊得起劲，他的老婆再一次过来盛羊肉，雷米希奥招呼着他的三个子女。他逐一向我们介绍，大女儿叫希拉，今年15岁，是预科学校的学生。二女儿是法维奥拉，今年12岁，是初中生。最小的儿子是富兰克林，今年10岁，是小学生。三个孩子怯生生地站在我们面前，让我和胡安有些不好意思，便连忙让他们回去吃饭了。雷米希奥非常热情，他不停地邀请我和胡安举杯。几个轮回下来，我已经有些迷迷糊糊了。到了最后，我更是醉得不省人事。不知道是什么时候，谁送我回的房间。第二天晚上，下了班的胡安来找我，我才知道昨天晚上我们喝到半夜，我把雷米希奥的堂屋吐得满地都是，是他最后把我送回了房间。胡安语重心长地告诫我："巴勃罗，你酒量不好。下次别人和你喝酒的时候，你一定要小心。万一醉倒在路上，没人送你回来，那可就倒霉了！"胡安建议我应该去给雷米希奥致歉，毕竟人家邀请我们喝酒吃羊肉，我却把他的客厅弄得一团糟。

第二天一大早，我特意去中心的市场上买了两斤牛肉，再去郊区的切德拉维超市买了两瓶龙舌兰酒。晚上7点多的时候，我拎着礼物到了雷米希奥的家。看到我双手拎着这些东西，正在门外洗衣服的妻子不知所措。她大声叫喊着雷米希奥。雷米希奥看到我两手满满，急忙把东西接了过来，抱怨我为什么拎这么多礼物。我为前天晚上的失态向他和他的妻子致歉，他微笑地摆了摆手，开玩笑似地说我应该向他的三个子女道歉。因为他们睡在大厅，我把大厅吐得满地都是，他们清洗了很久还有很大的味道，第二天他的妻子买了很多柏树枝铺在地上，浓烈的酒味才慢慢散去。面对雷米希奥和妻子们的玩笑，我尴尬得不知所措。他的妻子看到我坐立不安，邀请我到堂屋一坐。雷米希奥也半开玩笑地说，"进去吧，巴勃罗，酒味现在没有了。"

除了道歉外，我更想了解雷米希奥那晚没有说完的故事。

雷米希奥爽快地回答了我的问题。雷米希奥来自恰帕斯州的维斯坦，今年46岁，是策尔塔尔人。他的父母都是地道的农民。除了他以外，家里原本还有八个兄弟姐妹。其中一个弟弟在2岁的时候去世，还有一个兄弟27岁的时候参加了政府军，在一次和萨帕塔的作战中丧生，当时政府给了5000比索的补偿金。他的父母亲一直住在农村，2007年，父亲因为胃癌去世。如今，62岁的母亲和弟弟住在一起。原本雷米希奥也会和他的兄弟姐妹们一样住在农村。如前所述，1994年的政府招聘彻底改变了他的命运。政府将他从农村招募到了城市，最初让他负责入户调查工作，主要调查圣城及其周边策尔塔尔村社印第安人家庭的基本情况，尤其是收入情况和对政府的诉求。那段时间印第安人和政府部门之间的关系非常紧张。政府部门派出的工作人员基本没有办法深入基层印第安村社，入户调查的工作只能由印第安知识分子完成。因为萨帕塔运动，大部分印第安人都不愿意为政府服务。大量的入户调查的工作只有靠着十多个人的团队来完成。他们常常是早上8点多出门，晚上很晚还在路上。

我有些奇怪，为何大部分印第安人不愿意为政府服务，策尔塔尔人的雷米西奥却能够做出不一样的选择？雷米西奥告诉我，这一方面是因为生活的缘故。每个参与政府项目的印第安人,每月会收到1000比索的工资。即便是租住在圣城,每个月花掉500比索的食宿费用,剩下的500比索仍然是一笔不菲的收入,能够在相当程度上缓解家庭的压力。其次,雷米西奥坦言,他对革命制度党没有任何恨意。正是革命制度党的分配土地的政策,原本在种植园里做苦力的父亲才能分配到属于自己的土地。他在继承父亲土地的同时,也能分配到属于自己的土地。即便是新自由主义改革导致印第安社区出现一些问题,但他也觉得这些问题只是阶段性的,他相信政府会妥善解决这一问题。萨帕塔不应该组建自己的军队,与政府发生直接的冲突。雷米希奥的观点并非孤立,我在圣城遇到过不少革命制度党的忠实支持者。他们多来自一些偏远的、丛林地区的印第安农村,革命制度党的土地分配制度和国家社团主义政策深深地赢得了他们的支持。20世纪80年代以来,革命制度党推行的新自由主义改革对一些偏远的印第安农村和年长的印第安人农民影响甚微,他们并没有觉得政策改变对他们的生活产生影响,反而害怕政党更迭会威胁到他们的既得利益,所以革命制度党在这些地区有着颇为深厚的影响力。

2000年,随着萨帕塔自治区的建立和整个恰帕斯地区局势的日渐平静,政府中断了对于印第安人的调研和资助计划,雷米希奥失业了。此前,他在圣城认识了同是策尔塔尔人的妻子,并和她生下了一个女儿。突如其来的失业让雷米希奥很是生气，因为在辞退他以前，市政府没有给他任何消息。他和十多位同事一起到圣城市政府静坐抗议，一个月下来也没有收到任何回复。迫于生计，他开始在市场里找活干。十多年下来，雷米希奥干过售货员、农场小工、餐厅服务员和建筑工等一系列工作。目前，他正在做着泥瓦匠的工作，一天的收入是100比索左右。自从1999年生下女儿后，他的妻子就一直在家里照顾孩子和家庭，闲暇的时候也会制作一些策尔塔尔的纺织品。雷米希奥告诉我，这些纺织品的销售情况并不乐观，妻子的收入只能补贴家用，整个家庭的经济情况很差。2012年，当他听一些朋友说马里亚诺建立了圣卢西亚自治社区后，就带着全家搬到了这里。

雷米希奥是社区安全委员会的成员，下班以后承担着维护社区治安的工作。不一会儿，治安委员会的同伴们就过来叫他出工。我也跟着他们一边巡逻，一边和雷米希奥继续聊着。雷米希奥告诉我，虽然他现在经济条件并不好，但他坚信只有读书才能够拥有未来。除了送三个子女上学外，他还额外给他们在市中心的培训中心报了名，让三个子女学习英语和计算机等课程。他知道很多恰帕斯州的印第安人在美国务工，他们一个月的收入都在几万比索以上。如果会说英语、会点儿计算机，收入会更高。所以，他认为很多自治社区的居民早早地让小孩辍学是不明智的,"他们应该目光长远一点,哪怕是去美国务工,读书的也比不读书的要挣得多。"

巡逻的过程中,雷米希奥不停地和过路的居民们打着招呼,见到马里亚诺在办公室门前坐着,他连忙走了过去,给他递上一支香烟,和他聊了起来。20多分钟后,雷米希奥才走了过来。看到我一直在等他,他有些不好意思。"很多事情,我得和马里亚诺汇报!"雷米希奥似乎很受马里亚诺的器重。他告诉我,虽然他还不是社区委员会的成员,但马里亚诺承诺,下一次社区委员会里应该有他。我询问他下一次是什么时候,他告诉我,可能是明年,也可能是2016年。虽然目前自治社区仍然是非法的状态,但雷米希奥对当前的状况很是满意。他只需要交很少的一部分钱,就可以在圣城拥有房子和土地,这是过去很难想象的。他始终相信,只要社区居民坚持抗争,他们一定会让社区合法的。

然而,在目前的状况下,自治社区仍然是被定性为非法占领,政府并没有放弃对于社区民众的驱逐。曾经是革命制度党支持者的雷米希奥并没有否认这一现实。

如今的革命制度党已经不是几十年前的革命制度党了,他们想着的不是怎么帮助穷人,而是想着怎么给自己捞钱。你看现在的总统，人们都夸他长得帅，但是他给穷人做了什么呢？教育改革让印第安人的教师失业，医疗改革让穷人看不起病。因为他们没有经历过独立战争和大革命，没有那种团结一致的思想，所以，他们想的只有自己。我的失业是这样，圣卢西亚自治社区的现状依旧是这个问题。

正是因为这一观点，雷米希奥声称自己一直给予马里亚诺最大的支持。无论是马里亚诺去图斯特拉-古铁雷斯参加政治活动，还是代表自治社区前去墨西哥城游行示威，他都给予其最大的支持。他甚至告诉我，上个月马里亚诺的墨西哥城之行，别人只捐了200比索，他捐了500比索。

圣诞节

12月21日的社区大会上，马里亚诺宣告了三件事情。首先，圣诞节就要来临，如同前两年一样，12月24日的平安夜，自治社区会举办一系列的庆祝活动。他要求文化委员会的成员们按照往年的惯例做好各项准备工作。安全委员会要加强巡逻，确保圣诞期间自治社区的安全。圣诞节的社区庆典需要大量的鸡肉、饮料和脆饼，他希望社区居民能够捐赠这些物品，共同办好圣诞节的集体庆典。其次，马里亚诺特意强调，由于圣诞节和新年即将来临,社区居民会频繁地聚餐和访友。大家在聚餐的时候一定不要酗酒,避免造成冲突。社区外居民来访时一定要注意甄别,避免对社区安全造成影响。最后,马里亚诺肯定了2014年度安全委员会和节日委员会的工作。新年之后,2014年的安全委员会和节日委员会的工作就结束了。他希望没有参与过两个委员会的住户以家庭为单位积极报名,承担维护社区治安和传承民族文化的职责。

此后的几天里,自治社区弥漫着节日的氛围。节日委员会除了打扫街道、清理办公室和社区教堂外,还在自治社区的主干道上悬挂红、黄、蓝、绿等各种颜色的彩带。家家户户也开始打扫卫生,清理垃圾。不少人家或是在堂屋,或是在房屋外侧的檐廊下,摆放郁郁葱葱的圣诞树,并在上面悬挂着五颜六色的彩灯。经济条件稍微好一点的居民用茅草搭建了神台,里面摆放着圣母玛利亚和婴儿状的基督耶稣的雕像,四周布满了柏树枝。简陋破败的教堂亦被节日委员会装饰一新。门框上悬挂的各种颜色的彩带连接着教堂外侧的大树。教堂里侧的神台也被重新装饰,原本的卢西亚女神像依旧矗立在中央。神台右侧的下方是一个茅草搭建的神棚,缠绕着一系列彩带和彩灯,两侧装饰了许多绿色的树叶。神台里摆放着圣母玛利亚的神像,婴儿状的基督耶稣躺在一侧的茅草中。神台前供奉着许多蜡烛,铺满了柏树枝的地上摆放着微型的基督耶稣、牛、羊等一系列小动物，并用彩灯与外界隔离开来。神台的一侧亦是挂满彩灯、彩带的圣诞树。在教堂的另一侧，一个简陋的舞台搭建完毕。无论我走在哪里，自治社区的民众都会微笑着和我打招呼，彼此祝福着"圣诞快乐"。

平安夜当天的下午，刚刚吃过午饭，节日委员会的成员们就开始忙碌了。他们在社区教堂的外侧搭了一个简陋的厨房，开始制作聚会的食物。除了常见的鸡肉饭外，自治社区还为大家准备了洛神花茶饮料、棉花糖和油炸的薄脆片。节日委员会的女性一边制作着这些食物，一边将这些食物打包装袋。委员会的男性们在一旁制作各色的皮尼亚塔。皮尼亚塔是风靡拉美地区的一种玩具，多是用泥土和纸板糊制而成，里面装着各种糖果和美食。传说皮尼亚塔起源于中国，是中国人在庆祝新年时互赠红包的变异。据说马可波罗将这一习俗带入意大利，并演变为意大利基督徒四旬斋的庆祝活动。此后，西班牙传教士将这一传统带入美洲，赋予其宗教的隐喻。最初的皮尼亚塔是七角形的，象征着天主教徒的七宗罪。皮尼亚塔艳丽的外表和鲜艳的色彩象征着现实世界的多重诱惑。信徒们手持棍棒将皮尼亚塔打破寓意信仰与美德对邪恶诱惑的战胜。皮尼亚塔破裂后糖果与美食的洒落寓意信众战胜了诱惑，得到上帝的奖励。在圣卢西亚自治社区,节日委员会为圣诞节准备的皮尼亚塔,除了有七角星形外,还有各种色彩鲜艳的玩偶样式。

傍晚时分,天色逐渐暗了起来,自治社区的广播传来了召集大家在社区教堂集合的声音。教堂的里里外外已经挤满了人,在此起彼伏的音乐声中,大家的脸上挂满了笑容。不一会儿,胡安走上了舞台,他向大家通报今天晚上的安排。首先是神父来给大家做祈祷,接着他会带领大家去自治社区的草棚再现基督耶稣降生的场景,最后是社区狂欢。在胡安说完后的很长一段时间里,神父还没有到来。节日委员会的成员们在教堂门口给大家发放食物。除了这些礼物外,每个儿童都领到一大把烟花。小孩子们或是点燃烟花四处奔跑,或是举着烟花一起玩耍。五彩的烟花映衬着小孩子们童真的笑脸,一度让我忘却了所有痛苦与烦恼。

大约一个多小时后,神父姗姗来迟。所有的人举着蜡烛,站了起来,在神父的指挥下做着一系列的祈祷。40分钟后,祈祷仪式结束。胡安背着吉他、率领着一群人拿着火把朝外走去,我和他们一同走到了位于社区办公室南侧的草坪上。草坪上已经布置了一个和教堂里侧一样的茅草棚。胡安弹起了吉他,开始了吟唱,手持蜡烛的居民们在一旁伴唱,胡安唱的是在当地颇有影响的赞美颂歌《河里的鱼》:

看看河里的鱼怎么喝,

它们怎么喝才能见到上帝的诞生。

他们喝了又喝,

河里的鱼看见上帝诞生。

圣母正在洗尿布,

并将它们放在迷迭香上:

鸟儿在唱歌,

迷迭香盛开。

看看河里的鱼怎么喝,

它们怎么喝才能见到上帝的诞生。

他们喝了又喝,

河里的鱼看见上帝诞生。

圣母正在梳头,

在窗帘与窗帘之间。

她的头发是金色的,

还有精美的银梳

> 它们喝了又喝，
>
> 因为它们看到上帝诞生了，
>
> 他们又喝又喝又再喝，
>
> 河里的鱼看见上帝诞生。

赞美颂歌的习俗起源于西班牙乡村。那些没有权势的乡野村民使用民间的曲调吟唱赞美耶稣和圣母玛利亚的歌曲。在与穆斯林长达8个世纪的战争结束后，天主教士们也致力于以民间的方式传播福音，形成了赞美颂歌的传统。这首《河里的鱼》旋律简单，曲调颇有阿拉伯的风格。歌词讲述的故事也很有画面感：宁静的河边，圣母玛利亚在梳洗，水里的鱼游来游去，他们见证了上帝的诞生。如同鱼和水一般，信众们置身于天主教的场域之中。象征着重生与永生的迷迭香、代表着神圣智慧的黄金和象征纯净、救赎的白银都有着强烈的宗教隐喻。

在唱完赞美颂歌后，胡安念了一段冗长的祷告文，居民们闭着双眼，双手合十。结束后，胡安拿着树枝，沾上些水，朝草棚里的圣母玛利亚和婴儿状的基督耶稣洒去。仪式结束后，胡安用毛毯包起基督耶稣，社区委员会年长的胡安抱起玛利亚，一旁的几个信众给他们撑着伞，一行人朝着社区教堂走去。两个胡安分别把玛利亚和耶稣安放在舞台一侧的草棚内。

神父带领着大家开始做祈祷。结束后,胡安抱着吉他,在另一侧的舞台上唱起了宗教歌曲《瓜达卢佩之歌》:

> 一个美丽的早晨,她从天而降,
> 一个美丽的早晨,她从天而降,
> 瓜达卢佩圣母,瓜达卢佩圣母,
> 瓜达卢佩圣母显圣在特佩亚克山。

> 她恳求地举起手,
> 她恳求地举起手,
> 她是墨西哥人,她是墨西哥人,
> 她的举止和容貌都是墨西哥人。

> 胡安·迭戈紧贴着山路走,
> 胡安·迭戈紧贴着山路走,
> 他越来越走近,他越来越走近
> 他越来越走近,听见了歌声。

> 圣母对胡安·迭戈说,
> 圣母对胡安·迭戈说,

我选择这座山,

我选择这座山为我建造祭坛。

在画着玫瑰花的斗篷上,

在画着玫瑰花的斗篷上,

她崇拜的形象,她崇拜的形象,

她为我们留下了崇拜的形象。

墨西哥人的母亲,墨西哥人的母亲,

您在天堂,您在天堂,

您在天堂为我们向上帝祈祷,

您在天堂为我们向上帝祈祷。

从那个时候起,所有的墨西哥人,

成为瓜达卢佩的信众,成为瓜达卢佩的信众,

最根本的事情是成为瓜达卢佩的信众,

最根本的事情是我们是瓜达卢佩的信众,

最根本的事情是我们是瓜达卢佩的信众。

此时,天气已经变得很是寒冷,节日委员会的成员们在教堂

胡安率领社区民众演唱《瓜达卢佩之歌》

门口架起了炉灶,煮起了热气腾腾的红茶和鸡肉饭,居民们可以自行取食。另一组社区委员会的成员将此前制作的皮尼亚塔拿了出来,挂在门口布满彩带的大树上。儿童们纷纷被皮尼亚塔吸引,将自治社区的大门堵得水泄不通。悬挂完毕后,大家开始起哄,争当第一个敲击皮尼亚塔的幸运儿。马里亚诺的儿子达尼成为了第一个人选。节日委员会的负责人给他蒙上眼罩,他手持棍棒,四处挥舞着。一旁围观的儿童一边退让,一边给他指挥方向,更多的人开始起哄:

下篇　圣卢西亚:一个印第安自治社区的抗争故事　　　283

打它,打它,打它,

不要放弃目标,

因为如果你放弃了,

就会迷失方向。

你已经打了一次了,

你已经打了两次了,

你已经打了三次了,

你的时间结束了。

社区教堂外的皮尼亚塔在傍晚时分就悬挂上了

三次击打后,达尼并没有敲中皮尼亚塔。按照规矩,他必须摘下眼罩,将棍棒交给下一位。何塞的女儿马里萨接过棍棒,一旁的同伴亦重复着此前的喊叫。或许是马里萨有着女性天生的方向感,她三棍都敲在了皮尼亚塔上。可惜她的力气太小,皮尼亚塔只是破了点皮。直到第五个小孩——雷米希奥的女儿法维奥拉上场,整个皮尼亚塔才彻底打破。在法维奥拉敲开皮尼亚塔的那一刻,装在皮尼亚塔肚子里的棒棒糖、奶糖、巧克力和小玩具如天女散花一般落地,孩子们四处跑开,争相抢着捡地上的糖果和玩具。敲击手法维奥拉因为摘眼罩的缘故没有任何收获。几个抢到糖果的小伙伴,争相跑到法维奥拉的面前,将糖果分享给她。节日委员会的成员们又将另一个皮尼亚塔悬挂了上去。不一会儿,新的一轮敲击皮尼亚塔又开始了。

我原本以为,在这样一个特殊的日子里,社区的每一个成员都是开心的。可我却注意到,胡安正在墙角默默地喝着闷酒。我询问他有什么心事,他没有回答我,只是和我朝外走去。不知道什么时候开始,天空已经下起了细雨。我和胡安来到了曼努埃尔的家。原本开着的小卖部已经关门,曼努埃尔在后门的庭院处烧了一大堆火。火炉的四周是他提前准备的一箱索尔啤酒。胡安和我坐了下来,他的脸色依旧难看。喝了几罐闷酒后,胡安告诉我,他这几天的心情不太好。一个朋友收到线报,政府最近在考虑将他们赶出自治社区,他现在很是担忧,害怕政府会趁圣诞和新年假期,大家正放松的时候将他们赶走。曼努埃尔和我宽慰着胡安,圣诞节并非只是自治社区居民的节日,而是墨西哥乃至大部分世界的节日。自治社区的居民要放松庆祝,政府的军队、公务人员也要放假庆祝。胡安大可不必为此焦虑。胡安并没有回应我们,只是摇了摇头,不愿意多说。见他心情不好,我们只能一次次地举杯。当第四瓶啤酒打开后,胡安告诉我们,这是他最后一瓶了,他不能多喝,不然如果真的政府派什么人来,他都没法应对。

果然,自治社区的广播突然响了。马里亚诺在广播里召集安全委员会的成员,要求他们迅速赶到自治社区西北侧的围墙处。胡安迅速地站了起来,拿起一旁的警棍就朝外走去,曼努埃尔奔向里屋,他应该是去拿枪了。西侧的围墙是自治社区和外部的分界,矮矮的围墙并没有太多的防护作用,有时白天就有一些不法分子从那里翻墙进入社区。当马里亚诺的召集令传来的一刹那,我们都以为那里遭受了攻击。当我们达到那里的时候,才发现事情并没有我们想象的那么糟糕。治安委员会的成员们逮住一位骂骂咧咧的男子,我们上前一看,才发现是社区居民安东尼奥。原来,因为今天是平安夜,安东尼奥饮酒过量了。妻子不满他酗酒,对他多说了几句,惹得他不快,两人争吵起来。安东尼奥扇了妻子几个耳光,妻子也用木棍打了安东尼奥。一旁的子女们想要劝架,怒火中烧的两人却都不认输,安东尼奥甚至拿出了家中的手枪。儿子眼见局势没法控制,才给马里亚诺打了电话。治安委员会的成员趁安东尼奥不注意,把他的手枪夺下,将他捆了起来。匆匆赶来的马里亚诺很是生气,他训斥着安东尼奥的妻子和子女,告诫他们为什么不注意,任由安东尼奥喝那么多酒。马里亚诺警告他们,如果再发生类似事情,他会在第一时间安排安全委员会的成员将他们驱逐出自治社区。此时的安东尼奥似乎并不清楚发生了什么,仍在喋喋不休地骂着。马里亚诺吩咐安全委员会将安东尼奥关到社区办公室的空房里,明天早上等他酒醒了再放出来。

事情处理后,我和胡安离开了安东尼奥的家。此时,自治社区的大部分居民已从教堂中离开。他们回到自己家中,或是在门口,或是在后院,点起一堆火,一家人围坐在一起,在这宁静的平安夜交谈着、祈祷着。我们挨家挨户地问候着每一户居民。每一户的主人们都热情地邀请我们喝上一杯。当我们到达曼努埃尔的家时已是半夜12点了。此时,曼努埃尔的妻子正在打扫后院的灰烬,看到我们来了,她连忙把曼努埃尔叫了出来。

"没事,已经12点了,大家都睡觉吧!"胡安摆了摆手。

"已经12点过了,他们今晚应该不会再派人了吧。"

我应和着胡安,"是的,应该不会了吧!"

社区保卫战

圣卢西亚自治社区的居民们不仅平安地度过了平安夜,12月25日的圣诞节也没有发生任何事情。自治社区的人们有条不紊地过着每一天,这样的日子一直持续到28号。12月29日是节后工作的第一天,自治社区也在这一天安排了重要活动。从10月份开始,自治社区每个月都会在9·26惨案发生的26日组织居民上街游行,声援惨案中失踪的学生,由于恰逢节日,12月的游行推迟到了29号。

因为正处于新年假期,自治社区的很多居民因为工作原因没有办法参与游行,这让胡安有些苦恼。12月28日的上午,自治社区委员会在办公室里召开会议,商议如何解决这一问题。马里亚诺和年长的胡安认为,既然人数不够,加之最近处于圣诞和新年两个节日之间,大规模的游行示威与节日氛围冲突,他们建议取消此次的游行。胡安和卢西奥并不赞同这一意见,他们认为,节日期间的游行更能警醒民众,对政府施压,具备比日常游行更好的效果。年轻人的主张获得了胜利,明天下午的游行继续进行。社区委员会建议将自治社区所有在家的民众,包括老人、小孩全部动员上街。安全委员会的16名人员中,6名上街参与游行,留下10名在社区维持基本的秩序。这一决定出来后,胡安有些担忧自治社区的安全。卢西奥宽慰着他,游行最多只有三个小时,且都在圣城市区,想必不会发生什么意外。即便真的出现什么问题,参与游行的队伍也可以迅速返回社区。

28日晚上的弥撒,马里亚诺宣告了明天出门游行的事宜。29日下午两点半,自治社区的广播就开始发出通知,要求社区所有在家的民众务必出门参加半个小时后举行的游行。持续的通知一直播放到三点一刻。大约300多名老老小小聚居在自治社区的大门口。队伍前列的胡安指挥着大家。他的身后是举着"我们不能忘记""萨帕塔永生、斗争继续"标语和43名学生遗像横幅的社区居民,剩下的老老小小跟在队伍的后面。按照计划,游行队伍从圣卢西亚自治社区出发,一直朝南走向中心广场。在中心广场停留片刻后,再朝新区的法院走去。绕法院一圈后再返回城市中心广场和市场,整个线路大约有5公里的距离。

适逢新年,圣城聚集了大量的游客,城市中心的广场被各种摊贩们占据。游行队伍到达中心广场时,根本无法维持秩序,一些老人和儿童被挤得四处分散。眼看着原本成行的队伍四分五裂,胡安急忙跑到广场中心的十字架台上,举起话筒,大声号召大家以此为中心凝聚起来。在胡安充满激情的动员声中,大家总算围了过来。队伍前列的居民们将横幅举了起来,胡安向围观的游客们大声地讲述着伊瓜拉市的惨案,呼吁大家动员起来,找到遇难者的遗体,严惩凶手。演讲的结尾,胡安大声地呼喊着口号:

"一个都不能少,斗争继续!"

广场上响起了此起彼伏的呼应声。

走下舞台的胡安继带领着游行的队伍冲破层层的人流,朝新区的法院走去。差不多40分钟后,我们才到达位于新区的市政府和法院前的广场。这里街道开阔,人员不多,胡安和社区民众准备发起时间更长的演讲。自治社区的居民们围成一个圆圈,大家纷纷席地而坐。胡安手持话筒,开始发表谴责政府的声明。

演讲刚刚进行了几分钟,卢西奥突然示意胡安停止演讲。他走了上去,低声和胡安交谈着,胡安的脸色一下子变了。一分钟后,他通知年轻人迅速地跟他一起跑回自治社区,老年人和儿童由他的妹妹胡安娜带领,暂时留在这里,不要返回自治社区。费了九牛二虎之力,我好不容易追上了卢西奥。从他的只言片语中,我得知一群暴徒正在攻击自治社区。他再次告诫暂时不要前往自治社区。我放慢了脚步,往回走向留守的居民队伍中。

胡安娜告诉大家,她隐约听到胡安和卢西奥的对话,好像是半个小时前,20多个暴徒持枪和其他武器攻击自治社区。由于

市政府前等候的社区居民

不知道自治社区的具体情况，我和胡安娜只能安慰着大家，祈祷自治社区平安。一些老人们静静地坐在地上，他们闭上双眼，开始祈祷。为了宽慰大家，胡安娜不断地和大家讲述此前自治社区数次遭驱逐的事。虽然每一次都有各种坎坷，但最终自治社区都安然无恙。她让大家不要着急，稍微等一等就好了。

差不多一个多小时后，胡安娜终于接到了卢西奥打来的电话。他们已经将侵入社区的暴徒赶走了，大家可以往回走了。然而，暴徒走的时候在自治社区隔壁的玛雅医学中心放了一把大火。由于医学中心没有人员值班，大火迅速地燃烧起来，玛雅医学中心的农场已经陷入一片火海中。虽然自治社区已经派人前去扑救,但自治社区北部与玛雅医学中心相邻的区域仍然可能遭受大火的吞噬,卢西奥特意嘱咐居住在北排房屋的居民,暂时到自治社区的办公室集合,不要贸然返回家中。一个小时后,我们抵达自治社区。此时,自治社区的大门紧闭,在反复确认没有闲杂人等后,安全委员会守门的人员才将大门打开。胡安娜在一旁清点人数,所有人员排队依次进入社区。我在门口碰见了正在指挥救火的胡安,他将我带到了玛雅医学中心的着火现场。

玛雅医学中心有着高达两米的围墙。由于医学中心负责人外出度假,自治社区没有人值班。社区成员们只能踩着几辆架在墙边的自行车跃入医学中心的农场。在胡安的帮助下,我踩着自行车坐垫,趴在医学中心的围墙上。原本宽敞的玛雅医学中心弥漫在一片浓烟中,肉眼可及的几个帐篷正在燃烧着。因为没有水源,自治社区的居民们只能用衣服、树枝灭火。另一群人正在北墙打洞,试图将自治社区的水引入医学中心。医学中心的围墙是特意加固的,居民们费了九牛二虎之力,才勉强打通了一个小洞。因为缺少长水管,自治社区的水只能通达到围墙附近。救火的人员拎着水桶,一桶一桶地朝着火苗浇去。农场中央的火实在是太大了,人们始终没有办法靠近。最后,社区成员们扑灭了四周的火,在中心火圈的外围清理出了一个隔离带,并浇了数十桶水,才逐一从医学中心的火场上撤离,此时已经快晚上8点30分了。

参与救火的成员们疲惫不堪地回到了社区办公室。胡安瘫坐在沙发上,他喝了一口水,向大家讲述刚刚经历的惊心动魄。在我们刚刚抵达市政府和法院广场时,一群暴徒拿着铁棍冲击自治社区的大门。万幸的是,因为大部分人员不在自治社区,安全委员会的成员们提前锁住了社区的大门,暴徒们才没有突破防线。安全委员会的几个成员立马跑到社区大门附近马里亚诺的家中,搬出几架机枪,一边叫嚣着让他们撤离,一边在一旁扫射。暴徒们有所畏惧,从社区大门处撤离,朝社区围墙的北侧跑去。留守的安全委员会只有10人,他们无法守住长约300米的北侧围墙,只好通知胡安。当胡安和几个精壮的居民开车赶回自治社区北侧围墙时,几个暴徒已经翻至围墙墙头。胡安鸣枪示意,他们才慌忙逃离。眼见没法破坏,穷途末路的暴徒朝北侧的医学中心扔下了好几个汽油弹。虽然自治社区遭遇攻击,但为了避免报复,安全委员会并没有朝歹徒射击,只是朝着他们身边的土堆开了几枪。不一会儿,安全委员会的成员前来报告,医学中心的大火已经扑灭,大家可以休息了。喝了一口水后,胡安跑到了广播室,向大家通报了刚才发生的事情,他告诉大家歹徒已经被赶跑,社区已经安全了。此外,他要求安全委员会24小时必须在岗,提醒大家节日期间提高警惕,尽量不要邀请朋友来社区做客,以免闲杂人员混入其中,威胁社区安全。

我和胡安饥肠辘辘地返回家中,家人们已经在吃饭了。马里亚诺不断地提醒我,这两天自治社区很不安全,我一定要避免在社区门口逗留。马里亚诺甚至建议如果可能的话我可以外出旅游避一避风头。我觉得风险并不大,谢绝了马里亚诺的建议。此后,马里亚诺询问胡安是否知道为什么歹徒能准确地在大家外出游行的时间发出攻击,胡安满脸疑惑。自从2013年自治社区发动州内政治力量,将两级政府违背诺言、肆意拘捕马里亚诺的行径揭露出去后,政府再也不敢直接派出警察前来抓人了,但这并不代表着他们彻底放弃了这片土地。圣城有着许多由混混、黑帮组成的准军事组织,他们拥有自己的武器,靠打砸抢烧谋生。在无法公开驱逐的情形下,恰帕斯州政府、圣城市政府通过给这些准军事组织资助,让他们屡次三番前来骚扰。此次前来骚扰的都来自"恰帕斯传统市场和承租人协会"和"美好恰帕斯环境组织协调者"。胡安觉得奇怪,不知道这些准军事组织是如何得知自治社区的行程。他担心接下来的几天还会有类似的情况出现。歹徒们放火烧了玛雅医学中心,究竟有着怎样的意图。我猜想或许是歹徒临走时的垂死挣扎,没有什么其他复杂的含义，胡安摇了摇头。

此后的几天里，自治社区人心惶惶，原本一周三次的社区大会也停止了。社区大门紧闭，安全委员会的成员们增加到了32人，他们每小时巡逻一次，保卫自治社区的安全。12月31日的晚上，举国欢庆新年之际却是自治社区格外紧张的时刻。马里亚诺和胡安等社区委员会的领导率领安全委员会的成员，手持警棍在社区内部来回走动。直到晚上10点多，胡安才召集大家在社区办公室的堂屋里吃饭。为了安全起见，这顿晚饭只有主食、各种饮料和一些啤酒，一滴烈酒都不提供。万幸的是，几天下来，自治社区没有再出现过任何可疑情况。

1月4日是周日，晚上，我照例前往自治社区的教堂，准备参加周末的祈祷。一直到晚上8点多，都没有神父前来。马里亚诺告诉大家，已经查明是28日晚前来自治社区主持祈祷的神父将消息泄露给政府部门。今天上午，自治社区委员会召开了一个上午的会议，禁止圣城教区的神父来社区传教，从今天起，自治社区再也不会出现城市教区的神父了。对于天主教和印第安社会之间的矛盾，我曾有所耳闻。在圣城，主教萨穆埃尔·鲁伊斯·加西亚（Samuel Ruiz García）却是一个同情印第安人的善人。他曾在萨帕塔运动期间充当调解人，帮助萨帕塔民族解放军和政府军之间的斡旋。正因为如此，当圣卢西亚自治社区建立教堂时,便和临近街区的神父取得了联系,邀请他们前来主持仪式。可惜的是,萨穆埃尔主教已经于2011年过世,如今的圣城,部分天主教士早已成为政府的拥趸。

原本以为随着新年的到来,自治社区不会再有其他意外。可是没过几天,《恰帕斯日报》上就登出一条新闻,宣称玛雅医学中心的火灾是自治社区居民所为,其目的是为了侵占更多的合法土地。这一新闻还指责胡安等人是罪行累累的强奸犯,犯下了诸多的罪行。拿到这份报纸,马里亚诺和胡安气得破口大门。冷静之后,胡安告诉我,这是政府惯用的伎俩。他们通过各种方式抹黑自治社区,从而为他们驱逐自治社区创造合法性。胡安气愤地说到,他一定不会让他们的阴谋得逞。他会联系教师工会和大众农民阵线,在自治社区召开新闻发布会,向外界公开真相。

此后的几天里,恰帕斯州内的多个政治组织、当地的电台、报纸和电视等媒体深入圣卢西亚自治社区,通过采访周边和社区居民的方式,向外界揭露事情的真相。这样的采访一直持续了差不多一周的时间,每来一拨记者,胡安总是配合他们的采访,一遍又一遍地讲述着事件发生的情形。或许是迫于自治社区的据理力争,此后的数十天里,再也没有发生过类似的事件。

胡安的苦恼与理想

在马里亚诺的观念中,来自中国的我是一名大学老师,肯定有着不菲的收入。他曾数次有意无意地跟我提及,希望我能给予自治社区一定的援助。因为胡安曾经告诫过我,我以没有带足够金额的银行卡为由,婉言拒绝了马里亚诺的要求。好在每个月我都按时缴纳社区治安维护费,对马里亚诺和卢西奥的一些政治活动,我也和其他居民一样给予支持。加之,我时不时会从临近的中心市场购买烧鸡、猪肚、鱼等食材,马里亚诺也没有因此记恨于我,捐赠的事情也就不了了之了。

新年后一个周六的晚上,我又一次在马里亚诺家吃晚饭。因为恰逢周末,全家人聚集在一起。或许是故意想让我做出承诺,马里亚诺又一次提出了捐赠的问题。他询问我,这次没有带那么多钱,下次过来的时候能否多带几张银行卡,援助下这里贫困的印第安人。迫于马里亚诺的强大压力,我一边吃饭,一边点着头。坐在我一旁的胡安拍了拍我的胳膊,朝我使了个眼色。或许是注意到胡安的态度,马里亚诺不再做声。此后,整个饭桌就陷入到一股奇怪的氛围之中,一直到妈妈前来收拾碗筷,大家都没有再说一句话。

饭后,胡安邀请我去社区边缘的足球场散步。我们一边走着,一边聊着今天的事情。胡安特意嘱咐我,"巴勃罗,我知道你可能有钱,我也知道你愿意帮助我们,但你下次过来的时候,请你务必不要把钱给我的父亲,因为我的父亲肯定会扣掉一些。我们一起开车去超市,把钱都换成物品,这样,我的父亲就没法扣了,他也不会生气。"我知道此前因为入场费和经费的使用问题,胡安已经和父亲起过了几次冲突,问他是不是又和父亲闹矛盾了。胡安摆了摆手,告诉我昨天他和马里亚诺大吵了一架,甚至闹到要断绝父子关系的地步,马里亚诺让他离开自治社区。我安慰胡安,毕竟马里亚诺是他的父亲,他应该有所体谅。胡安却一直很是愤怒,声称他永远也不会原谅马里亚诺。

原来,这几天有一些无家可归的印第安人申请入住自治社区,其中一位是带着两个幼儿的单身妈妈。胡安请示了社区委员会,获得了他们的同意。胡安准备将他们安置在社区教堂对面的空房里,马里亚诺却将他们拦了下来。他坚持要这位可怜的女士缴纳 2000 比索的入场费,最终这位女士因为一时无法筹集这笔款项,只能从自治社区中搬离。胡安既伤心于这位女士的不幸遭遇,也愤怒于马里亚诺的独裁和贪婪。他径直找到马里亚诺,试图劝说父亲让这位可怜的女士留下来,马里亚诺并没有同意,反而将原本留给她的住处给了另外一位条件较好的印第安人。

"并不是说他们不能入住，只是她有两个孩子，又没有丈夫，我们应该首先帮助她。何况社区委员会已经通过了她的申请，马里亚诺一个人却推翻了大家的决定。他真的是一个独裁者。"胡安愤愤地说道。

"为什么马里亚诺会同意另一个人的申请呢？"

"为了钱，那户人家给了马里亚诺2000比索，所以马里亚诺才同意他的申请"。

胡安和马里亚诺据理力争，马里亚诺一直不为所动，胡安破口大骂马里亚诺是独裁者，这下可惹恼了马里亚诺。父子俩在社区委员会的办公室里大打出手，最终还是在其他委员的劝解下才稍微平息。虽然事情已经过去一天了，胡安依旧忿忿不平。他反复向我解释，原本以为父亲会逐渐改变，但现在却发现这是根本不可能的事情。

过了一会儿，平静下来的胡安跟我解释到，他之所以这样愤怒，并非仅是出于对那位可怜母亲的怜悯，亦非是对父亲个人的不满，更多是对社区未来命运的担忧。多少年来，包括墨西哥在内的多少政权因为领导人的腐败、独裁走向覆灭。如果不能克服自己的私欲，没有真正奉献的精神，任何政权都不会长久地存活。只有1000多人的自治社区，更容易被外界因素鼓动。胡安所言非虚，虽然马里亚诺警告我不能调查财务问题，但我能感觉到自治社区有不少对马里亚诺不满的人。这些人经济状况很差,他们因为生计问题被迫居住在这里。一旦有外部势力的驱动,很难保证他们不会起来直接反抗。胡安赞同我的看法,但他却坚持认为,即便没有外来力量的诱惑,马里亚诺的贪婪和独裁也会激起他们的反抗。我宽慰胡安,或许情况没有那么糟,或许马里亚诺会改变。胡安绝望地摇了摇头,他认为只有让父亲再去坐牢,才能让他明白如何使用权力。自知两父子的隔阂远非我能劝解,我也不再多说什么。

此后的几天里,胡安一次都没有出现在饭桌上。他不接我的电话,也不回我在 WhatsApp 里留的消息。直到周五晚上十点多,胡安突然给我打了电话,问我愿不愿意出去喝酒。我们又一次在自治社区对面的小酒馆里坐了下来。我点了一份卷饼和烤肉,就着啤酒吃了起来,他只是点了几瓶啤酒。胡安突然问我,"巴勃罗,你相信切·格瓦拉和马科斯的故事吗?"切·格瓦拉和马科斯为了拉丁美洲的贫困大众奉献了自己的一切。在包括恰帕斯在内的拉美的广袤大地上,流传着许多关于他们近乎神一般存在的传说。平心而论,在来拉美之前,我对这些领袖充满着敬畏之心。但萨帕塔之行以及在自治社区的生活经历,让我开始对这些领袖产生了些许的怀疑。我能理解革命的胡安对切·格瓦拉和马科斯的情感,但也不愿意盲目地表示认同。对于胡安的提问,我迟疑了。见我迟迟未做回答,胡安不再追问。"不管你信不信,这样的人是真的存在的。我的理想就是成为他们这样的人。"见他如此一本正经,我只好尴尬地笑了笑。

见我沉默不语,胡安开始阐述他的革命理想:

> 我们要通过革命,建设一个社会主义的国家。这个社会主义的国家不应该只是富人的国家,也是我们印第安人的国家。我们愿意团结一切愿意帮助印第安人的富人,我们排斥一切以自我为中心的富人。我看过《乌托邦》这本书,《乌托邦》里面描述的社会就是我们一直向往的社会主义的社会。这种社会的建立,只有通过我们不断地革命才能实现。我们之所以要实现社会主义的建设目标,不仅是为了改善印第安人的生存状况,更是对墨西哥和拉丁美洲甚至全球人类的考虑。梅斯蒂索人是没有文化之根的,我们的印第安人是墨西哥的原住民,我们种植植物,饲养动物,我们有自己的世界观,这些是我们墨西哥能够在全世界立足的依据。这些都是来源于印第安人的。但是,我们的印第安人却没有得到应有的地位,不断地被殖民者和统治者们掠夺、否认,所以我们印第安人的历史是充满斗争的历史,印第安人通过革命获得了土地,印第安人通过革命也能

建立社会主义的社会。只有建立社会主义的社会,印第安人文化才能得以传承,墨西哥民族才能保存他们独一无二的身份标识。

谈到兴奋处,胡安甚至有些语无伦次了。坦白来说,虽然是马里亚诺的儿子,胡安却和马里亚诺有着太多的不一样。胡安几乎把他的所有时间都献给了政治运动。除了每天近12个小时的教学工作外,作为公民协会独立组织联盟、恰帕斯大众农民阵线和自治社区的负责人,他每天要处理很多事务。墨西哥各地的新闻源源不断地通过 WhatsApp 群组传递到恰帕斯。每周二的晚上10点,圣城各个政治组织的负责人都会组织集会,讨论当地印第安人族群运动的基本策略,并对墨西哥与恰帕斯当地局势的变化做出应对之策。这样的会议通常持续四个多小时,往往会议结束时,天已经快亮了。一旦遇上突发事件,胡安还要组织民众发起示威游行,这一过程牵涉到与其他组织的协调等诸多事宜,通常要讨论一个晚上。我时常因为疲惫在会场上睡着,但每一次胡安都主持讨论到最后。会议结束后,胡安没有任何休息便马不停蹄地投入到紧张的教学工作中去。

年轻的胡安热爱工作,更热爱他所生活的这个社区,热爱和他朝夕相处的同族人和哺育他的印第安文明。如前所述,自治

一些胡安经常阅读的书籍

社区的很多家长来自偏远的印第安农村，他们没有受过任何教育，也没有一技之长。来到自治社区后，整天无所事事。他们的小孩，因为没有办理出生证明，无法享受免费的义务教育。胡安对此很是痛心。自治社区成立后，胡安挨家挨户帮助这些家庭寻找谋生出路。对于男性，他鼓励他们上街贩卖蔬菜、水果，并通过其他政治组织帮助他们寻找做建筑小工的机会。"哪怕是最差的扛着货柜卖香烟、零食，一天也有 100 比索的收入。"对于女性，胡安鼓励她们前去应聘旅馆服务生和保姆的工作，或者是将他们介绍到城市的旅游公司，让她们在家里绣制传统印第安纺织品。"我们要工作,只有工作才能够自食其力,不工作,等着别人的施舍,你们永远都是被人瞧不起的老鼠。"在他的帮助下,大部分的印第安家庭都找到了固定的工作,一些家庭的孩子也开始进入学校学习。"印第安人不是被社会抛弃的弱者,而是要学会适应社会的发展,在墨西哥社会有一席之地。"胡安常常像一个领袖一样告诫我,告诫与他朝夕相处的族人。

在谈论完自己的理想后,现在胡安却如同一个失败者一样,颇为失意地靠在椅子上。他无奈地告诉我,他曾经以为建立了自治社区,理想的实现指日可待,现在却发现他并不能实现自己的理想,甚至连自己的命运也无法改变。略微有些酒意的胡安告诉我,马里亚诺已经将他从社区委员会中开除。或许真的觉察到胡安的威胁,或许是对胡安与其相悖行为的不满,马里亚诺撤去了胡安的所有权力。胡安感受到了马里亚诺的恶意,他开始为自己打算。"巴勃罗,自治社区里有好几个同情我的人,他们愿意追随着我,让我把马里亚诺赶出社区。可是,巴勃罗,你知道的,他是我的父亲,哪怕他杀了我,我也不能背叛他的。"胡安的话让我第一次感受到了政治的残酷与无情,哪怕是在这个只有区区1600多人的自治社区。然而,我又感受到了胡安的至情至性。尽管面临意见不和、残酷打压等一系列问题,胡安却依然选择支持父亲,他并不愿意让亲情和家庭受损。

在自治社区生活的几个月里，我能明显地感觉到马里亚诺并不喜欢胡安这个长子，他更偏爱同是自治社区委员会委员的次子卢西奥。原因在于胡安接受过系统的大学教育，阅读过大量左翼思想的书籍，有着坚定的社会主义信念和无私奉献的精神，在社区里有着良好的口碑。胡安的思想理念、言行举止与只受过高中教育的马里亚诺存在着较大的差距，甚至在一些决策上与之大相径庭，马里亚诺根本无法控制这个儿子。与胡安不同，次子卢西奥只上过初中，他对父亲言听计从，并没有太多自己的主张。好几次开大会，马里亚诺直接安排卢西奥主持，他意在将卢西奥培养成自己的接班人。虽然在马里亚诺的眼中卢西奥和胡安是竞争关系，但卢西奥却是一个至情至性的人。知道父亲和兄长起了冲突，他在其中不断斡旋。一天傍晚，卢西奥邀请我和胡安去酒吧里坐坐。席间，他不断安慰着胡安，声称他也赞同胡安的做法。但他也强调父亲毕竟是父亲，这是他一手创立的社区，胡安和卢西奥必须考虑父亲的感受。他建议胡安向父亲致歉，他会帮助胡安恢复自治社区委员的身份。卢西奥也承诺，等父亲冷静下来，他会和父亲恳谈，争取让那位单身妈妈入住自治社区。在等待台阶的胡安点了点头，同意了卢西奥的安排。说完便举起了酒杯，在一声又一声的"干杯"中，我们喝完了三大瓶啤酒，但却没有再说什么。看得出来，胡安的妥协是无奈的。

第二天晚上,半个月没有回家的胡安和马里亚诺出现在同一个饭桌上。马里亚诺嘱咐妻子多做几个菜,妈妈满心欢喜地跑到厨房。在觥筹交错中,大家不停地碰着杯。在那一刹那,我觉得一切的冲突都过去了,但我又觉得,这一切应该还没有过去。

艾滋疑云

2015年1月16日,连续阴霾了几天的圣城终于迎来了晴天。那天早上,在马里亚诺家吃完饭后,我慢悠悠地从自治社区里出来,准备外出调查。自治社区西门出来是一条大街,径直通向环城的主干道。这段主干道是圣城外城与内城联系的必经之路。由于圣城中心城区始建于16世纪,鹅卵石和石板铺就的街道非常狭窄,作为入城口的这段干道时常被挤得水泄不通。我骑着自行车,穿过自治社区门口的大街,费尽力气挤上了通向内城的主干道。在穿过入城亭子后,我跟在一辆私家车的后面,等候着绿灯。突然,后方的一辆摩托车冲我撞了过来,重重地砸向了我和旁边等候的小汽车。摩托车的脚踏板刚好砸在我的脚踝上,鲜血一下子渗了出来,一股钻心的疼痛让我瞬间瘫坐在地上。

摩托车手看到我倒在地上不停地呻吟,鲜血已经渗透了袜子,他显得很是紧张。疼痛缓解后,我脱下了袜子,打算查看下伤口。此时,摩托车手走了过来,他突然抬起我的脚踝,在我还未来得及询问的时候,他迅速地擦拭完了上面的血迹。他说他想看看我的伤势是否严重,是否需要送去医院。我这才注意到,他是一位印第安人送餐员。我检查了伤口,发现只是一个很小的口子,便拒绝了他的好意。在这里就诊可不是一笔小花销,一旦进了医院,这么一点伤口,没有 1000 比索是无法下来的。这么一折腾,他半个月的收入都没了。再说旁边的小汽车也被他刮伤了,他肯定要支付一定的费用,我不想再因为这点小伤,让他有额外的开支。在贴上随身携带的创可贴后,我与他告别。此时,我才注意到,他的手上也有擦伤的痕迹,正在渗着血。我安慰了他几句,让他赶紧去医院看看。

在海外做田野,磕磕绊绊总是在所难免。由于伤口不大,对于这起算不上车祸的事故,我只当是田野过程中的小插曲,并没有放在心上。直到一周后,当我去老李的餐馆改善伙食时,老李和我聊起圣城的卫生状况,他突然蹦出了这么一句。"这里的艾滋病人很多,差不多 10 个人中有 3 个是艾滋病"。听到他这么说,我的心里顿时紧张了起来。但凡有些艾滋病常识的人都知道,血液是艾滋病传播的重要路径。在一个礼拜前的交通事故中,印第安摩托车手为了确认我的伤口,他用带血的手擦拭了我脚踝伤口表面的血迹。这一行为无异于在我们之间进行了一次血液交换。如果那位摩托车手是那不幸的十分之三,那我肯定是极为危险的。

此时的我开始心烦意乱,我努力强迫自己冷静下来,仔细回忆摩托车手的情况。那位摩托车手约有二十来岁,身体强壮,从外表上一点也看不出有任何疾病的样子。我不断地暗示自己,或许真的是自己想多了,肯定一点问题都没有,但内心却抑制不住地恐惧,万一这位年轻的摩托车手真的是那倒霉的十分之三呢?我十分懊恼,后悔自己当初为什么那么大大咧咧,竟然连摩托车手的电话都没有留。当我回到自治社区后,更是陷入了一种无法摆脱的焦虑中。我将自己关在房子里,疯狂地查询各种关于艾滋病的新闻和论文,一些艾滋病人感染后的痛苦经历让我焦虑万分。恐惧、懊恼,再加上对未来生活的担忧,一个晚上下来,我彻夜未眠。

第二天一大早,我实在无法忍受这种煎熬,便早早地来到了老李的餐馆里,希望他能帮我找个可靠的医院做个检测。老李并不在餐馆,我把我的情况跟老李的小舅子墨西哥人埃德加说了一遍。听完我的陈述后,埃德加不停地笑着,他告诉我,"巴勃罗,你真的想多了,恰帕斯的艾滋病人真的没那么多,你肯定没事的。"焦虑中的我并不相信埃德加感性的个人判断，我需要的是白纸黑字的证明。我向埃德加表示，我无法忍受内心的煎熬，迫切地希望他能够帮我找一个医院，检查我的身体状况。埃德加却坚定地认为，我这种情况根本不需要任何检查。我们的谈话一直僵持着。餐馆的送餐员里赫尔听到了我们的争论，他走了过来，告诉我中心市场旁边的一个诊所非常可信，这里所有去美国务工的墨西哥人都是在那里出具体检报告的，他愿意带我去那里检查。

里赫尔的话如同给了绝望中的我一根救命的稻草，我跟着他匆匆地去了中心市场旁边的诊所。当我把情况跟医生说明后，医生哈哈大笑，他跟我解释，我这种情况没有检查的必要。我执拗地坚持，我必须见到白纸黑字的证明。在我的坚持下，大夫答应给我检测血液。他拿出一个小盒子，在里侧放上一张试纸，取出一个类似弹簧针的设备，装在了里侧的盒子里，然后将针口对准我的食指。采血针弹出后抽了几滴血，针孔后方的试纸出现了变化。不到20秒，大夫告诉我一切没有问题。然而，昨天晚上我查询的信息却显示，在国内即使最快捷的检测方法也需要10分钟以上。我询问医生，为何检测时间如此之短。医生满脸自豪地回答我，这是因为墨西哥医疗技术很发达。我有些疑惑，但当我想起李老哥所说的这里十分之三的艾滋病比例时，我便坦然了。或许是因为这里艾滋病泛滥才导致诊断技术的先进吧。

虽然如此，我却仍然无法完全相信墨西哥医疗技术的发达。我想知道究竟是怎样一种技术，能够如此迅速地诊断艾滋病情。我在网络上搜索墨西哥艾滋病检测方法的信息，唯一相关的是2013年墨西哥政府在墨西哥城地铁开展免费艾滋病筛查的新闻。这则新闻宣称，墨西哥卫生部门正在大力推广艾滋病快速检测技术，这项检测技术最快能在20分钟内确诊艾滋病情。新闻还称，当天在墨西哥城地铁免费检测的100人中发现了2个艾滋病例。显然，这则一年多前的官方新闻和我的遭遇产生了矛盾。在这则新闻里，墨西哥卫生部门声称最快的检测技术也需要20分钟的时间。既然如此，为何给我检测的医生不到20秒就出结果呢？

第二天一大早，我赶到昨天就诊的诊所。坐班医生换成了一位女士。听完我的陈述后，她捧腹大笑。她拿出了昨天检测的小盒子，询问我昨天的检测的是不是这个盒子。在得到肯定的答复后，她笑得更厉害了。看到我满脸疑惑，她告诉我，这个仪器根本不是用来检测艾滋病的，而是用来测血糖的！她的说法让我很是愤怒，那个医生竟然用血糖仪把我糊弄过去了。愤怒之余，我又充满了担忧。我既担忧自己是否真的感染上了艾滋病,另一方面,既然昨天那位医生不把诊治当回事,谁又能保证他给我用的采血针没有问题呢?虽然今天这位医生对我充满了同情,但她却表示这只是一个诊所,她没有办法给我提供这个检测,这样的检测只有图斯特拉-古铁雷斯的州立医院才能完成。

万分失望的我回到自治社区,却始终无法平静下来。傍晚时分,因为一天都没去妈妈家吃饭,也没有谁见到我,胡安开始敲我的门。我满脸沮丧地打开了门,看到我脸色很差,胡安关切地问我究竟出了什么事。我将事情的经过原原本本地告诉了胡安。胡安义正言辞地告诉我,老李关于当地艾滋病比例的信息绝对是谣传,他可以跟我保证,当地艾滋病绝对没有那么多。我那天的遭遇更不可能真的感染艾滋病。然而,诊所医生此前对我的欺骗已经将我对墨西哥人的信任消耗得所剩无几,尽管胡安言之凿凿,但我却依然不愿意相信他的结论。我执拗地认为,并非医生的胡安只是为了宽慰我才这样说的,真正对我负责的只有我自己,我又一次陷入绝望的情绪之中。见到我不为所动,也不愿意前去吃饭,胡安只能失落地离开。

此刻的我非常痛苦,绝望之中突然想起了恩里克。这位毕业于墨西哥国立自治大学的医生开了一家诊所。他不仅医术精湛,更是一个正直、善良的人,在圣城有着极佳的口碑。如果他能帮我诊治，那自然是万无一失了。虽然已是晚上7点，我仍然骑车从自治社区出发，匆忙赶到恩里克的诊所。听完我的陈述后，恩里克同样认为，我感染的可能性微乎其微，基本是不需要做任何检查的，但如果我实在需要检测，他可以帮我操作。他告诉我，墨西哥现有的医疗水平已经将艾滋病的确诊的窗口期缩短到了10天左右，如果真的感染了艾滋病毒，现在是完全可以检测出来的。他的诊所并没有这个设备，他需要将我的血液送往城市南部的志愿者服务站，一个小时候会出来结果。采集完血液后，我没有返回自治社区，而是选择在不远处老李的餐馆内稍作休息，等候结果出来。

40分钟后，我朝诊所走去。在去诊所的路上，我却一改此前的焦虑，内心变得异常冷静。我甚至开始在思考，如果自己真的感染上了艾滋，我应该选择怎么样过接下来的生活。不知不觉我到了诊所。恩里克坐在就诊台上，桌上放着一个信封，上面写着我的名字。恩里克让我自己打开。我拿起信封，双手颤抖地撕开封条，当里面的诊断书显示着 NO REACTIVO（阴性）时，我的眼睛湿润了，我瘫坐在了诊所的沙发上。在经历了几天的怀疑、恐惧后，那块压在胸口的巨石终于卸掉了。

我回到了自治社区，终于感觉到饥肠辘辘。此刻，马里亚诺家的厨房依然亮着灯。我推开门时，见到了正在沙发上休息的胡安。我兴高采烈地把没有感染的消息告诉给了他，胡安的回应却只是一句冷冰冰的"我知道了！"饥饿的我并没有想太多，当妈妈给我递来大豆饭后，我大口地吃了起来。当我吃完饭，房子里已经空无一人了。此时，胡安终于忍不住了。他大声地质疑着我，"巴勃罗，你对我们太没有信任了，你应该向我们道歉，向印第安人致歉！"他的声音是如此之大，这让我吓了一跳，我这才意识到，虽然整个事件与自治社区并没有太大的关联，但前天晚上我的过于焦虑和对胡安宽慰的不信任已经影响到了我们的关系。我急忙和胡安解释，整个事情确实是我的原因。我不应该过分紧张，更不应该轻信谣言。胡安显然并不满意我的解释，他有些激动地回应我：

"巴勃罗，你来恰帕斯快 6 个月，来这里快 4 个月了。和你打交道的印第安人究竟怎么样你的心里应该清楚。一句中国人的谣言就能够把你搞得彻底崩溃，你不相信我们的解释，也不相信你自己生活的经历，这说明你对恰帕斯，对印第安人没有任何信任！"

胡安的指责并没有错。仔细回想起来，从吃饭时老李告诉我谣言到最后在恩里克那儿拿到阴性的证明，在整个事件的过程中，埃德加、里赫尔、第二位医生、胡安和恩里克以他们在恰帕斯州的生活经历，都告诉我我不可能感染。甚至第一位医生用血糖仪检测,可能也是为了缓解我的焦虑的"善意的谎言"。我却只是偏信谣言,无视自己在恰帕斯州的生活经历,不信任他们基于生活常识做出的有效判断,不仅使自己陷入了莫名的恐慌中,更摧毁了我和这些墨西哥朋友们之间的信任。

胡安的态度更促使我反思,究竟是什么原因使我在这一事件中失去理智、相信谣言?对于一句完全不知道来源的消息,仅仅因为老李是这里生活快20年的老侨,我就完全相信他的话,一再做出激动的反映。这反映出我内心深处对墨西哥社会的不信任。虽然在这里已经生活了大半年的时间,在恰帕斯也有了自己的社交圈。即便偶尔遭遇不快,但无论是自治社区,还是自治社区之外的其他民众,都对我表现出了相当的包容与理解。然而,我在潜意识里却并没有完全接纳、认同和信任我的朋友们,在遭遇突发事件时仍然偏执地选择相信华人,这很难说不是一种狭隘的种族中心主义在作怪。其次,对于身体健康的关注自然重要,我却因此陷入过分焦虑的情绪之中并执拗于此,无视朋友们对我善意的宽慰,影响甚至伤害我和朋友之间的情谊,这亦是一种极端的自我中心主义。自我中心主义和种族中心主义的联合,使得原本致力于消除种族区隔与刻板印象的我不但没有实现这一目标,反而参与了制造、传播带有种族主义的谣言,并使自己深受其害,这真是对我田野的巨大讽刺。

第二天,我在墨西哥统计局的官方网站上查阅到了恰帕斯州艾滋病的具体感染率,这一数字常年保持在5.2%左右。① 我将这一数据告诉给了老李,告诉他恰帕斯没有那么多的艾滋病,他的担忧完全是多余的。傍晚,我在胡安的家门口等候他。我承认了自己的种族中心主义和个人中心主义的错误,并为此前的冒失和对他与印第安族群的不信任真诚地向他致歉。胡安告诫我应该用心去理解、认识印第安社会。显然,对于有着强烈的民族自尊的胡安而言,他需要一定的时间重建对我的信任。我也依次向埃德加、里赫尔和恩里克致歉。埃德加和里赫尔不约而同地回复了一个笑脸。恩里克颇带调侃意味地回复,"巴勃罗,你不必为此致歉,因为至少你是信任我的。"然而,仅仅信任恩里克是不够的,我应该秉着良善之心,真正地去认识、信任这个社会与文明。

团结一切可以团结的力量

尽管社区居民认为他们对这片土地的占领是迫于生计的无奈行为,但无论是马里亚诺还是胡安,亦或是自治社区的其他领导人和成员,他们都知道这块土地是属于政府的,他们的占领行

---

① 资料来源:SUIVE/DGE/SS. Sistema de Vigilancia Epidemiológica de VIH/SIDA.

为是非法的。此外,自治社区的水电由安全委员会的成员们从附近街头的水管和变电站直接搭线引入社区,没有任何人管理,也没有人收缴费用。社区委员会曾多次召开会议,要求电力局和自来水公司安装计费仪器,均被他们以土地非法为由拒绝了。马里亚诺和胡安等社区领导人认为,在政府承诺没有兑现的情形下,政府不太可能直接以非法占领为由将他们驱逐。但纵火事件发生后,市政府可能会以偷水偷电为借口,对自治社区的安全产生影响。为了避免可能出现的危险,社区委员会强化与当地诸多政治组织之间的联盟,希望通过他们的帮助,对州、市政府施加压力,迫使他们不敢贸然采取驱逐行动。

1月4日下午自治社区的大会上,马里亚诺以此为主题给社区民众做了重要讲话。他以自治社区建立-被驱逐-再建立,和他被抓进监狱再放出的经验教训告诉大家,仅凭自治社区的力量是无法捍卫大家的权利和与各级政府抗争的,只有继续团结恰帕斯和全国一系列的政治组织,以集体行动的方式,才能最终实现土地合法化与社区长期存在的目的。一周以来,马里亚诺分别去了图斯特拉-古铁雷斯和科米坦两个城市,获得了三个政治组织,即埃米利亚诺·萨帕塔农民组织、工人组织和马克图马克特萨农村师范学校领导者们的支持。他们会竭尽所能为自治社区的居民提供一些帮助。此外,马里亚诺得知1月7日至10

日,全国人民运动组织阵线将会组织墨西哥国内的多个政治组织与内政部对话,商议解决墨西哥国内社会发展的诸多问题。他和卢西奥将代表圣卢西亚自治社区参与这次活动。他们计划在6日出发,10日返回圣城。会议的结尾,依旧是马里亚诺向社区民众的呼吁,要求社区居民资助他和卢西奥此行的开支。

火灾事件发生后,马里亚诺等人的四处奔走也获得一系列政治组织的关注。他们纷纷造访圣卢西亚自治社区,访问贫苦的印第安居民,发表声援社区民众的讲话。1月9日下午5点30分,恰帕斯第七学区的教师组织、哈辛托·卡内克师范学校、恰帕斯自治大学社会科学学院、恰帕斯大众农民阵线和恰帕斯高地人民议会等一系列学校、政治组织的代表们访问自治社区,他们邀请了恰帕斯本地的多个电台、电视台的记者,调查火灾事件。镜头前,胡安铿锵有力地发表了声明,他声称恰帕斯传统市场和美好恰帕斯环境组织协调者入侵圣卢西亚自治社区行为是非法的。圣卢西亚自治社区的居民都是无家可归的贫苦民众,他们在这里只是为了捍卫基本的生存权利。违背诺言的政府无权雇佣准军事组织驱逐他们。胡安也再次强调,他们努力捍卫的是印第安人的权利,寻求一个更为公平合理的社会,并非是对社会秩序的破坏和国家的分裂。对胡安的采访完毕后,教师协会的负责人何塞和其他几位政治组织的领导相继接受了采访,镜头前的他们表达了一致的看法：圣卢西亚自治社区是一个为印第安人服务、提供帮助的社区，社区发展的成就有目可睹，他们绝对不会放火焚烧玛雅医学中心，也不会做其他违法的事情。

1月12日，马里亚诺和卢西奥从墨西哥城回到了自治社区。在18日下午的社区例会上，马里亚诺讲述了他这次墨西哥城之行的收获。只有一些有代表性的、在全国有着较大影响力的政治组织才会得到内政部的接待，代表自治社区的他们并没有获得内政部的接待资格。但马里亚诺和卢西奥与接待他们的全国人民运动组织阵线的领导人见了面，向他讲述了自治社区的发展历程、基本情况，并向他重点反映了自治社区近期不断遭受骚扰、入侵的问题。全国人民运动组织阵线是墨西哥国内有着较大影响的政治组织，领导人是这次内政部重点座谈的对象。马里亚诺希望通过他，将自治社区的遭遇反映给内政部。全国人民运动组织阵线还和恰帕斯州政府取得了联系，向他们提交了自治社区的材料，要求州政府务必妥善处理自治社区的问题。马里亚诺达与一名叫做伊西德罗·佩德拉萨·查维斯（Isidro Pedraza Chávez）的联邦议员见了面。伊西德罗是维拉克鲁斯州的印第安人，他有着坚定的左翼立场和高超的政治筹谋。他告诉马里亚诺，必须要详细统计自治社区的基本信息，包括人数、居民来源、社区面积、经济情况、抗争历史和政府镇压等一系列内容。只有拿到这些资料,他才会在联邦议会上反映自治社区的遭遇。舞台中央的马里亚诺信心满满,他朝着台下的社区民众承诺,有了地方、州和中央的政治组织和权威人士的支持,自治社区合法化很快就会实现。

在寻求其他社区帮助的同时,作为圣城印第安政治组织的重要组成,自治社区也积极与其他政治组织联系,参与他们的一系列政治活动。这段时间,涅托政府正在推进教育和能源改革,激起了恰帕斯地方社会的不满,各种形式的抗争运动此起彼伏。涅托政府对教育改革的推进,与革命制度党的统治历史不无关系。革命制度党确立统治后,在全国范围内建立了多个职业社团,教师工会是其中的重要组成。通过职业社团,革命制度党实现了对墨西哥各个阶层、职业民众的整合,建立了稳定的统治秩序,但也与之形成了相互荫蔽的利益诱导与政治约束的关系模式,成为腐败滋生的土壤。20世纪80年代后,在墨西哥开始民主转型,构建自由市场的背景下,国家社团主义的纽带开始瓦解。民主转型的发生亦使不同政党依附于职业社团的领导人,造成了腐败现象的发生,这在全国教师工会中表现得最为突出。现任全国教师工会的领导人埃尔瓦·戈迪略(Elba Gordillo)从20世纪80年代末开始控制全国教师工会。戈迪略性格强势,作风大胆,在其领导下,全国教师工会与政府谈判,教师的待遇和福利情况得到了很大的提高,教师也成为改革后为数不多的铁饭碗职位。基于此,戈迪略在全国教师工会中具备着较高的声望。在权力膨胀的背景下,戈迪略大肆利用教师工会谋取利益,全国教师工会成为她中饱私囊的工具。按照规定,作为工会成员,每个会员需要每月缴纳1%的收入作为会费。全国教师工会在全国各地有着接近200万的会员,每年超过1亿美元的会费去向不明。此外,遍布全国、人数众多的教师工会更成为民主改革之后左右选举的重要力量。戈迪略曾在2002年至2005年担任革命制度党书记一职。2006年的大选,在戈迪略的支持下,国家行动党候选人卡尔德龙(Calderón)以微弱优势获得胜利。其就任后,安排教师工会成员在政府部门就职,大力改善教师工资和福利水平。这亦使得教师工会与政党之间权钱交易、相互勾结的关系模式彻底曝光。在多党竞争的背景下,迫于教师工会的巨大影响力,各个政党并不愿意解决这一问题。在戈迪略的不良风气的影响下,教师工会内部教职买卖和继承的现象成为常态,大量不具备教师素质的人员混入其中,造成墨西哥基础教育质量水平的严重下降,引起了国内社会的普遍不满。涅托政府上台后,开始推动大刀阔斧的教育改革。涅托政府直接逮捕了臭名远扬的戈迪略,并对其进行审判。此外,涅托政府宣布在全国范围内进行统一的"教师职业资格考试",没有通过考试的教师将会被待岗,直到取消教师资格。

涅托政府的教育改革在恰帕斯地方社会产生了巨大的影响。在恰帕斯州,教师工会、全国教育工作者协调组织和教育工作者联盟都表示了极大的反对。教师工会恰帕斯州的负责人不止一次地公开表示,他们并不反对政府清理教师工会中的腐败问题,他们反对的是涅托政府不顾国情,强制推行统一的"教师职业资格考试"。恰帕斯印第安地区施行的是双语教育的模式,双语教育师资的缺乏一直困扰着这些学校。即便有少数具备双语教学能力的人员,也因为路途偏远、条件艰苦等原因,并不愿意到基层学校任教。为了解决这一问题,20世纪80年代,恰帕斯当地曾经出台政策,在印第安人聚居的村落,允许优秀的初中、预科毕业生返乡任教。如今,恰帕斯州不少印第安乡村仍然有着预科毕业的学生返乡任教的政策。即便如此,愿意返乡从教的人员也是少之又少。另一方面,由于地处偏远、信息闭塞,加之大部分教师都是以政策倾斜的方式进入教师队伍,知识水平和教育素养根本无法与发达地区相比,他们无法通过教师资格考试。因此,涅托政府的统一资格考试,不仅不会提高印第安教师的素养,反而还会加剧这一区域的师资短缺。

教师工会和教育工作者联盟多次召集高地地区的政治组织,在包括圣卢西亚自治社区等地召开联席会议,讨论教育改革

社区居民参加反对教育改革的游行

的利弊和应对之策。胡安赞同教师工会和教育工作者联盟的意见，认为教育改革势必会加剧高地地区的师资短缺，对印第安族群的双语教育产生较为严重的负面影响。此外，胡安亦有着更大的担忧，他认为此前的每一次改革，无论政府的意图是什么，最后都会因为腐败问题成为不法分子谋取利益的工具。他担心这次教育改革，教育部权力的滋长会导致贪污腐败等问题的出现，甚至不排除以金钱换取教师资格证的出现，使得改革失去应有的意义。高地地区的多个政治组织对教育改革表示了极大的担忧，他们商议高地学校团结起来，以罢课，组织游行等方式表达他们的不满,要求政府中止改革。从1月10号开始,几乎每天都有自治社区的居民前往中心广场、市政厅、市政府、法院以及郊区超市等地,参与高地地区教师组织发起的一系列抗议政府教育改革的游行示威。

因为工作的缘故,自治社区每天只能派出30名左右的人员参加游行。胡安更是因为新学期繁重的教学任务,只能参加晚上多个政治组织召集的协调大会和周末的游行。十多天下来,无论是自治社区的居民,亦或是其他政治组织的成员们都觉得疲惫不堪。无论是国家的教育部,亦或是恰帕斯地方的教育部门,并没有对大家的抗争做出任何反应。在一次总结会上,对于基层政府的不回应,一些政治组织主张采取更加激烈的对抗方式,要求大家或是去公共场合纵火,或是去封堵高速公路。马里亚诺和胡安对这一主张表示了激烈的反对。胡安强调他们反对任何可能威胁到民众安全的行为,认为这些主张不仅没能起到表达诉求的作用,反而会因为暴力违法行为遭到政府的强势镇压。如果造成交通瘫痪、社会动荡等恶劣后果,亦会对圣城和恰帕斯整个地区的旅游业产生重要的影响。大多数政治组织赞同两人的观点,主张高地地区的政治组织应当强化与墨西哥其他区域政治组织之间的联盟与协作,与全国反对教育改革的政治抗争步调一致,才能突破恰帕斯的地域限制,获得更大的影响力。恰帕斯地方教师工会的负责人认同这一理念，他们主动承担与全国教师工会沟通的任务，主张先暂停恰帕斯州内的抗争，根据全国教师工会的安排后，再发动一系列抗争运动。

并没有太多给自治社区民众喘息的时间，几天后，奥科辛戈的联盟组织工人农民区域民主阵线给马里亚诺发来了消息，要求马里亚诺和圣卢西亚自治社区的居民们声援逆境中的他们，妥善安顿逃亡到圣城的两位伤员。我和胡安赶到中心医院，找到了正在包扎伤口的两位朋友。原来，地处印第安人聚居区的奥科辛戈因为经济落后，长期以来并没有正式的出租车公司。在工人农民区域民主阵线的协调下，私人司机们自发建立了一个出租车联盟有维护秩序、解决纠纷和信息互通等职能。虽然这一联盟方便了司机群体，但地方政府却没有从中获得收益。去年年底，地方政府将奥科辛戈的出租车业务拍卖给了奥科辛戈地方的墨西哥劳工联合会和墨西哥区域工人联合会两个组织，声称只有加入这两个组织才能在奥科辛戈合法经营出租车业务。两个工会要求司机缴纳18万至22万比索不等的运输许可费，每个月还要缴纳5000比索的月费。大部分司机们都是来自周边村社的印第安农民，他们根本无法负担这样昂贵的开销，认为这是政府部门的故意刁难，试图将他们从出租车行业中驱逐。于是，工人农民区域民主阵线并没有妥协，继续组织司机们工作。前天，奥科辛戈市政府联合墨西哥劳工联合会和墨西哥区域工人联合会，在奥科辛戈市域内四处堵截私人司机，双方发生了激烈的枪战。墨西哥劳工联合会和墨西哥区域工人联合会有两名成员受伤，工人农民区域民主阵线有16名成员受伤，其中5名成员伤势较重。事件发生后，奥科辛戈警察局开始抓捕市域内的私人司机。出于安全考虑，工人农民区域民主阵线的司机们四处逃离。5名重伤成员中，2名被安排在圣城，2名安顿在了科米坦，还有1名被送往图斯特拉-古铁雷斯。

听了他们的遭遇，胡安很是难过。他连忙招呼我将从自治社区带来的面包、饮料和鸡腿等食物送给他们，给他们每个人送了两条毛毯，并给他们送了2000比索的救济金，以解他们在圣城的燃眉之急。胡安承诺，自治社区的居民不会袖手旁观，他们会组织游行示威，声援困境中的司机兄弟，圣卢西亚自治社区的大门也随时为他们打开。回到圣卢西亚自治社区后，胡安以社区广播、WhatsApp群的方式，向社区居民通报了奥科辛戈司机们的遭遇。虽然近期的频繁游行已经让社区民众疲惫不堪，但大家还是很同情司机们的遭遇，承诺在第二天下午上街游行，声援奥科辛戈的司机们。第二天下午3点多，100多位社区居民走上街头，他们举着萨帕塔的图像和公民协会独立组织联盟的旗帜，边走边挥动着拳头,依次喊着"只要人民崛起,就可以获得面包,自由和土地,强权也会颤抖!""团结的人民永远不会被打败""从北到南的人们都在这场战斗中,我们都将赢得这场战斗"等口号。在市政府前的广场上,一名声称是社会发展部的成员接待了马里亚诺和胡安,他表示会妥善处理圣卢西亚自治社区的合法化问题。对于奥科辛戈的问题,因为并非发生在圣城,他们无权解决,但会和当地政府沟通。这位工作人员还将自己的手机号留给了胡安。虽然收到了回复,但胡安却认为这样的回复只是政府的一贯说辞,没有任何的实际意义。

社区居民声援奥科辛戈司机的游行

一个多月下来,自治社区的居民频繁上街游行,胡安和马里亚诺等社区领导人也常常因为各种会议通宵未眠,所有的人似乎都有些疲倦。虽然如此,但从马里亚诺到普通的社区民众,却并没有人抱怨。此前无论是自治社区被驱逐，还是马里亚诺被投入监狱，这些同伴组织都给予了最大的援助。社区民众对政治运动的参与，固然有着相互帮助的意义。但如果将社区民众参与政治运动的原因归结于此就太低估他们行动的意义了。在社会问题众多、治理体系不足、政府能力有限的墨西哥社会，只有不同的组织联盟起来，团结一切可以团结的力量，让人民的力量得到显现，才能真正促进社会的发展和国家的建设，这也正是萨帕塔的精神所在。与其他组织的联盟与团结，不单是为了自治社区的问题，也非仅是对一个孤立的社会问题的解决，而是社区居民作为墨西哥公民政治参与的组成，是他们以一种集体参与的方式投入国家建设，反抗政府强权的压力。

虽然集体政治运动有着如此重要的意义，胡安却也表示了他的担忧。在教育改革的抗争中，已经有人做了纵火、拦截高速公路的提议。这些并不新鲜的提议是一个危险的信号，可能会将集体合法的政治行动转变为非法暴力的抗争运动。这不仅无助于社会问题的解决，还会对恰帕斯地方社会产生致命的影响。胡安力求通过他的努力，尽量避免此类事件的发生。然而，在跟随胡安参加过几次政治组织的联盟会议后，我能感觉到大部分政治组织的领导人并没有太多的素养，甚至个别领导人有着浓烈的独裁主义者的气质。对于暴力抗争的提议不止一次地出现在讨论中,之所以没有获得通过,并未仅是因为胡安个人的反对,更大原因在于这些问题并未危及到大多数人的切身利益,他们没有必要付诸大规模的暴力实践。但一旦牵涉到切身利益,胡安和平抗争的提议不仅不会被他们接受,反而会被视为阻挠利益的障碍。从这个意义上来说,胡安的处境并不乐观。

绿色生态党

1月31日的傍晚,在社区例会召开前的半个时,马里亚诺通过社区广播通知大家,一会儿有重要的事情宣布,要求自治社区的所有居民都必须参加。在社区大会上,马里亚诺少了往日的客套,在惯常的问候后,他通知大家,明天下午1点钟,在市区的中心广场有绿色生态党候选人乌戈·佩雷斯的动员大会,自治社区的居民必须参加,他甚至这样动员社区民众:

> 明天的大会,我们社区1600人,至少要出席1400人,因为有很多事情都需要我们去做。男人得去,女人也得去。单身汉的话,你可以邀请你的朋友一起去。这是必须的活动,大家务必都得去。拜托大家,不要让乌戈觉得我马里亚诺、圣卢西亚自治社区的人都是骗子,社区没有那么多人。因为我和他说了,我们社区有1600多人。大家也不能说天

冷了就不去,反正无论如何,每个家庭至少要有 3 到 4 人出席。

不管你原来是哪里人,你是查穆拉人也好,你是锡纳坎坦人也好,你是科米坦人也好。不管你支持什么政党,现在在圣城,现在在圣卢西亚自治社区,那么你就是自治社区的人。你必须参加社区支持绿色生态党的集会。

我和不少居民面面相觑,不知道马里亚诺为何会做出这样的讲话,或许是看到我们满脸的茫然,马里亚诺继续演讲:

我们现在住在这里,并没有得到政府的许可,但是我们需要政党给我们帮助。我们支持他们,他们也会支持我们。这样,社区合法化的进程就会更加快了。只有在政党的支持下,我们才会有更快的发展。

台下的一个民众大声地问道:

教师工会有没有参与?农民阵线有没有参与?

马里亚诺回应道:

我不知道教师工会、大众农民阵线组织有没有参与,我也不管。重要的是这是我们的责任,我们必须一起去。只有去得多,我们才能获得更多。我们去墨西哥城抗议,但是那里真的太远了,一句话从墨西哥城到圣城,分量也会变得很轻。我们需要这些政党在圣城的支持。明天下午 1 点,我会再次通知大家,我们在这里集合。

马里亚诺再次动员道:

为什么不参加活动?如果只是待在房子里,我们会有土地吗?没有!所以,只要是自治社区的居民,明天都必须参会。开店的也把店关了,完毕后再回来开门。你看安东尼奥家,虽然有商店,但是他从不缺席社区的活动,店门关了也要来开会。大家也是一样,明天必须参加活动!

马里亚诺在社区大会上的言行让我很是不解,我不明白他为何会突如其来地发布这样一则命令,竟让社区的居民卷入到政党选举的政治旋涡中。一旁的胡安娜告诉我,我们虽然是自治社区,但也不能只和政治组织联系,我们必须取得政党的支持,才能够确保我们能够合法地居住在这里。这不仅是为了马里亚诺个人,也是为了大家的利益。胡安娜和马里亚诺一样,认为政党能够给社区带来更大、更直接的利益。

与革命制度党和国家行动党相比,绿色生态党是一个不折不扣的新党。这个政党成立于1979年,前身是墨西哥城科约阿坎(Coyoacán)地区的一些居民成立的、旨在于解决环境问题的全国生态保护运动支持者联盟。1986年,为了更好地实现对环境保护运动的政治动员,全国生态保护运动支持者联盟改组为墨西哥绿色生态党。与其他区域不同,绿色生态党在恰帕斯地方的发展并不顺利。因为国家社团主义政策的实施,革命制度党在恰帕斯州有着很大的势力,是墨西哥政治最为保守的区域之一。此外,左翼的民主革命党和国家行动党在当地有着一定的势力。直到2000年,绿色生态党才进入恰帕斯地区。虽然进入时间较晚,但绿色生态党对环境保护的主张在一定程度上契合了印第安人的生存哲学,加之持续的新自由主义改革导致印第安人的不满,为绿色生态党在恰帕斯州的发展创造了机遇。截至2014年年底,在恰帕斯州122个城市中,20个城市的市长都是绿色生态党人,其中包括科米坦(Comitán)、帕伦克(Palenque)等州内重要城市,恰帕斯州州长曼努埃尔·贝拉斯科·科埃略亦来自于绿色生态党。因为革命制度党在高地地区的影响力,绿色生态党一直迟迟未能进入圣城。2015年6月是圣城的市长选举,绿色生态党的富商乌戈·佩雷斯宣布参选。

虽然马里亚诺通知大家第二天下午1点在社区广场集合,但刚过12点30分,马里亚诺就在社区办公室的大喇叭里招呼大家,要求大家立刻在社区广场集合,他将在12点45分的时候点名。在懒散、惯于迟到的墨西哥,马里亚诺提前召集大家的行为非常少见,这足以证明他对此次活动的重视。12点45分,马里亚诺拿着社区的花名册,站在舞台中央点名。没有应答的居民,马里亚诺在其名字旁做了记号,嘱咐一旁的卢西奥挨个去通知。差不多1点5分,人员总算都到齐了。社区居民们排成三列长队,朝社区大门走去。四位绿色生态党的工作人员站在门口,他们挨个给社区民众发放印有绿色生态党标志的旗帜和胸牌。社区居民胸前挂着绿色生态党的标志的胸牌,手持着绿色生态党的旗帜,浩浩荡荡地朝中心广场走去。

平日就很是喧嚣的广场上此时挤满了民众,广场的正中央是一个巨大的舞台,高大壮硕的乌戈身着白色衬衫站在舞台中央。一旁的主持人用夸张的表情和姿势介绍着他,称赞他是"印第安人民的忠实朋友"。主持人邀请了一位佐齐尔族老人上台。满脸皱纹、步履蹒跚的老人在舞台上,动情地讲述乌戈如何大方地援助她,给她原本破旧不堪、四处漏雨的房子盖上钢板,让她

参加选举动员会的社区居民

有一个不漏雨的房子。讲到动情处,老人更是接连拥抱、亲吻乌戈。此后,数十名圣城的市民被请上台,讲述乌戈在日常生活中帮助他们的故事。

绿色生态党为候选人乌戈精心准备的宣传会并没有得到社区民众的认可。由于天气炎热,广场过于拥挤,不少居民准备离去。见此情形,马里亚诺和卢西奥站在栅栏外的广场入口,拦截这些准备回家的居民。马里亚诺的拦截让他们有些愤怒,他们骂骂咧咧地回到中心广场。突然,一位社区居民发现,广场上的其他声援乌戈的人都穿着印有绿色生态党标志的衬衫,每个人

的手上都拿着绿色生态党的雨伞,自治社区的居民却什么都没有。他开始带头喊叫:

"我们需要雨伞!我们需要衬衫!"

在他的带领下,原本就有些不满的数十名社区民众也跟着喊了起来。台上绿色生态党的成员们正在称赞乌戈如何大方地援助贫穷居民,台下自治社区的民众却在喊叫着"我们需要雨伞和衬衫",这样的画面着实有些讽刺。台上的政客们面露尴尬之色,乌戈立马拿过话筒,向台下的民众致歉。他解释到,因为没有想到会有如此众多的民众前来支持他,工作人员没有准备足够的雨伞和衬衫,他向台下的民众们致歉,承诺马上会给社区民众增补发放雨伞和衬衫。自治社区的民众似乎对乌戈的承诺并不满意,如同此前的游行示威一般,他们上下挥舞着右手,喊着"没有雨伞,我们离开!"满脸怒火的马里亚诺却站在入口处,拦截着愤怒的社区居民。这样尴尬的僵持局面持续了二十多分钟,直到志愿者们将衬衫和雨伞搬到自治社区居民附近的栅栏处时,人群才稍微安静下来。志愿者们试图引导无序的居民们排成两队,挨个发放衬衫和雨伞。居民们蜂拥而上,突破志愿者的防线,哄抢一旁堆放的雨伞和衬衫。见此情形,那些已经拿到雨伞和衬衫的群众也挤了过来,加入到哄抢的队伍中,原本拥挤的广场变得更加无序了。

此时，乌戈仍然在台上卖力地宣传着，台下的人们早已经乱作一团，没人知道乌戈到底在说什么。守在入口处的马里亚诺，再也无法抵挡滚滚的人流，只好退到一旁，默不作声。见到马里亚诺不再驻守，拿到衬衫和雨伞的居民们纷纷从广场撤离，每个人的脸上洋溢着幸福的微笑。回家的途中，看到我没有拿到礼物，几位居民有些不解。得知我不需要这些东西，他们有些生气，责备我不应该放弃这些礼物。即便自己不需要，也可以领来送给他们。自治社区的大门紧锁，十多名安全委员会的成员们持枪站在门口。原来，马里亚诺害怕政府趁社区人员集体外出入侵社区，特意安排了20名安全委员会的成员驻守在社区的各个大门。

晚饭时，很少在饭桌上和我交流社区事务的马里亚诺突然问我："巴勃罗，你觉得社区今天的表现怎么样？"突如其来的问题让我不知道怎么回答，只是尴尬地笑了笑。他喃喃自语："希望不要影响绿色生态党对社区的支持！"原来，绿色生态党承诺只要自治社区支持乌戈，他们会为自治社区提供一切资助，包括帮助他们翻修教堂，给予他们各种礼物，最为重要的是，绿色生态党承诺，只要乌戈在大选中获胜，他们会帮助自治社区合法化。马里亚诺一本正经地说着，他有些担心今天社区居民并不算好的表现会影响到绿色生态党的承诺。

马里亚诺有些想多了。第二天一大早，睡梦中的我就听到外面传来一阵阵的轰鸣声。乌戈承诺援建社区教堂的砖头到了。马里亚诺站在社区大门口,满脸笑容地迎接着运送砖头的两辆货车,一位工作人员拿着一份文件请马里亚诺签署。马里亚诺通知社区治安委员会的成员们到教堂前卸砖。见我干站在一旁,他也让我加入卸砖的队伍。社区教堂原本是一间普通的房屋,外表上根本看不出是一个教堂。由于年久失修,四周的砖头已经毁坏,教堂的屋顶也有些漏雨。马里亚诺打算利用绿色生态党捐赠的1000块空心水泥砖,修建一个"有点教堂味"的教堂。

傍晚时分,因为参加培训,几天没有回到社区的胡安终于回来了。我和他谈起最近几天自治社区参与绿色生态党竞选的事情。他摇了摇头,满脸无奈地表示绿色生态党的这些行为只是选举前政党惯用的计谋。他本以为经历了一系列的波折后,马里亚诺会认清墨西哥政党选举的事实,但他依旧如此地轻信他人,这让他非常失望。得知马里亚诺用绿色生态党捐赠的砖头修建教堂,胡安更是气得不打一处来。他认为自治社区应该首先利用政党的捐赠,为社区的孩子们修建一所像样的学校和一个足球场,而不是投入到无用的教堂中去。因为他和马里亚诺的关系时好时坏,我不得不劝阻胡安,让他不要过度参与此事。

此后的几天里,绿色生态党和乌戈没有再来过自治社区,自治社区的人们似乎忘却了这件事情。直到2月13号的晚上,马里亚诺在社区的广播里通知大家,明天早上每个居民家中务必要留一个人,绿色生态党的候选人乌戈会携带大量的礼物慰问自治社区。马里亚诺特意强调,礼物会按照此前登记的名册发放,如果明天上午居民们不在社区,是无法拿到礼物的。社区所有的居民明天上午9点钟必须站在社区门口,排队迎接乌戈的造访。马里亚诺煞有其事的通知让正在喝酒的胡安暴跳如雷。眼见无法阻止马里亚诺的行动,胡安只能告诉我,明天他要外出游玩,不然肯定会和乌戈打起来的。

第二天早上9点不到,自治社区的居民就聚集在广场上。在马里亚诺的安排下,欢迎的队伍从门口一直延伸到了社区的教堂。每个人的脸上都洋溢着笑容,更有居民穿着绿色生态党的衬衫,拿着印有乌戈·佩雷斯字样的旗帜。9点30分刚过,三辆满载货物的车辆驶入社区。第一辆车装载着250块空心砖,这是给自治社区修建会议室所用。第二辆和第三辆车装载的全是给社区居民的礼物,每个包裹有5公斤大豆、两盒肉罐头、一袋面包、5公斤大米和5公斤的玉米。安全委员会的成员们爬上车子,把所有的物品卸在广场前的一角。马里亚诺在社区广播里通知,因为乌戈的行程很满,他11点钟的时候才能到达自治社区,社区居民不要离开。为了防止居民哄抢礼物,马里亚诺特意嘱咐安全委员会必须派人守住礼品。

下篇 圣卢西亚：一个印第安自治社区的抗争故事　337

乌戈造访自治社区

10点30分刚过，马里亚诺的声音又一次在广播中响起，他通知大家按照9点时的安排，列队欢迎乌戈的造访。自治社区的人们三三两两地再一次站在社区大门主干道的两侧，直到11点05分，乌戈才在众人的簇拥下来到了圣卢西亚自治社区的大门口。乌戈给了上前迎接的马里亚诺一个热烈的拥抱。马里亚诺给乌戈介绍，"所有的圣卢西亚自治社区的居民都在这里期盼着您的到来。"马里亚诺带着乌戈，一直朝社区深处走去。道路两旁的民众报以热烈的掌声。几个孩子喊着"乌戈万岁！马里亚诺万岁！"的口号，人群中"乌戈万岁！"的口号此起彼伏。乌戈停了下来，不停地与道路两旁等候的社区居民们握手，或是亲吻一旁的女性。原本两三分钟就可以走完的路程，乌戈一行走了20多分钟。到达社区教堂后，乌戈发表了简短的讲话。他感谢大家的支持，这些是他和绿色生态党给社区民众的礼物。因为人手不够，他们没有办法帮助帮社区居民施工，只能给大家捐赠建筑必需的砖头，给予大家一些生活的物资。乌戈承诺，一旦自己能够在大选中获得胜利，他愿意给社区居民更大的帮助。马里亚诺开始讲话，他感谢乌戈给社区居民的资助，强调他和乌戈是认识十多年的老朋友，乌戈一直不间断地支持圣卢西亚自治社区的居民。乌戈选择在2月14日情人节之际造访圣卢西亚自治社区，足以表明他对自治社区的爱，以及与自治社区民众之间的亲密情谊。马里亚诺和社区民众一定会坚定地支持乌戈，帮助他当上圣城的市长。此时，社区民众开始高声呼喊："乌戈市长，乌戈市长！"乌戈不断朝社区民众鞠躬致谢。

在马里亚诺的陪伴下，乌戈来到了自治社区办公室的门外。乌戈给安全委员会的成员们依次发放印有绿色生态党和乌戈标志的防水服和大礼包，并和安全委员会的成员们合影留念。此后，乌戈一行来到自治社区广场的礼品堆积处，一旁的工作人员拿着马里亚诺提供的花名册挨个登记。工作人员不断强调，只有拿着身份证的人才能领取。乌戈站在一旁，给登记完毕的居民们发放礼品,并依次同他们合影。一旁的志愿者告诉我,与其他政党的财团支持不同,乌戈给予大家的资助全部来自于他个人的产业。从去年年底到现在,乌戈一直奔波在圣城和周边的村社。因为平日里有工作要处理,他只能每天下午3点出发,周末更是全天在外慰问、帮助社区。三个多月下来,乌戈已经造访了200多个村社,捐赠了数百万比索的礼品。

因为人员众多且每个领取人都需要合影,礼品发放持续了差不多2个小时,直到下午两点多的时候才结束。乌戈将多余的礼包给了马里亚诺,承诺如果有需要,社区民众可以随时找他,他也会不定期地援助大家,他同时承诺,会在4月30日儿童节这一天前来自治社区慰问儿童。最后,乌戈坦言自己目前很需要社区居民的支持,当务之急是邀请大家加入绿色生态党,使自治社区和绿色生态党之间建立更为紧密的同盟关系。明天起的三天,他会安排志愿者们在自治社区的办公室,为社区成员逐一办理入党程序。加入绿色生态党需要照片采集、办理党员卡,希望能够得到大家的支持。社区居民们沉浸在收到礼物的喜悦中,似乎并不在意乌戈说了什么。在乌戈的演说结束后,人群中爆发出热烈而又机械的掌声。

第二天一大早,绿色生态党的工作人员开始在自治社区的办公室里布置,他们架设了电脑,搬来了专门的照相设备。按照

礼物发放后社区居民的合影

他们的要求，自治社区的居民们拿着身份证，逐个进行信息登记，再进行照片的采集工作。三天的数据采集后，绿色生态党再统一制作党员卡。整个流程需要的时间并不长，最多两三分钟就能完事。然而，第一天上午，只稀稀拉拉地来了二十几位社区居民，还有几位居民仅仅只是露了脸，在询问工作人员后就以身份证丢失为由离开了。下午2点的时候，一名工作人员告诉我，只有12位社区居民顺利地完成了信息采集工作，这与他们的预期相去甚远。傍晚时分，一名工作人员找到了马里亚诺，他向马里亚诺解释，今天一天登记的居民实在太少了，如果明天再这样的话,他们根本无法向乌戈交差。马里亚诺很是生气,他立刻跑到广播室,通知大家半个小时候召开紧急会议。

舞台正中央的马里亚诺眉头紧锁,没有任何惯常的问候和解释,他直接质问大家为什么没有加入绿色生态党,他铿锵有力劝导着社区居民:

这是我们大家共同努力下建造的一个社区,在这里我们尊重每一个人。我们也希望大家投入到社区的建设中。乌戈的付出大家都看到了,我们必须遵守当初的承诺。很多居民们拿了礼物,但是又不参加绿色生态党。我不希望这些人在社区里制造分裂和矛盾,我的子女、家人都参加了。我们加入这个党,不是为了党,而是为了我们的社区,为了我们的斗争。很多人今天明明在家里,却以各种理由不去办公室,我实在不能理解。很多人说马里亚诺是收了绿色生态党的钱,为了个人利益动员大家加入绿色生态党。不是的,我没有收他们的任何好处。我所做的都是为了大家。大家有没有想过,2009年,为什么我们被赶走。为什么2013年我被投入监狱。因为我们没有政府的支持,虽然有其他组织的支持,但是,我们却没有真正得到过官方的力挺。所以你看,我们现在就有各种麻烦。因为我们不齐心,所以我们没办法让社区合法。现在有机会了，为什么不把握？如果有人还是不团结，不参与，那么，你们可以离开。

听到马里亚诺如此言论，胡安有些生气。他气恼马里亚诺不该命令社区民众加入绿色生态党。或许是觉得自己的行为有些不妥，也或许是为了缓和与胡安的关系，安抚这个他不得不依靠的长子，马里亚诺向胡安解释到，他并非不知道这件事情的后果，只是碍于绿色生态党的强大压力以及对选举的乐观判断，他必须这么做。他不仅和绿色生态党有合作，过几天民主革命党的领导也会造访自治社区，这些胡安也都知道。只要愿意帮助自治社区，联系自治社区的居民，他都愿意接待。胡安并不同意他的观点，他认为乌戈之类的人员造访自治社区，只是因为现在是选举的关键时期。一旦他们当选后，并不会真心实意地帮助社区。马里亚诺反驳，正因为如此，所以才要做出样子，让他们充分信任自治社区，再趁机捞一把。胡安觉得父亲是在玩火，两人的交谈不欢而散。为了避免更大的纷争，我把胡安拉去喝酒。

第二天早上，大批的居民拿着身份证在社区委员会的办公室前排队，他们依次完成了登记、照相、指纹录入等程序，工作人员忙得不可开交。初步估算，一个上午大约有300位居民完成了入党登记的手续。傍晚时分,这一数量达到了505人。按照这一速度,第三天大部分社区居民都能完成加入绿色生态党的手续。我惊讶于社区居民的配合度,揣测他们定是由于马里亚诺的威胁才加入绿色生态党。在帮志愿者收拾东西的时候,我遇到了刚刚办完入党手续的雷米希奥一家。他承认加入绿色生态党固然有马里亚诺胁迫的原因,但他也认为选举是他们获得利益的重要机会。这个时候各个政党绞尽脑汁,花大量的钱来拉拢选民。现在只是2月份,离正式选举还有好几个月。"我们应该让乌戈看到我们的支持,这样他能给我们更大的回报。"雷米希奥告诉我,不光他本人,几乎所有的人都是这样认为的。下个月还有民主革命党的候选人来自治社区,马里亚诺也会这样招待他们。显然,在经历二十多年的民主选举之后,底层的印第安民众比我们更清楚选举的实质,他们也更善于利用这样的机会为自己谋利。

绿色生态党的回报是如此之快。第三天早上,一个自称由绿色生态党联系、来自加拿大的非政府组织进入自治社区,他们在自治社区的教堂、学校和足球场附近拍摄照片,承诺帮助自治社区建立一所学校。非政府组织的负责人告诉马里亚诺,因为捐赠涉及一系列流程,他们的援助学校11月份才能动工。虽然有些失望,但马里亚诺仍然希望能够早点儿动工。马里亚诺告诉我，乌戈告诉他这块土地是他们非法入侵的。在绿色生态党上台执政之前，土地非法入侵的实质是不会改变的。作为候选党，他们不能公开给大家建设学校，只能通过引入非政府组织，以间接、暗中支持的方式帮助他们援建。马里亚诺原本以为他们会在大选前完工，却被告知要到11月份才能动工。"那个时候选举早就结束了，无论乌戈是否当上市长，他都不需要圣卢西亚自治社区了。"对于修建学校的这场博弈，马里亚诺并不乐观。当天晚上，绿色生态党统计，圣卢西亚自治社区一共有1300名居民加入了绿色生态党。

我向志愿者咨询访谈乌戈的事，他们承诺会及时和我联系。第二天上午9点，我收到了志愿者们的回复，乌戈第二天上午在他酒店的办公室里接受我的访谈。乌戈的酒店位于圣城教堂山边的北侧，是圣城为数不多的五星级大酒店。我刚走进他的办公室，他就吩咐助手给我倒了一杯咖啡。他告诉我这是他自己家庄园的咖啡，味道很纯正。乌戈在圣城拥有这家酒店、两个卷饼厂和一个农庄。人们常常传说他是圣城的富豪，但他却始终认为自己只是一个中产阶级。之所以用富豪评价他，更多是因为他乐于施舍，给人造成富有的错觉。他原本是革命制度党的成员，2000年才加入了绿色生态党。当年，全国大选中革命制度党败给了国家行动党，失去了长达71年的执政地位。恰帕斯州的革命制度党同样开始了深刻的反思，认为迫切需要改变独裁的形象。因为革命制度党的巨大影响，绿色生态党无法进入恰帕斯州。在这一背景下，革命制度党与绿色生态党达成了合作，允许一部分党员加入绿色生态党，在绿色生态党进入恰帕斯州的同时，以两党合作的方式帮助革命制度党改善形象。在当时，革命制度党中的一些有产阶层和年轻人也对掌权派心生不满，他们趁着这个机会从革命制度党脱离，成为绿色生态党在恰帕斯州的创始者，乌戈就是其中一员。独立建党后，绿色生态党在恰帕斯迅速发展。目前已经有100万左右的党员，这在全国范围内都是少有的。

乌戈很自豪绿色生态党在恰帕斯州的发展策略。因为恰帕斯州多是贫穷的印第安人，绿色生态党在恰帕斯州一直走底层路线。他们在州内四处寻觅志愿者，深入社区调查，了解印第安村社所需，动员党内的工厂主和企业家，为印第安社区进行有针对性的捐赠。在恰帕斯的印第安农村，很多房屋都是薄膜盖的屋顶。这些屋顶不仅透气性差，而且也不能遮阳避雨。基于这一状况，绿色生态党在很多印第安农村捐赠了大量的石棉瓦。一些印第安人的房子建在低洼潮湿的地区，绿色生态党就给他们安装地板。乌戈一再表示，他们和革命制度党完全不一样。长期以来的执政使革命制度党的老权威们一直秉持传统观念，始终认为自己是高高在上的领导。他们既不愿意深入社区,也不愿意倾听民众的呼声,顶多给予印第安人一些施舍,这正是革命制度党在恰帕斯乃至全国迅速溃败的根源。我其实有些不解,既然恰帕斯的绿色生态党和革命制度党是合作的关系,为何乌戈会对革命制度党持如此的评价?乌戈用了一句谚语"以怨报德"回答了我。他告诉我,革命制度党有着一系列不可调和的毛病,尽管绿色生态党试图帮助革命制度党重塑形象,但合作中革命制度党却屡次干扰、破坏绿色生态党,最终导致两党合作关系的破裂。

在走访中,他和团队知道了圣卢西亚自治社区里无家可归的印第安人。他和绿色生态党都知道这块土地是属于联邦政府国立印第安研究所所有,马里亚诺和居民们都是非法入侵者。乌戈一再强调,他们不可能支持自治社区的居民,即便他当选获胜,也不可能给他们办理合法化的手续。只是基于人道主义的原因给他们一些粮食和食物。因为他们的房子和教堂实在太破了,绿色生态党才会为他们提供一些砖头。无论是教堂还是学校,绿色生态党都不会直接帮助他们修建,因为这是非法的。他并没有强迫自治社区的民众加入绿色生态党。绿色生态党的帮助是免费的,不需要回报,社区居民有完全的自由选举其他候选人和政党。只是马里亚诺应该以社区民众集体加入绿色生态党的方式回报他们。对于马里亚诺的个人行动，他表示感谢。但无论如何，他的感谢不包括将自治社区合法化。无论是他本人，亦或是绿色生态党，这都无法做到。

从乌戈的酒店里出来，我意识到，无论是马里亚诺，亦或是乌戈和他背后的绿色生态党，还是在其中浑水摸鱼的自治社区的居民们，他们都清楚地认识到这场所谓的选举只不过是彼此博弈的一次机会，并不会带给他们真正的改变。所有的人都积极地参与这场博弈，并利用这场博弈为自己谋取利益。所谓民主的价值和意义，也在这场博弈中消耗殆尽。无论选举的结果怎样，圣卢西亚自治社区是注定不会迎来他们翘首以待的合法化了。

春节

在圣城，最为盛大的节日是圣诞和新年了。2月中旬已过，中国的春节近在眼下，但在这里，新年伊始的1月早已远去。锡纳坎坦的菜地里，新鲜的蔬菜已经出了一茬。各行各业的人们，早已开始一年的忙碌，我竟找不到一丝节日的感觉。腊月二十八，老李给我来了电话，邀请我大年三十去他家里吃年夜饭。

大年三十，我早早地去了城市郊区的切德拉维超市，购买了两瓶堂胡利奥的龙舌兰酒。第一次在外过年，心里并不太舒服。

因为自治社区没有网络，当地的移动网络很差，我无法和国内的家人视频。吃完午饭后，我拎着两瓶龙舌兰，早早地去了老李家。虽然今天并非墨西哥的节假日，老李一家也都没有去城市中心的餐馆。老李的儿子阿战关了两个快餐店，叫上在他店里打工的小舅子，让他张罗今晚的饭菜。厨房里，阿战的小舅子忙里忙外，阿战和他的妻子青青帮着打下手。

楼上的客厅里，老李和莉莉在房间里整理着，一旁的电视正在播放着中国的春节联欢晚会。老李特意装了可以接收央视国际频道的卫星天线，时不时地看看国内的新闻大事。莉莉让我坐下，她一边清理地板，一边告诉我虽然这是墨西哥，但从她和老李在一起后，老李每年的大年三十都和她打扫房屋，从未听说过中国新年的她欣然地接受了，春节也成为他们家最为重要的节日之一。老李喜欢过年热闹的感觉，除了大儿子阿战一家外，他还邀请了最近在圣城经营琥珀商店的华人阿萍和她的墨西哥丈夫佩德罗。

3点多的时候，阿萍和佩德罗拎着礼物来了。他们给莉莉的孩子索埃和阿战的三个女儿各准备了一个书包。三个大点的小姑娘收到礼物后很是开心，阿萍给每个人包了一个红包。听到楼下热闹声音后，莉莉和老李走了下来，老李给三个孙女和自己的女儿每人一个大红包。收到礼物的三个小孩兴奋地在大厅里跑来跑去，阿战和青青不时出来叮嘱她们注意安全。不一会儿，阿战的大舅子将所有的菜肴端了出来。广式烧鸡、蚝油生菜、清蒸海鱼和粉蒸龙虾。菜品的种类虽然不多，但每份菜都是一式二份，且份量很大。我们十多个人围坐在老李家的餐桌旁，老李举起酒杯，在"新年快乐"的祝福声中，开始今晚的年夜饭。

几杯酒下肚，有些微醺的老李说起他最初来到圣城的日子。那时的圣城，除了他和留下来的同乡外，再也没有其他华人。每逢春节，两人想庆祝下，却发现身边再也没有其他人，春节只是属于他们两个人的节日。与莉莉结婚后，他曾试着邀请朋友们来家过春节，但大部分时候，因为正逢工作日，朋友们根本没法前来，春节依旧冷冷清清。虽然离家差不多十五年了，老李一直保留着除夕燃放爆竹的传统。既是为了辞旧迎新，更是为了营造节日的氛围。最近几年，莉莉的两个弟弟、自己的儿子来到身边后，一家人总算能够过上一个热热闹闹的春节了。虽然这个节日的参与仍然没有超过华人的范畴。

我和老李的感受是一样的。与东南亚、北美和欧洲不同，在恰帕斯，一个城市可能仅有一到两位华人，即便是在华人较多的塔帕丘拉，华人们也是分散在城市的四方，并没有形成唐人街之类的聚居区。如同一颗石头投射到一片汪洋之中，华人的活动并不会在恰帕斯这一多元文化的场域中泛起多少涟漪。相反，恰帕斯多元文化的氛围会将华人同化为他们中的一员。这也正是为什么历史上的塔帕丘拉曾经有众多的华人，但他们的后裔却都成为墨西哥人的重要原因。可以想象，虽然老李目前仍然坚持在家里过春节，但他和莉莉的子女未必会坚持这一传统。

此前，我曾和胡安提起过中国的春节。虽然知道这一传统，但胡安从未过过春节，更没吃过像样的中餐。按照老家的风俗，春节是亲朋之间请客相聚的日子。我在自治社区的房子没有任何炊具，在胡安母亲家做饭又不太方便。我向老李提议，能否借用餐馆的厨房和餐厅，我去市场上购买食材，在饭馆的厨房里做饭，邀请胡安和他的女朋友一聚。豪爽的老李答应了我的请求。不知不觉已是晚上 7 点，在老李的鞭炮声中，我和阿萍、佩德罗一起离开了老李的家。

回到自治社区后，我第一时间去了胡安的房间，告诉他明天我想请他吃饭，感谢他一直以来的帮助。他很爽快地接受了我的邀请，转眼间他又面露难色。我以为他明天有什么安排，他却告诉我，他是在发愁该带哪位女朋友出席。我觉得既好笑又荒唐。我确实知道他的身边有好几位女伴，我见过的就有三位，一个是从小到大的玩伴胡利娅，一位是社区内普通人家的闺女奥费利娅，还有一个是同是教师的洛里亚。虽然与胡安私交不错，但我仍不理解胡安这样的行为。对爱情的专一是一个人的品行。胡安这样纠缠在不同女人之间的行为，甚至让我觉得有些反感。妈妈对此也很不满意。她常常语重心长地教育我，"巴勃罗，你可不要像胡安一样，交那么多女朋友，跟狗一样。"胡安并没有否认这一点，他坦言自己并非忠贞的人，甚至觉得对不起他的女朋友们。但他强调，他从来没有要求她们守在自己身边，相反是这些女子不愿意离开他，坚持留在他的身边。为了不伤害这些女子，胡安才与她们一同相处。为了避免尴尬，除了公众集会外，胡安从来没有在私人层面上与多个女友同时共处。

我告诉胡安不必担心，如果他觉得味道不错的话，我可以多邀请他几次，让几位女朋友都能够吃到中餐。只不过明天是农历新年的第一天，人们一般会邀请重要的客人。所以，他可以带上最有可能成为他妻子的那位女朋友。胡安想了几分钟，点了点头，"那就洛里亚吧！"

第二天一大早，我去了与自治社区一江之隔的中心市场，购买了猪蹄、五花肉、鸡肉、蘑菇、香肠和青菜。餐馆的小工阿列看到我拎着满满的一袋食材，接了过去。在她的帮助下，我们很快就处理完了食材。不到1个小时，红烧猪蹄、蘑菇烧鸡、蒸香肠、小炒肉、小炒青菜和清蒸黄鱼六个菜全部做好了。此时，胡安也带着他的女朋友洛里亚在餐厅等着了。原本想邀请老李和莉莉一起。因为餐厅生意格外忙碌,也就只能作罢了。我们三个人就这样坐了下来,一边吃饭喝酒,一边聊着天。洛里亚不太了解中国春节的习俗。我向她解释,昨天是农历的腊月三十,今天是新年的第一天。春节是阖家团圆、亲友相聚的日子。所以,我在新年的第一天邀请胡安和他的女朋友一起聚一聚。眼前的这些菜肴让她有些意外,此前她曾来过老李的餐馆很多次,但从未见过菜单上有这样的菜肴,也没有看到其他人点过这样的菜。我向她解释到,中国很大,不同的区域有不一样的口味,我所在的湖南和老李所在的广东饮食差异很大。其次,老李的餐馆主要面向的是墨西哥人,很多菜品经过了一系列改良,所以更称得上是恰帕斯风味的中餐,而非中国的中餐。这样的解释让洛里亚开怀大笑,她笑着说那得感谢我,让她不用坐三十多个小时的飞机就可以吃到地道的中餐。

难得的轻松的氛围让胡安也有一些开心,他和我聊起最近学校的事情。这个学期他成为学校的执行校长,在学校里做了很多的改革。首先就是动员社区的儿童全部都来上学。一些家长目光短浅,让孩子们早早地辍学打工。他发动老师们挨个上门劝说,让这些家长改变念头,允许孩子上学。家庭经济状况实在不行的学生,他更是捐出自己的工资,让这些家长放心把孩子送到学校。在他的努力下,奥蒂略·蒙塔尼奥小学的学生数量从 120 名上升到了 180 名。其次，虽然胡安坚定地反对涅托政府的教育改革，支持教师们的各种抗争运动，但从这个学期开始，他坚持主张教师不应该在工作的时间罢工，尽可能地将教师游行的时间安排在周末。"我们必须向政府表达我们的不满，但是这并非是以剥夺印第安儿童受教育的权利、牺牲印第安人的未来为代价，不然，我们和政府又有什么差别呢？"

胡安说着的时候，一旁的洛里亚愣愣地盯着他，眼神里充满了崇拜和爱慕。洛里亚的态度让我对他和胡安的关系产生了好奇。我询问她，能否讲讲她和胡安恋爱的故事。她有些害羞，半晌没有说话。在得到胡安的肯定后，洛里亚讲述她和胡安相识的经历。最初，她和胡安是师范学校的同学。胡安经常组织各项政治运动，表达印第安人的诉求。胡安不畏强权和杰出的领导才能让她心生爱慕。毕业后，她和胡安曾经一起在奥蒂略学校工作过一年，这让她和胡安有了更近距离的接触。一年下来，胡安用自己的工资帮助了八名印第安学生，在承担基本的西班牙语和数学教学外，他还利用课余时间，开设佐齐尔语言的课程，呼吁老师们多讲授佐齐尔传统文化。在涅托政府的教育改革方案出台后，受过正规师范教育的胡安根本不用担心考试的问题，但他仍然四处游走，为印第安教师和学校发声。一些国家支持的政治组织对胡安发出了警告，但他并不畏惧，坚持斗争。

"我愿意支持他！和他一起斗争到底！"

温柔的洛里亚挽着胡安的手，靠在他的肩膀上，眼神里充满着坚定、幸福与温柔。直到这一刻，我才理解胡安关于爱情的阐述。的确，伟大的人格是具备生成爱情的征服力量的。我向他们敬酒，祝愿他们在未来的日子里平安幸福，胡安摇了摇头：

"为了印第安人，为了恰帕斯，为了墨西哥，为了全人类更美好的未来，干杯！"

在我们举起酒杯的那一刻，我仿佛有一种回到家乡、亲人在旁的感觉，原本弥漫的些许愁绪彻底烟消云散了。

民主革命党

2月20日下午，马里亚诺通过社区广播通知大家，明天下午6点左右，民主革命党的国会议员和恰帕斯州议员会来社区访问，希望大家协调好时间，务必安排好人员出席。此前，马里亚诺的女儿胡安娜曾在吃饭的时候告诉我，与和绿色生态党的虚与委蛇不同，自治社区所属的公民协会独立组织联盟和民主革命党同属左翼势力，两者之间有着密不可分的关系。民主革命党曾多次在自治社区陷入绝境时施以援手。马里亚诺格外看重与民主革命党的关系。事实也是如此，21日早上和中午，马里亚诺连续两次通过社区广播告知大家下午6点务必在社区大门等候,卢西奥更是连续多次在自治社区的 WhatsApp 群里通知大家,必须参与今天晚上的欢迎仪式。

或许是知道民主革命党和自治社区之间的紧密关系,或许是马里亚诺和卢西奥连续多次的通知起到了效果,下午 6 点刚过,从自治社区大门到社区教堂的两侧挤满了等候的居民。社区大会的舞台上,文化委员会的成员们布置了许多气球。6 点一刻,特意梳洗了的马里亚诺戴着墨西哥人标志性的宽檐帽出现在了社区大门口,在他身边的是几位身着传统佐齐尔服饰的女性。这样的阵势远远超过乌戈造访社区时的情景。马里亚诺和社区居民翘首以盼,直到差不多快 7 点时,民主革命党的国家议员阿尔韦托(Alberto)的座驾才姗姗来迟。马里亚诺和几位佐齐尔女性连忙上去迎接,搀扶他下来。刚进社区大门,一名佐齐尔女性激动地抱着他的头,泣不成声。马里亚诺和阿尔韦托不停地拍着她的肩膀,嘴里跟她说着什么。好几分钟后,这名女士才缓过劲来,她搀扶着阿尔韦托的手,马里亚诺站在另一侧。在众人簇拥下,一行人缓缓朝社区深处走去。一旁围观的民众大声地喊叫着:"马里亚诺万岁!阿尔韦托万岁!"

在马里亚诺的引导下,阿尔韦托和另外一个人走上了讲台。马里亚诺向社区民众介绍,国会议员、民主革命党的阿尔韦托是自治社区的老朋友,在他身旁的是州议员马萨,亦是支持社区的好朋友。马里亚诺请他们讲话。阿尔韦托的讲话并不长,他感谢了马里亚诺和社区民众的热烈欢迎,强调民主革命党关心穷人、支持印第安人的抗争立场,表示他一定会在国家层面上反映自治社区民众的诉求,争取自治社区的土地合法化。阿尔韦托刚刚讲完,社区民众报以热烈的掌声。一旁的马萨显然比阿尔韦托更会动员观众。他的发言以激动人心的"萨帕塔永生,斗争继续"口号开场,他强调民主革命党从未放弃支持底层、呼吁公平的左翼立场,他会在州一级的层面上不断为自治社区和无家可归的印第安人呼吁,实现自治社区土地的合法化,为印第安人争取更多的权益。演讲的结尾,他更又一次动员社区民众,"自治社区的合法化,离不开你,离不开我,离不开大家的参与!"马里亚诺邀请一名群众上台发表感言。上台的是雷米希奥的老婆。平日的她并不爱多说话,然而,舞台上的她却不停地感谢着阿尔韦托和马萨,称呼他们是上帝派来帮助他们的圣人。虽然大多数印第安人会用"圣人"这一词语称呼帮助过他们的人,但雷米希奥的老婆如此赞颂着两位民主革命党的造访者,着实让我有些意外。或许是因为有些紧张,雷米希奥的老婆后续的发言断断续续,其中夹杂着不少佐齐尔语。我不太明白她说的意思,但从她的语气和群众激动的掌声来看,应该是对其的赞颂。

冗长的发言结束后,马里亚诺邀请阿尔韦托和马萨在社区

阿尔韦托和马萨在社区大会上发言

的各个角落里走动。他们先后造访了社区办公室、教堂、自治社区与玛雅医学中心交界的围墙。每到一处，马里亚诺都详细地向他们介绍这些场所存在的问题。此后，马里亚诺还带着他们走访了雷米希奥、佩德罗的家。8点刚过，在马里亚诺和社区民众的陪同下，两位民主革命党的议员匆匆登上了离去的车。

在送完阿尔韦托和马萨后，我敲开了胡安的房门。此时的他正穿着睡衣，在床头听着收音机。胡安告诉我，其实父亲并不认识今天造访社区的阿尔韦托和马萨，这两个人也是第一次来到社区访问。父亲和民主革命党、公民协会独立组织联盟之间有着错综复杂的关系。从萨帕塔民族解放自治区撤离后,出于对左翼的支持,马里亚诺加入了宣称持左翼立场的民主革命党,并成为民主革命党在潘特洛的负责人。因为参加过萨帕塔运动和与革命制度党的矛盾,马里亚诺被投入监狱,2000年才得以释放。此后,为了避免政治迫害,马里亚诺从潘特洛搬到了圣城,而潘特洛市的民主革命党也因此将马里亚诺从领导席位中驱逐。马里亚诺对此愤愤不已,却也无能为力。在圣城生活期间,公民协会独立组织联盟的负责人萨拉因开始和他联系。

胡安提到的公民协会独立组织联盟是墨西哥社会中最为重要的农民组织。革命制度党统治时期,其通过建立包括农民、工人、教师和军人等职业社团,实现对国内民众的整合与统治。革命制度党的长期执政造成了官方职业社团的腐败,1961年8月,拉丁美洲国家主权与和平会议召开期间,独立于官方和执政党的新型农民组织的建立成为其中的重要议题。这次大会后,民族解放运动和墨西哥共产党发起了民族解放运动,在民族解放运动的呼吁下,来自科阿韦拉、米却肯、下加利福尼亚州、普埃布拉、墨西哥州、瓦哈卡、维拉克鲁斯和莫雷洛斯等州的2000多名农民代表成立了官方农民职业社团之外的"独立农民中心"。独立农民中心的建立是对革命制度党控制的"全国农民联合会"垄断的打破,由此遭受其持续的打压。直到1975年,在新一轮土地斗争的冲击下,独立农民中心才获得官方的承认,并改名为农工农民独立中心①。好景不长,20世纪80年代末、90年代初,墨西哥社会开始了民主化的进程,不同的政党开始竞相争取职业社团的支持。因为其强大的影响力,多个政党开始与农工农民独立中心接洽。对于政党的不同态度使得农工农民独立中心产生分裂,其先后分裂为历史农工农民独立中心、公民协会独立组织联盟、独立的农工农民独立中心和农工农民独立中心四个部分。在恰帕斯州,历史农工农民独立中心和公民协会独立组织联盟主要依附于左翼的民主革命党,独立的农工农民独立中心依附于革命制度党,农工农民独立中心则依附于国家行动党。

萨拉因是公民协会独立组织联盟在恰帕斯州的负责人,也是民主革命党在恰帕斯州的主要领导人。因为马里亚诺在高地地区突出的影响力,萨拉因邀请马里亚诺加入公民协会独立组织联盟和民主革命党。然而,因为此前在潘特洛和民主革命党的纠葛,马里亚诺只愿意加入公民协会独立组织联盟,并没有加入民主革命党。萨拉因同意了马里亚诺的要求,并委派他为公民协会独立组织联盟在高地地区的负责人。2013年,因为圣卢

---

① Mássicotte, Marie-Josée. *Las organizaciones civiles y sociales mexicanas y sus redes transnacionalesorígenes, impactos y retos*. 2001.

西亚自治社区的非法占领，马里亚诺再次被投入监狱。萨拉因和公民协会独立组织联盟对马里亚诺给予了极大的援助。他联系到民主革命党的联邦国会议员伊西德罗，在他的帮助下，马里亚诺最终得以释放。为了回报民主革命党的支持，出狱后的马里亚诺通过萨拉因，与民主革命党之间终于达成了协议，承诺高地地区的公民协会独立组织联盟、圣卢西亚自治社区与大众农民阵线整体加入民主革命党。

虽然马里亚诺承诺自治社区、公民协会独立组织联盟与大众农民阵线整体加入民主革命党，但作为个人的胡安却并没有加入民主革命党。2000年之后，民主革命党曾在恰帕斯州执政12年。在这12年里，印第安人的状况并没有得到改善。不久前的9·26事件中，勾结毒贩、下令枪杀学生的伊瓜拉市市长阿瓦尔卡正是来自民主革命党。胡安忿忿不平地说，"虽然总是声称自己是为穷人服务的左翼政党，但和革命制度党、国家行动党一样，这是一个只支持富人选举，为富人服务的党，这个党从来没有真正地为穷人考虑过。"胡安坚持认为，只有共产党是真正为穷人和印第安人服务的，其他党派都是政客们操弄选举、谋权夺利的工具。胡安对这些鱼龙混杂的政党不仅没有好感，反而担心他们会对自治社区不利。

胡安的反馈着实让我有些担心，但也促动了我接触民主革命党的诉求。在这次来访中,我留下了州议员马萨的脸书账号和手机号,第二天我就给他发送了请求,询问他是否方便接受访问。很快,马萨就用 WhatsApp 回复了我,他们能够在民主革命党恰帕斯州总部图斯特拉-古铁雷斯接受我的访谈,时间就定在下周一。图斯特拉-古铁雷斯是一个地道的新城。在 1892 年成为恰帕斯州的州府后,这个位于平原地带、交通便捷的小镇得到迅速发展。虽然抵达圣城的飞机在图斯特拉-古铁雷斯市郊降落,但我一次也没有来过这个年轻的州府。刚好趁着这个访谈的机会,我也顺便造访下这个城市。

去往图斯特拉-古铁雷斯的小巴在城市南部的泛美公路旁。因为不熟悉路况,早上 5 点不到我就到了公路旁。虽然天未放明,公路一旁已是热闹喧嚣。司机们在路边不停地招揽着乘客,推着小推车、卖热咖啡和早餐的商户们也在忙碌着。我登上了一辆即将发车的小巴,司机告诉我,大约 1 个小时的车程需要支付 35 比索。20 分钟后,直到挤满了 9 位乘客,车辆才缓缓驶离街区。几分钟后,窗外已是一片漆黑,远处漆黑的山峰高耸入云,峰顶是暗蓝的天空和一尘不染的月亮。来不及担心路途的艰险,疲惫不堪的我很快沉沉睡去。40 多分钟后,车厢内响起了音乐。窗外已是大亮。我们的车辆飞快地奔驰着,车窗外是万丈悬崖。悬崖下方是不断延伸着的平原,平原上村庄的房屋如同纸盒子一般密密麻麻地排列着。公路如同腰带挂在山间,远处不断腾起的雾气萦绕在道路前方。经过几个漫长的斜坡后,我们终于到达了山脚下的收费站。司机告诉我们,还有10分钟就能到达图斯特拉-古铁雷斯的中心汽车站了。

车窗外,矮小的房屋稀稀拉拉地开始出现,与圣城相比,这个城市都是低矮的建筑。街道两旁布满了商店,形形色色的人们穿梭其中。因为道路狭窄、行人众多,这段10分钟左右的路程差不多走了半个小时,最终才在一排破旧的铁皮屋子前停了下来。司机告诉我,这就是图斯特拉-古铁雷斯的中心车站了。与圣城2000米的海拔相比,图斯特拉-古铁雷斯的海拔不足100米,虽然早上7点不到,大街上已是热气腾腾。马萨给我的地址离车站有2公里的距离。因为时间尚早,饥肠辘辘的我打算先吃个早餐,再步行前往。我在车站旁的市场找了一个餐馆,点了一份卷饼。条件简陋的苍蝇馆子难得出现一位东方面孔,从我坐下开始,中年的女老板一直好奇地问着我各种问题。得知我是第一次来图斯特拉-古铁雷斯,她告诉我图斯特拉-古铁雷斯的治安不太好,这里时常发生偷盗和抢劫的案件,尤其是针对像我这样的东方面孔。她建议我将包背在胸前。走出餐馆后,我小心翼翼地穿过市场。市场道路的两侧到处都是兜售廉价衣服、鞋子和手机饰品的摊位,还有一些推着小货车的商人来回走动着。两旁的下水道散发着一阵阵的臭味。公交、面的时不时地穿梭,原本就不宽敞的小路更加拥挤了。这段并不长的小路,我走了差不多20分钟,才到民主革命党的总部。

图斯特拉-古铁雷斯街景

当我赶到时,马萨、萨拉因和路易斯等几个人正在总部楼下喝咖啡。见到我后,萨拉因告诉我他只有半个小时的时间给我,半个小时后他要去参加恰帕斯州民主革命党总部的大会。我向他表达想要了解民主革命党、公民协会独立组织联盟与马里亚诺和圣卢西亚社区之间关系的想法。这个最为基础的问题激起了萨拉因的兴趣,他开始滔滔不绝地讲起他的人生经历,介绍他与各个政治组织之间的关系。早在20世纪80年代初,萨拉因就加入了农工农民独立中心,并成为这一左翼组织在恰帕斯州的重要领导人。当时,革命制度党开始推进新自由主义的改革,这一政策在党内引起了剧烈的纷争,最终革命制度党中的部分人员和工人联盟、农工农民独立中心、地峡工农学联盟在内的多个左翼组织联合,于1989年成立了民主革命党。作为农工农民独立中心的主要领导人,他也加入了民主革命党,成为民主革命党在恰帕斯州的主要领导人。目前,民主革命党在恰帕斯州有超过12万党员。恰帕斯的40多个市中,民主革命党执政的市共有8个。民主革命党之所以在恰帕斯州得到很大的发展,与恰帕斯州的州情密切相关。恰帕斯州是国内印第安人聚居的州,以贫穷和落后而闻名。因为革命制度党和政府20世纪80年代以来持续的新自由主义改革,穷人们的处境持续恶化。印第安人希望回到过去的时代,希望政府给予他们支持和帮助。在新自由主义改革之路上的政府却将印第安人抛弃给了市场。在这种情况下,帮助印第安人捍卫权利的持左翼主张的民主革命党和农工农民独立中心取得了民众的支持。然而,新自由主义的影响力是如此之大,甚至于导致了农工农民独立中心的内部分裂。在持久的斗争中,农工农民独立中心的部分人员逐渐改变了左翼立场,转而支持新自由主义改革,最终导致了农工农民独立中心的分裂。此后,从中分离出来、主张社会主义之路的公民协会独立组织联盟和民主革命党保持了更为紧密的关系。目前,公民协会独立组织联盟在全国共有 4 万人,在恰帕斯州有 2.3 万人。公民协会独立组织联盟的成员均已加入了民主革命党。

萨拉因 1999 年的时候就认识了马里亚诺,当时的马里亚诺还是潘特洛市民主革命党的成员。后来,他得知马里亚诺正在率领印第安人抗争圣城北部市场的征地事宜,便主动联系马里亚诺,帮助其与政府的抗争。事件结束后,他又帮助马里亚诺在圣城成立了公民协会独立组织联盟。此后,马里亚诺率领印第安人占领国立印第安研究所的土地,建立圣卢西亚自治社区,他亦帮助社区与政府部门抗争。尤其是在 2013 年,马里亚诺被抓进监狱后,他与联邦政府议员取得联系,不断向各级政府施压,最终迫使政府释放了马里亚诺。此次事件后,马里亚诺率领社区民众和圣城的公民协会独立组织联盟的成员整体加入民主革命党。萨拉因强调,今年的 5 月 10 日,民主革命党将会确定他们在圣城市长竞选的候选人,马里亚诺和圣卢西亚自治社区的居民也将全方位地投入到对民主革命党候选人的支持中。同时,民主革命党恰帕斯州总部也会帮助社区居民制定一系列合法化的斗争计划。

包括胡安在内的很多社区民众告诉我,萨拉因家有着很大的产业,是恰帕斯州首屈一指的富人。访谈快结束的时候,我询问他的经济情况。他微笑地摇了摇头,三十多年来,他一直在恰帕斯州从事水果批发的生意,贩卖包括香蕉、咖啡在内的多种作物,家里确实有一些积蓄,但并非如传闻般富可敌国。他所挣的大部分收入,都投入到民主革命党和公民协会独立组织联盟的政治运动中去了。话音刚落,萨拉因就站了起来,他一边收拾行李,一边委托马萨和路易斯招待我,说完便匆匆离去了。

萨拉因离去以后,马萨告诉我,作为公民协会独立组织联盟在恰帕斯州的主席和民主革命党在恰帕斯州的重要领导人,萨拉因每天都有做不完的工作。今天,他除了去参加民主革命党的会议外,晚上还要召开恰帕斯州40多个市的公民协会独立组织联盟的大会。这样的大会基本上一周会召开一次。因为知道我住在自治社区,马萨重点讲了他们帮助马里亚诺和社区居民争取权益的经历。在马里亚诺率领印第安人抗争北部市场的活动中,民主革命党和公民协会独立组织联盟坚持认为应当允许失地的印第安人在市场内经营,北部市场应当提供免费摊位给印第安人。在大家的努力下,北部市场管理委员会最终提供了大量的摊位允许印第安人免费进入。2013年,马里亚诺被抓后,公民协会独立组织联盟和民主革命党在恰帕斯州的40多个市镇发动了统一的示威游行运动。萨拉因多次前往墨西哥城，亲自联系联邦国会议员，最终才迫使州政府将马里亚诺释放。如今，马里亚诺建立的自治社区，屡次遭受地方政府和准军事组织的骚扰，公民协会独立组织联盟一直帮着他们准备各种申诉材料，实现合法化的诉求。当然，因为民主革命党和公民协会独立组织联盟的双重身份，马里亚诺和自治社区的民众也自然承担了帮助民主革命党竞选的责任与义务。

我意识到自治社区的民众与民主革命党有着更为紧密的关系。我也愿意相信，萨拉因和马萨是在真心地帮助自治社区的民众。然而，从民主转型后墨西哥国内多党竞争的政治环境和民主革命党的在全国的执政取向来看，恰帕斯州民主革命党与自治社区的结盟可能并非仅是道义层面上的援助，更多是建立在彼此利用基础上的相互扶持。自治社区与绿色生态党、民主革命党的交往让我不禁陷入沉思，对于底层的、弱势的印第安人而言，所谓的民主选举，究竟是赋予了他们主体的地位和选择的权力，还是将他们弱化为政治市场上的交易品与牺牲品。也许福山对拉美政治衰败的论断同样也适用于此：这种形式上的民主，所导致的不一定是普通民众享有权力，而是精英对民主政治体制的间接掌控,用以维持社会现状罢了。①

李琼山的故事

当我和萨拉因、马萨聊天时,一旁的路易斯一直没有开口。萨拉因走后,路易斯和我聊了起来。得知我来自遥远的中国时,原本沉默不语的他眼睛一亮,话匣子一下子便打开了。他告诉我,他的身上有着八分之一的中国血统。他的曾祖父李琼山(Chionshan Lee)来自遥远的中国,是20世纪初从广东,经马尼拉到达墨西哥的华人劳工。一个多世纪过去了,尽管曾祖父已于1983年在塔帕丘拉过世,但家族里仍然保留着曾祖父在墨西哥生活的诸多记忆,他希望我将其曾祖父的故事写下来,让后人铭记一百年前华人在墨西哥那段坎坷却又令人难忘的经历。

李琼山来自广东,是光绪二十七年生人,祖辈以打鱼为生。由于家庭人口众多,17岁时,李琼山便与同乡离开老家往南洋闯荡。最初,李琼山与同乡来到菲律宾的马尼拉,在一家船舶公司做苦力。一次偶然的机会,李琼山登上了前往墨西哥的"中国船",从此离开东方,来到了大洋彼岸的墨西哥。最初,李琼山与

---

① 弗朗西斯·福山:《政治秩序与政治衰败:从工业革命到民主全球化》,毛俊杰译,广西师范大学出版社2015年版,第234页。

同乡一道在墨西哥太平洋沿岸城市阿卡普尔科落脚。阿卡普尔科是16世纪以来连接墨西哥与东方世界的重要港口。早在1565年,第一艘来自菲律宾的圣巴勃罗号大帆船利用太平洋的洋流远航到这里。到达阿卡普尔科后,李琼山与同乡一道,在阿卡普尔科附近的一家咖啡种植园里劳动。种植园的生活很是艰辛,每天早上10点便要起来劳作,一直要工作到晚上10点才吃饭睡觉。虽然辛苦,一天的收入却很低,扣除食品开支,基本上没有任何结余。尽管如此,包括李琼山在内的华人劳工仍然受到了种植园主的驱逐。当时,由于美国通过了排华法案,加上墨西哥北部排华运动的影响,很多华人往南、往西迁徙,纷纷涌入阿卡普尔科的咖啡种植园。华人的涌入冲击了阿卡普尔科本地的劳动力市场,不少本地劳工开始公开反对华人。随着墨西哥国内反华浪潮的蔓延,阿卡普尔科种植园的老板也开始驱赶华人。1922年,李琼山与同乡一道,离开了阿卡普尔科,来到了墨西哥东南部恰帕斯州的塔帕丘拉。

当时的恰帕斯,山高林密,自然条件非常恶劣,经济发展水平也比较落后。尽管如此,在李琼山到达恰帕斯之前,这里已经有华人在此落脚。查阅文献,我发现了这样的记载:

> 很大一部分中国人聚集在恰帕斯州东南沿海的索科努

斯科地区,主要是在塔帕丘拉,同时也分布在沿海的大部分村落里。根据 1910 年的人口普查,索科努斯科地区共有 348 名中国人登记在册,而在托纳拉的华人总数是 119 名。在恰帕斯的沿海地区,共生活着 467 名中国人,他们在村子里开设小店,成为这里从事商业贸易的主力。①

最初到达恰帕斯的华人是从巴拿马过来的矿工。他们多是清末年间到达美洲的契约劳工。契约到期后,他们自南而上,来到了墨西哥的恰帕斯州。恰帕斯沿海地区的塔帕丘拉位于墨西哥与危地马拉交界,由于地形平坦,距离太平洋很近,很早便成为恰帕斯州南部的重要经济中心,吸引了大量的华人在此定居。旅居在此的华人,或是选择经营餐馆,或是贩卖各种手工艺品。短短几年间,他们就已经成长为塔帕丘拉新兴的中产阶级,并在塔帕丘拉的市中心形成了唐人街。华人吃苦耐劳的品行以及灵活的商业头脑,使得他们在当地社会表现出了极强的竞争力。短短几年内,恰帕斯州的诸多城镇都有了华人的身影。

---

① Lorenzana Cruz, Benjamín. "El comercio chino en la costa de Chiapas durante los años del mapachismo: 1914-1920". *En Márquez Espinosa, Esaú et. Estado-Nación en México: Independencia y Revolución.* Universidad de Ciencias y Artes de Chiapas, 2011, p. 293.

在恰帕斯沿海一带乃至山区，甚至希基皮拉斯（Jiquipilas）和辛塔拉帕（Cintalapa）等城镇，19世纪末已经出现了中国劳工，而其他地方也在20世纪30年代左右有中国人出现。这些中国劳工，很快就转变为职业商人，与本地商人相比，他们比较快地表现出显而易见的竞争力。在那些年里，这些中国商人为当地贡献了诸多值得想念的东西，比如精美的中国食物。甚至在塔帕丘拉等城市，中国食物成为了当地的标识。①

当华人在恰帕斯州崭露头角之时，墨西哥已经进入大革命的动荡期。尽管北部索诺拉（Sonora）等州的排华运动此起彼伏，恰帕斯的华人却并未受到太大影响。仅在1911年6月，一位驻扎在塔帕丘拉的美国领事在一篇文章中表示塔帕丘拉发生了小规模的排华事件②。然而，恰帕斯州的排华行动并没有持续太久，也没有对当地华人的生活产生较大影响。究其原因在于

---

① Lisbona Guillén, Miguel. "La Liga Mexicana Anti-China de Tapachula y la xenofobia posrevolucionaria en Limina R". *Estudios Sociales y Humanísticos*, Julio-Diciembre, 2013, p. 183.

② Guillen, Miguel. *L Allí donde lleguen las olas del mar.../Pasado y presente de los chinos en Chiapas*. UNAM/PROIMMSE/CONACULTA, 2014, p. 196

当时恰帕斯州内局势的不稳定。围绕土地问题，高地地区的印第安人政治精英和图斯特拉-古铁雷斯的政治资本家正发动战争，恰帕斯州的武装力量正完全投入革命中，无暇他顾。恰帕斯州的内部战乱，反而为华人们营造了一个相对稳定的社会空间。

鉴于恰帕斯州的局势，在阿卡普尔科难以立足的李琼山在同乡的介绍下，与其一道来到了恰帕斯州的塔帕丘拉。到达塔帕丘拉后，李琼山与同乡在唐人街开设了一家工艺品店，通过同乡的货源渠道，与来自中国的船队取得了联系，建立了稳定的货源渠道。由于中国商品物美价廉且质量优良，李琼山与同乡很快便在塔帕丘拉站稳了脚跟。1926年，李琼山与同乡在塔帕丘拉开设了第二家分店；同年，李琼山与当地印第安女子玛利亚结婚，生下了他们的第一个孩子。

随着恰帕斯州局势的逐渐缓解，墨西哥北部的反华情绪逐渐开始在恰帕斯蔓延。此时，反政府组织"浣熊"在恰帕斯成立。"浣熊"组织的领导者是当地的庄园主、农场主和雇工，他们反对总统卡兰萨（Carranza）在这一地区推进的土地改革。由于面临严重的生存挑战，恰帕斯的华人与"浣熊"组织结成了联盟。在"浣熊"组织的支持下，他们同政府部门支持的抢劫、伤害华人的暴力行为进行抗争。随着墨西哥革命渐入尾声，"浣熊"与墨西哥政府达成了协议，"浣熊"组织领导人路易斯成为恰帕斯州州长。恰帕斯的华人再次陷入了孤立的境地。1930年10月11日,塔帕丘拉一个反中国商人的组织成立,这个组织发起了一系列反中国商人的活动。或许是因为排华事件的巨大打击,李琼山并未向后辈过多地提及这段历史,路易斯也只是从其曾祖母断断续续的零言碎语中得知,当时州政府的军队砸掉了他的曾祖父辛辛苦苦经营的三家店面,抢走了店里的所有货物。政府派出了专门人员,在大街上指责其曾祖母玛利亚,污蔑她与李琼山的结合给墨西哥人带来了大量的疾病,并声称她是一个连中国人都嫁的淫妇。一些激进分子更是将李琼山拉到街上,发动大规模的人身攻击。不仅李琼山一家,几乎所有塔帕丘拉的华人都受到了当地民众的排斥,甚至在塔帕丘拉唐人街,还曾发生过数次华人被杀的事件。由于局势的持续恶化,从1931年开始,包括塔帕丘拉在内的恰帕斯州的华人陆续离开,李琼山也于1932年举家离开了塔帕丘拉,前往邻近的危地马拉。

恰帕斯州的华人多从墨西哥南边的危地马拉越境而来。20世纪30年代,处于乌维科(Ubico)独裁统治下的危地马拉吸引外资发展经济。美国联合果品公司进入危地马拉,极大地推动了该国香蕉与咖啡种植园的发展,也带动了对劳动力的巨大需求,危地马拉政府非常欢迎华人劳工的进入。另一方面,恰帕斯与危地马拉边境管控的松懈也极大地便利了华人在两国的自由游走。1932年秋天,李琼山与20多名同乡来到了危地马拉的一个咖啡种植园,以在种植园里做苦力为生。危地马拉经济发展较为落后,种植园里的劳动收入非常微薄,李琼山一家生活异常艰辛。20世纪30年代末,危地马拉开始了革命的进程,国内的局势也日益动荡。此时的墨西哥,大革命后国内局势逐渐缓和。在曾祖母玛利亚的坚持下,出于对故土的眷恋和更好生活的向往,1942年,李琼山与家人一道,再次回到了塔帕丘拉。

墨危边境苏恰特河上往返两国的人们

再次回到塔帕丘拉时,塔帕丘拉的华人只有不到100人。排华事件给塔帕丘拉的华人们留下了深深的创伤,为了避免再次成为社会的焦点,包括李琼山在内的诸多华人不再选择此前的聚居模式,而是分散在城市的各个角落,在日常生活中尽量减少相互间的往来。而且,李琼山与同乡们都是开设工艺品店、餐馆等,彼此之间存在着激烈的竞争关系。由于多次与同乡发生贸易摩擦,李琼山与同乡之间逐渐疏远。另一方面,虽然排华事件影响下的墨西哥政府仍然禁止华人与当地人交往,但通过妻子玛利亚的关系,李琼山在当地结识了一大帮本土的墨西哥朋友。路易斯回忆道,他的曾祖父生前经常与他的墨西哥朋友们一起酗酒,也会参与他们的家庭聚会。随着与本地墨西哥人的交往日益增多,李琼山与华人同乡之间彻底断了往来。甚至李琼山去世时,与他同一时期来到墨西哥的同乡也没来参加葬礼。这样的情况不仅发生在李琼山身上,也同样发生在其他华人身上,彼此间的强烈竞争疏离了塔帕丘拉华人社会的内部交流。

华人社会内部关系的疏离使得中华文明失去了传承的场域,进而导致中华文明在塔帕丘拉地方社会传承的中断。路易斯回忆道,或许是因为对同乡的失望,或许是不愿意勾起对故土的思念,亦或许是意识到此生无法再回故土。李琼山在世时从未说过中文,也甚少提及此前在中国生活的经历。甚至在华人最为盛大的节日——春节期间,李琼山一家也从未举行过任何节日庆典。在李琼山家中,唯一保留的,只有在后代子嗣中源于中国的 Lee 姓了。在褪去中华文明身份的同时,李琼山迅速地接受了墨西哥文化。重回塔帕丘拉的李琼山成为了一个虔诚的天主教徒，每周末都会跟随妻子前往教堂做礼拜。和所有的墨西哥家庭一样，圣诞节与新年成为李琼山家庭中最重要的节日。到了路易斯这一辈，他的兄弟姐妹们从事着教师、律师和商人的职业。无论是从外貌、文化还是社会经济地位而言，李琼山的后代与当地人没有任何差别，他们已经彻底地褪去了华人文化的印记，成为地道的墨西哥人了。

从在墨西哥社会的显性存在，到排华事件后融入墨西哥社会，李琼山与塔帕丘拉华人的故事无疑为我们提供了海外华人的另一种生存模式。这种生存模式是以华人身份的褪去以及对异域社会迅速融入为特征的。与其他地域的华人相比，墨西哥华人移民以劳工居多。由于缺少相应的技能，他们只能从事同质性的工作，导致彼此竞争性关系的出现。加之底层出身的华人劳工文化素质普遍偏低，文化自觉意识缺乏。另一方面，有着混血传统的、多元文化的墨西哥对待他者的宽容态度为华人进入当地社会提供了便利。在这一背景下，在墨西哥早期华人移民中，华人文化的内生性及其华人身份的标识在墨西哥社会的语境中迅速地消失了。与其说华人身份的消失是在遭遇排外事件后的策略选择，不如说是内外因素导致的必然。一个多世纪过去了，当前移民墨西哥的华人仍然以来自广东、福建、浙江等地的劳工为主。也正因为如此,在21世纪的今天,在墨西哥华人的新移民群体中,这一文化融入的进程仍然发生着。

离开

转眼间,在圣城的日子到了最后的一个月。在这最后一个月里,我打算去州政府、市政府等机构,获得政府关于圣卢西亚自治社区土地历史、现状和发展规划的一系列资料,我也想了解各级政府是如何在法律层面上处理自治社区的问题。虽然在情感上我很认同自治社区的民众,但我必须承认这块土地在现有的法律框架内是政府所有,自治社区的民众并没有这块土地的所有权。之所以将对各级政府的访谈安排在最后,固然是基于我田野经验的判断。如果在田野之初,贸然和政府接触,必然会对自治社区的安全和后续的调查产生无法预知的影响。付诸行动之前,我将这一想法告诉给了胡安和马里亚诺,询问他们我是否可以去各级政府调查,咨询他们我的调查是否会对自治社区产生影响。在社区委员会的小型会议上,马里亚诺并不同意我的请求,认为我不应该和政府部门接触。胡安却认为,和政党不同,政府部门的公务员都是无党派的人士,亦非拥有军队的准军事势力,我可以向他们了解自治社区的资料,但必须保证不能做任何损害自治社区的事情。在他的解释下,马里亚诺同意了我的请求。

胡安的理解、马里亚诺的宽容让我很是感动，最初，社区居民担心我是政府的间谍，得知我共产党员的身份后，马里亚诺和胡安却破除偏见，接待了我，允许我在自治社区调查。如今，我却要去政府部门调查，可能面临着泄露自治社区信息的风险，但他们却仍然选择相信我。对于这份伟大的信任，我实在不知道如何回报。与此同时，我也真的担心自己的行为会给自治社区带来不利的影响。为了最大限度地减少风险，我和胡安商议，我去政府部门咨询时，先以调查圣卢西亚村社为目的。因为在恰帕斯州的潘特洛市也有一个名为圣卢西亚的村社，这个村社是马里亚诺的家乡。为了纪念这个村子，马里亚诺才将自治村社更名于此。胡安建议，我先不说是哪里的圣卢西亚，等他们把所有的资料都提供后，再从中甄别。

民主革命党的马萨告诉了我恰帕斯州政府的位置。与周围低矮的房屋相比，20层楼高的州政府是图斯特拉-古铁雷斯最高的建筑，我毫不费力地就找到了州政府的一层的入口。几位手持机枪的保安站在门口，所有出入政府的人员必须出示工作证。因为没有工作证，我拿着护照、邀请函和访学证明等一系列材料，向保安解释我想调查圣卢西亚村社的意图。20分钟后，一位保安告诉我，州政府的社会发展部能接受我的访谈，我可以去

14层找他们。经过一系列繁杂的安检程序后,我终于到了14层的社会发展部。一位女性工作人员接待了我,得知我要寻找圣卢西亚社区的资料。她沉默了一会,告诉我她会请示主管领导,如果允许的话,她会帮我检索社会发展部关于圣卢西亚社区所有的资料。我在社会发展部的大厅里等候着。一个多小时后,她告诉我,领导同意帮我调出社会发展部关于圣卢西亚社区的所有资料,但她翻箱倒柜,却也只找到圣卢西亚社区基本的统计数据。她递来的材料上赫然写着潘特洛市圣卢西亚社区几个大字。拿着她给我的资料,我准备离去。在我收拾行李转身之际,她又告诉我,或许我可以去市中心的城市领土和土地发展委员会看看。当我顶着烈日,气喘吁吁地找到了市中心一个角落旁边的恰帕斯州城市领土和土地发展委员会时,大门却紧紧地关着。等候了一个多小时,大门始终没有打开。一旁电脑配件店的老板告诉我,这里已经关门很久了。我只能苦笑着感谢他的告知,悻悻地回到了圣卢西亚自治社区。

我将我的遭遇告诉给胡安,他颇有些气愤地告诉我,无论是圣城、恰帕斯还是墨西哥城的联邦政府,他们只是在需要选举的时候装模作样地关心人民,平日里是不会有太多的人搭理的。此后的两周,我都会花上一天去图斯特拉-古铁雷斯,真如胡安所言,城市领土和土地发展委员会的大门始终没有打开过。在

高大的恰帕斯州政府

圣城的遭遇亦是如此，市政厅的工作人员表示没有听说过圣卢西亚社区，社会发展部的工作人员给我提供了潘特洛市圣卢西亚村社所有的统计数据。家庭发展委员会的工作人员表示他们只帮助无家可归的印第安人，圣卢西亚村社流落在圣城无家可归的印第安人可以在这里获得免费的衣物。总之，两周下来，我没有在官方渠道上获得任何关于圣卢西亚自治村社的资料。

直到我遇见了赫苏斯,才第一次从政府工作人员的口中听到了一些关于自治社区的消息。赫苏斯是圣城文化中心的工作人员。在切德拉维超市对面文化中心的戏台上,他正在排练一出印第安人的歌舞剧。偶然的闲聊中,他告诉我,他知道在城市的北部有一个和潘特洛市圣卢西亚村社同名的社区。这个社区所在的土地是此前国立印第安研究所的土地,是联邦政府专门设立的旨在于推动印第安社会发展的机构用地。许多年前,国立印第安研究所曾在那里开掘了很多实验田地,培训印第安人粮食种植、养殖和纺织技艺。2000年以后,这片土地曾被北部地区的不同势力侵占,如今是公民协会独立组织联盟占领着。因为土地一直被侵占,国立印第安研究所没法开展工作,他们只能蜗居在自治社区对面的小房子里。他本人很同情印第安人的遭遇,但因为他们是非法占领土地,肯定会遭到政府的驱逐。虽然赫苏斯这段为数不多的介绍并没有太多有价值的线索,但这却已是我从官方获取的唯一信息了。

一连儿周下来,我没有任何有价值的线索,心情有些烦躁。一次晚餐,妈妈一边劝我多吃点,一边建议我应该出去走一走,看看恰帕斯的美好风景。胡安也建议我不应该因为田野工作,忽略恰帕斯的风景。我应该去高地地区的景区看一看。胡安和几个兄弟姐妹纷纷给我推荐景点，他们一致认为，我应该造访"蓝色之水"瀑布群、米索尔阿瀑布和帕伦克玛雅遗址。这些景点位于高地地区，山高路远且道路非常难走，不少丛林山路更有劫匪出没。在他们的建议下，我最终选择了跟团出游。一来是因为旅行社安排的线路往往是最安全的。此外，在瓜达卢佩大街上，大大小小的旅行社不计其数，这样包含三个景点的一天游，全程下来也不到300比索，着实是物美价廉了。

　　第三天的早上4点，我来到了中心市场的车站，旅行社的车子直接将我接了上去。上车后，我注意到这个9座的车子已经挤了满满的一车人，大部分乘客都是金发碧眼的欧罗巴人。不久我昏昏睡去，醒来已是早上8点30分了。司机告诉我们，车子已经驶入了奥科辛戈的地界，他们会在前方的一个早餐店停留半个小时，我们可以选择在这里吃早餐，也可以在这里上厕所。这是一个典型的墨西哥餐厅，餐馆提供玉米卷饼、玉米饼等一系列普通的墨西哥快餐。早餐结束后，司机招呼我们上车。没过多久，我们就驶入了高地地区的丛林中。密密麻麻的大树交错盘根在道路的两侧，道路外侧的绿色更是向外远远地延伸出去。此前，我曾和玛利亚造访过这片区域，知道这里有很多萨帕塔自治社区。果然，不一会儿，路旁就出现了许多铁丝网，红色的"萨帕塔自治区，禁止进入"的字样格外显眼。司机提醒我们,丛林区域比较危险,大家一定要关好窗户。我紧张地盯着窗外,生怕出现一丝异常。窗外的丛林越发密集,道路两旁的参天大树交织在一起,天色一下子暗了许多。丛林中的村庄并不多,差不多半个多小时才会偶尔遇见一两个。村庄里的房子都是木板制成的简陋房。不少房屋的外墙涂着革命制度党 PRI 的标志,这也再一次印证了此前的判断,在偏远的、不发达的印第安农村,革命制度党有着更为强大的影响力。

行驶在丛林中,如同置身于一个封闭的空间,我们无法判断所在位置,直到经过一个没有树木的拐角处,才发现我们的车辆行驶在高高的悬崖边。远处的山脚处是一条蓝的发亮的河流。司机告诉我们,那就是"蓝色之水"瀑布群,虽然看起来不远,从山上绕下去还需要30多分钟的时间。到达公园后,导游开始给我们介绍。因为河床下方布满着铜、铁等矿物质,河水流经此地后形成了独特的蓝色的瀑布群景观。雨季的时候,因为水流较大且浑浊,游客无法领会她的美。如今正逢旱季,水流清澈且流动不大,正是欣赏"蓝色之水"的最佳时刻。

蓝色的河水从高高的山上往下冲来,金黄色的、光滑的、发亮的石头将河水劈开,如同一道道秀发散落在河道的两侧。在阳光的照耀下,蓝绿色的河水如同水晶一般散发出点点之光。河流两旁的树木,更因为水流的冲击呈90度的弯曲,进而缠绕在一起。大自然的鬼斧神工着实让人赞叹不已。沿着河边的小路,我逆着河流朝上走去,脚下踏板的下方是潺潺的流水,一旁河水激起的浪花拍打在木桩上,和眼前的美景交织成一幅动人的声色画卷。几个印第安人小孩,在河水里尽情地玩耍着,同行的几个美国游客也一起换上了泳装,跳入了河流中。河岸边,许多印第安商贩在叫卖着椰子,5比索一个椰子很是便宜。我买了一个椰子,靠在河岸边的围栏上,一边喝着甘甜清冽的椰子汁,一边欣赏着如画的风景。

"蓝色之水"瀑布群

和"蓝色之水"相比，1个小时车程外的米索尔阿瀑布小得有些微不足道。虽然导游宣称这是一条落差45米、极为壮观的瀑布，或许因为旱季、水流较小的缘故，不大的水流从高处跌落下来，落入下方的深潭中。导游告诉我们，这个深潭约有25米深，丰水期的时候更是漫过整个河堤。我更喜欢的是水潭后面的石窟。从瀑布一侧的入口往里走，下方是许多密密麻麻的石窟。站在瀑布下方，点点的水滴如同水帘一般挂在外侧。导游告诉大家，米索尔阿瀑布仍然属于当地一个名为圣米格尔村社集体所有。他们祖祖辈辈地守护着这片大自然的馈赠，不允许任何破坏自然环境的行为。中饭是在米索尔阿瀑布不远处的餐馆解决的，淋着柠檬、番茄汁的烤河鱼配上当地特有的红豆饭，再配上墨西哥的索尔啤酒，让饥肠辘辘的我们大快朵颐。

最为期待的是位于丛林深处的帕伦克玛雅遗址了。从餐厅出发，经过差不多40分钟的车程，我们才抵达帕伦克遗址。与高地地区的清冷不同，帕伦克是地道的热带气候。虽然已是下午3点多，滚滚的热浪却迎面袭来。或许是因为一天的旅程太过疲倦，或许是因为帕伦克太过伟大，无法用简单的语言一一概括，司机兼导游并没有给我们讲解，只是告诉我们两个小时后，他会在入口处等待大家。门口一侧的简介介绍了帕伦克的基本情况：在乌苏马辛塔河（Río Usumacinta）流域，这座有着2000多年历史的玛雅时期的遗址是中美洲最为灿烂的文化遗产。16平方公里的遗址区域内，共有着包括神庙、金字塔、宫殿、运动场等在内超过200多处的玛雅建筑遗址。1987年，帕伦克被列入世界遗产名录。帕伦克古城旧称为拉卡姆阿（Lakamha），意为大水之乡，是帕卡尔（Pakal）王朝最著名的景致。此后，因为未知的原因，帕伦克古城被抛弃，在多样热带植物的入侵下，最终成为当今的玛雅遗址。

目光所及的是幢幢建筑风格颇为相似的金字塔形的建筑。这些金字塔高约十来米，全为石头堆砌而成。金字塔的上方是很多石柱支撑起来的房檐。坚实的底座、高大的石柱支撑起整个建筑，使整个建筑显得格外高大巍峨。层级石头的阶序上升和充满线条感的石柱，更为整个建筑增添几分力量感与节奏感。向外蔓延的房檐顶冠在扩大整个建筑面积的同时，亦为高大恢弘的建筑平添了几分生气。建筑的入口开在两根石柱之间，高大宽敞的入口为这些层层包裹的建筑构造了良好的通风和光照条件。无论是这些外墙，亦或是石柱，上面都刻满了密密麻麻的花纹。

其中的一幢金字塔似乎是一座神庙，这个神庙与山脉相连，与山脉呈现出相互依托的阵势。在四层高的金字塔上是两处紧密相连的建筑群。南侧的一幢金字塔地势略低，三个入口的门

俯瞰帕伦克遗址

廊连通着中央广场的大厅，大厅的一侧是两个小房间。这些小房间还有通往地下室的暗道。一旁带团的导游告诉大家，这些小巷子圈禁的是修建金字塔的奴隶。中央大厅巷道的北侧连接着更为高大的主庙。蹭着旅行团的导游，我跟随着他们走进了北侧主神庙的12问寺庙。这12问寺庙中，有一些是丧葬祭祀的场所。北侧神庙的顶端是一座四层的白色小塔，这是整个建筑群的最高点，亦是整个建筑群的中心。高大宽敞的走廊，高低错落的通道将大大小小房屋、广场连接起来，不少巷道的一侧是完善的排水系统。

神庙的四周分布着大大小小的许多小型的金字塔,这些金字塔或是居住的场所,或是祭祀的场所。其中一座是高大的太阳神庙。太阳神庙有着9个平台,分别代表着地狱的9个层次。神庙的上方还有着一片高大的祭台。站在祭台上,整个帕伦克建筑群尽入眼底。此时,已经接近下午5点了。在夕阳的照射下,斑白的墙壁不时反射出一道道亮光,斑白泛黑的相互交织显示着这里遭受过的岁月洗礼。金字塔下,许多乔尔人商贩正在向过往的客人们推销着木琴。悠扬的琴声回荡在这巍峨却又空旷的山谷里,久久不能散去。在那一刻,我想长住于此。

5点刚过,司机就吹响了集合的哨子。的确,从帕伦克到圣城大约有超过5个小时的车程。司机担心晚上会有歹徒拦截车辆,招呼着我们赶紧上车。幸运的是,这趟5个半小时的旅程虽然疲惫,但沿途却没有遭遇任何意外。晚上11点多,我终于回到了自治社区。

或许是这趟意外的旅程让我再一次地感受到了恰帕斯的美好,也或许是真的到了离别的时候。回到自治社区后,原本有些焦躁的心情变得越来越平静了。破旧、简陋的自治社区在我的眼中也愈发地可爱,甚至下雨天的泥泞也不那么令人厌恶了。在社区大会上,马里亚诺向大家宣布,民主革命党会在州一级的层面上帮助大家,社区合法化的进程指日可待。下个礼拜,州地方政府的测量局会来社区检查。大家需要把社区的街道整理好,同时按照城市街区的要求,给每一条路钉上路牌。自治社区的家家户户都开始忙碌了起来,大家开始清理门口的杂物。每个家庭的小块菜地都封上了栅栏。自治社区北部的一个偏远角落,居民特雷莎(Teresa)养了两头猪,因为味道太重,不符合卫生标准,被社区安全委员会的成员运送至了城市北部的山坡上。我的邻居,老年胡安家有一片尚未完工的土地。半年多前挖开的地基没有填上,一下雨污水横流。天晴后沟槽里的死水成为蚊子肆虐的场所。根据社区大会的要求,胡安决定在一个星期内将这栋房子建设完毕。因为缺少足够的资金,社区安全委员会的成员们和一些居民也自发加入到帮助胡安的队伍中。仅仅四天的功夫,我们就完成了地基清理、打地基、房屋修建和盖瓦的工作。大家在一起挥汗如雨、相互帮助的场面亦感染了整个社区的居民。一时间,自治社区的各个角落都发出了乒乒乓乓的声响。社区的面貌也在短短的几天里焕然一新。除了帮助各个家庭整理家居环境外,安全委员会的成员们亦开始清理社区内部的大小干道。因为来不及也没有资金铺设水泥地面,安全委员会的成员们从圣城南部的石矿处拉来各种小碎石,铺设在社区大大小小的干道上。他们亦按照圣城内城的样式,给自治社区的每一条街道都命了名,并将手写的路牌钉在了每一个路口。自治社区的每一位居民,脸上都洋溢着幸福的笑容,他们纷纷告诉我,"巴勃罗,自治社区要合法了,我们终于拥有自己的土地了!"

或许是得知我很快就会离开自治社区,或许是因为自治社区合法化的实现近在咫尺,在这几天里,马里亚诺对我也似乎格外热情。每天吃饭的时候,他热情地询问我想吃什么,甚至难得地开起玩笑说要让我在这几天里吃完恰帕斯的美食。我向他询问可否提供自治社区的所有文献资料,他亦破天荒地带着我到了办公室,将他所有关于自治社区的文献资料全部提供给我,并允许我复印、拍照。一天中午,他更是代表治安委员会的成员们,邀请我同他们一起聚餐。在酒桌上,马里亚诺和社区成员们,依次端着龙舌兰的酒杯向我敬酒,说着不舍离别的话。在觥筹交错中,我有些恍惚,但却依稀能够感受到安全委员会的成员们和马里亚诺对我的不舍。

在自治社区的最后一天还是无法避免地来了。在这一天里,我早早地起了床,初步收拾完行李后,我跑去了中心市场买了4只烤鸡。在自治社区的近七个月里,几乎每一天的伙食都是在马里亚诺的家中解决的。几个月来的朝夕相处,我知道他们一家喜好吃烤鸡,特意多买了几只,想和家人们一起分享。见我拎了两袋烤鸡,妈妈有些意外,但她瞬间明白了我的意思。她

下篇 圣卢西亚:一个印第安自治社区的抗争故事

临别之际和安全委员会的合影

做了一些红豆饭,打了一大盆米汁。包括胡安在内的几个兄弟姐妹中午或者有工作,或者有课。这顿饭只有马里亚诺、妈妈和他们几个年幼的孩子参加。或许是真的意识到了离别,原本爱吃烤鸡的法维奥和华尼托竟然争相递给我鸡腿。马里亚诺和妈妈也不断地劝我多吃,这着实让我有些难受。匆忙扒拉几口后,我以收拾东西为由回到了卧室。

收拾完行李后,我静静地躺在床上,回想起一年多前第一次来到圣城的情景。当时,遭遇抢劫后的我恨不得马上离开这里。如今,真到了要离开的时候,我却是如此的不舍。在这一年多的时间里，老李、莉莉、马里亚诺、胡安、佩德罗、弗拉基米尔、赫苏斯、娅迪拉、特雷莎、塞萨尔、塞西、胡安娜、米格尔、曼努埃尔、帕哈罗、阿道弗、安东尼奥、卢西奥、瓜达卢佩……一连串的名字在我脑海里浮现，圣城、科米坦、图斯特拉-古铁雷斯、帕伦克、锡莫霍韦尔、潘特洛、托纳拉、皮希希亚潘、奥科辛戈、塔帕丘拉这些我去过的恰帕斯州的城市在我脑海里一一闪过。我是如此地不舍这里大好山水，不舍这里热情、善良的人们啊。可惜，我终归还是要回国的。迷迷糊糊间，我竟睡着了。

傍晚时分，胡安从学校归来。他很早就告诉我，在我离开圣卢西亚自治社区的前一晚，他要好好地请我喝上一顿。我、胡安和卢西奥又一次来到自治社区东门对面的小酒馆。胡安给我们每人各点了1.2升的大桶啤酒，就着脆饼和烤鸡喝了起来。胡安问我在这里住了这么久，对自治社区有着怎样的感觉？原本想好了千言万语，在胡安突然的提问后我却语塞了。几秒钟后，我告诉胡安，"这是一个充满希望的社区。"尽管面临着复杂的国际形势和各级政府的镇压，马里亚诺个人的独裁专横也引起了社区民众的不满，与地方各种党派和政治势力的复杂纠葛亦使自治社区陷入危险之中，但好在自治社区仍然有着胡安一样的年轻人，他们正通过自己的努力，在这个封闭、落后的社区里发挥启蒙的作用，试图改变同胞们五百多年来的悲惨境遇。尽管目前存在着诸多的不确定,社区的合法化似乎已经近在咫尺。胡安对我对社区充满希望的评价表示赞许,但他却认为他的目标绝不仅是让自治社区合法化。他要以圣卢西亚自治社区为样板,建造一个不同于萨帕塔民族解放自治区的、更大范围的印第安自治市。让所有的印第安人都能够住上房屋,人们都有工作。在那里,虽然人们会说西班牙语,但是印第安语言和文化得以保留,人们能够互帮互助,印第安人美好社会的愿景得以实现。深受马克思主义影响的他一直坚持认为只有马克思主义才能拯救印第安民族,他的心中也一直有着一个建造印第安民族乌托邦社会的愿景,但这样的愿望绝非一朝一夕就能够实现。胡安却告诉我,"这个梦想并不遥远,巴勃罗,也许当 2016 年你再次回到这里,我们就已经实现这个梦想了。"觥筹交错间,我不断地跟胡安和卢西奥敬酒,感谢他们几个月来的关照。离别的惆怅化为了杯中的美酒。几次三番下来,我的意识逐渐模糊,只记得最后是胡安和卢西奥把我搀扶着回了房间。

  第二天一大早,赶着上早课的胡安 5 点多把我叫醒,将我拉到了城市南部的 OCC 汽车站。带着些许尚未清醒的酒意,我踏上了前往图斯特拉-古铁雷斯机场的班车。直到那一刻,我才彻底地意识到,我的墨西哥田野已经结束了。

胡安之死与自治社区的走向

回国后,虽然与恰帕斯相隔万里,但我常常通过 WhatsApp 了解圣城和自治社区的状况。2015 年 6 月 17 日,绿色生态党的两大候选人乌戈和马尔科达成了协议,乌戈自愿放弃选举,呼吁民众支持马尔科。最终,马尔科在选举中获胜,成为圣城的市长。得知这一消息,我稍微松了一口气。虽然没有支持过马尔科,自治社区的民众也是支持过绿色生态党,想必马尔科不会过多为难。在马尔科当选市长后,自治社区向市政府提出了合法化的请求,却并没有得到的批准。此后,自治社区的民众走上街头,发起了持久的抗争运动,呼吁自治社区土地合法化。

在自身处境并不乐观的情形下,自治社区的民众亦非常关切伊瓜拉市 43 名学生失踪案。如同此前的每个月,他们都会在 26 号组织社区民众上街游行,要求政府彻查案件,找到失踪学生的遗体,惩治包括地方政府官员在内的诸多罪犯。2015 年的 7 月 26 日,自治社区民众按照惯例组织了游行。7 月 30 日,在胡安和自治社区民众的邀请下,伊瓜拉案件中失踪的 43 名学生的部分家长来到了圣城,在中心广场上发表了声泪俱下的演讲。自治社区邀请学生家长的行动给恰帕斯地方政府带来了很大的压力,我开始担忧起社区民众的处境。胡安却告诉我,虽然他们现在面临困境，但自治社区是绝对安全的。他甚至安慰我不要为他们担心，我的墨西哥家人等着我回去。很快，我从自治社区的WhatsApp群里得知，2015年8月10日，"恰帕斯传统市场和承租人协会"和"美好恰帕斯环境组织协调者"再次联合派出人员，绑架了自治社区250余户家庭的成员，打伤了自治社区170多名居民，最终迫使社区民众从自治社区撤离。卢西奥满头鲜血的照片出现在WhatsApp群里。万幸的是，这次事件中没有人死亡。胡安告诉我，他们现在被迫从自治社区中撤离，但英勇的恰帕斯人不会屈服，他们一定会重新回到自治社区。此前，自治社区民众被驱逐但又成功返回的经历让我觉得这次的困难只是暂时的，如同上次一样，不久的将来，胡安和社区民众能够重新回到自治社区。不久，胡安将圣卢西亚自治社区的WhatsApp群突然解散。他告诉我我情况比较复杂，他不得不解散了WhatsApp群，我不必担心，他们一家和自治社区的民众都很好。自此以后，我彻底失去了获取自治社区信息的公开渠道。询问胡安近况，他的回答也很是简短。

2016年3月26日，忙碌完一天的我正准备睡常。突然，WhatsApp传来一声消息。恰帕斯教师协会的负责人何塞发来消息，"巴勃罗，胡安两天前永远地离开了我们，我们现在正在墓地，准备将他埋葬。"如同晴天霹雳一般，我思维在那一瞬间彻底停止。我打开与胡安的 WhatsApp 聊天账号界面，显示胡安最后的登录是在 2 天前。教师组织群里关于胡安遇难的消息也不断传来。通过这些只言片语的信息，我得知，在政府驱逐社区民众后，胡安率领无家可归的印第安人发起了持久的抗争运动，由此引来政府更大的不满。迫于舆论的强大压力，各级政府并没有直接采取措施，而是继续雇佣恰帕斯地方社会的两个准军事组织，对参与抗争的民众发起威胁。早在 2015 年的 11 月，胡安就已经收到了准军事组织的死亡威胁，但他据理力争，没有妥协。2016 年 3 月 24 日的早上，当他开车前往学校上班时，被"恰帕斯传统市场和承租人协会"和"美好恰帕斯环境组织协调者"的人员围堵在城市东边的小巷子里，他试图打开车门，却发现车门被人死死按住。最终，胡安身中九弹，死在了他的车里。那个时候，我正坐在天桥剧院里，欣赏着中拉文化交流年的开幕式表演，来自墨西哥的玛利亚奇正在上演。

通过教师群的消息，我看到了数以万计的民众涌入圣城的中心广场参加胡安的葬礼。他的弟弟卢西奥发表了声泪俱下的演讲，号召大家忘记痛苦，团结起来，继续斗争。胡安的女朋友洛里亚挺着大肚子，在葬礼上要求彻底清除恰帕斯州内的准军事组织。葬礼后，恰帕斯州内的多个政治组织发起了持久的游行，抗议政府对印第安人的政策，要求政府必须找出幕后黑手，还胡安一个公道。

胡安的突然去世,让我想起那天晚上胡安和我关于革命英雄是否存在的谈话。我很后悔当初的迟疑,或许正是因为我的迟疑,使胡安用生命证明了革命英雄的确实存在。或许正是因为我的迟疑,胡安才将自己的想法说了出来,最终一语成谶。在悔恨之外,我更痛恨自己没有更多时间与胡安交谈,没有系统倾听他关于革命的理想。如果上帝再多给胡安一点时间,或许胡安就能实现他的革命理想,成为拉美大陆上又一个革命英雄。不,他现在已经成为了一名英雄。只是他的抱负还远远没有实现,他的能量还没有彻底发挥。我很想告诉胡安,在认识他以后,我不再怀疑拉丁美洲关于革命英雄的传说。因为在他身上,我看到了一种超越人性的无私奉献与舍我抗争的精神,看到了拉丁美洲印第安人跨越千年的理想主义的激情,我更看到了在这种精神下印第安文化传承至今的动因及其在不远的未来复兴的希望。我相信,在胡安去世后,革命的火种会再次引燃,恰帕斯印第安民众的抗争并不会停歇,印第安族群与梅斯蒂索族群和谐共生的社会途径必将出现,整个世界也必将铸剑为犁。

2017年的7月,我终于回到了圣城。在抵达圣城,放下行李后,我匆忙赶到了圣卢西亚自治社区的东门。我原本以为社区已经被夷为平地,但眼前的景象却让我有些吃惊。除了门口的哨岗被拆除外,社区大体上还保持着两年前的布局,也有居民往来其中。我穿过社区大门,走到街角处米格尔的商店。他的妻子看到我后惊讶万分,连忙叫米格尔出来。米格尔阴沉着脸,将我拉到一旁。我询问着他最近的近况,他一句话都没有回答我,只是将我往社区西侧的大门推去。在拉扯中,我注意到我曾经居住的房子和马里亚诺一家的住处、商店全部都被夷为平地。除此之外,社区没有太大的变化。我们的拉扯引起了旁人的注意,一位拿着警棍的人员走了过来。米格尔急忙跑了过去,解释着他正在送一位好几年没见的老朋友。他走了过来,悄声地告诉我,"想要活命,就别说话,也别来这了。"在米格尔的威胁下,我离开了自治社区。

在圣城中心的菜市场,我见到了正在卖菜的佩德罗。我和他打着招呼,他如同两年前一般和我开着玩笑,询问我想要买什么?我告诉他我这次来只是暂住,只需要买几个牛油果。他的妻子在一旁打趣着我,说我比两年前胖了许多。他的妻子告诉我,佩德罗得了很严重的糖尿病,他们听说中国有比较便宜的药物,让我下次给他们带一点。我留了佩德罗新的手机号,告诉他我回去后会和他联系。回到宾馆,我给佩德罗的 WhatsApp 号发送了消息,询问他可否告知我胡安事情的经过。一个小时后,我收到了佩德罗的短信:

听着,中国佬。胡安已经被暗杀了,你不要再问我这些事情,我们不要联系了!

米格尔和佩德罗的态度让我震惊又难过。我实在无法想象曾经朝夕相处的他们竟然会是如此的态度。他们态度的反常更让我觉得胡安的死和自治社区的变故绝不像教师群里的三言两语那么简单。我找到了卢西奥,在他的带领下,我们一起到了胡安的墓地。绿色的坟墓前方是一个小房子,里面摆放着胡安的照片,记载着他出生和死亡的日子。房子的前方是圣经中的一页,上面伫立着高高的十字架。我和卢西奥将胡安的墓地打扫了一遍,并将带来的鲜花插在了墓前的花瓶上。

因为实在太过沉重,收拾完后,我们在胡安的墓地前久久地站立着。回到市区后,我将自己的见闻告诉卢西奥,卢西奥告诉我,自治社区中出现了叛徒。在当时的驱逐中,大部分人都被赶走了,只有这些叛徒们留了下来。米格尔和佩德罗就是叛徒的代表。目前,自治社区被"恰帕斯传统市场和承租人协会"和"美好恰帕斯环境组织协调者"占领。当然,政府也不是永久地给他们,只是暂时性地给他们奖励罢了。几年以后,这块土地上就会被强制性地建设一个超市。出于安全考虑,他建议我不要

胡安之墓

再去自治社区。我询问他父母和其他兄弟姐妹的住处,他给了我一个地址,表示自己很忙,不能带我去了。我向他打听胡安妻子的联系方式,他告诉我事情发生后胡安的妻子离开了圣城,前往图斯特拉-古铁雷斯生活了。

我找到了马里亚诺的住处,打开门的却是他的女儿胡安娜。驱逐事件发生后,他们一家住在了城市北部的小院里。因为马里亚诺患了很严重的疾病,母亲和几个兄弟姐妹陪同他去图斯特拉-古铁雷斯看病去了,几天内都没有办法回来。很多事情她不太清楚,不能给我一个答复。见她一人在家,我给了她500比索,安慰了她后就离开了。

与胡安的亲人和社区的居民不同,莉莉、恩里克、何塞、塞萨尔这些普通民众反而告诉我,他们都知道胡安,知道他是一个为了印第安人斗争的好人,也了解到他被准军事组织枪杀的事。在政府就职的赫苏斯更是直言不讳地告诉我,胡安是一个好人,但恰帕斯地方社会太复杂了,很多事情并非三言两语就能说得清楚。遗憾的是,他们虽然同情胡安的遭遇,却对胡安遇难和自治社区变故的细节一无所知。最终,我一无所获地离开了圣城。一个月后,胡安娜在脸书上发布了消息,他的父亲马里亚诺——这颗伟大的心脏停止了跳动。

我一度以为我可能永远都无法得知胡安遇难的真相了。

2019年的夏天,我再一次前往恰帕斯州,调研新自由主义改革下印第安人的境遇问题,并对当时墨危边境的难民问题开展实地调研。调研间隙,我又一次回到了圣城,见到了卢西奥。和两年前相比,他的状态好了很多。他告诉我,虽然被驱逐的民众们散居在城市的各处,但三年来,他一直在组织社区民众抗争。他们仍然按照圣卢西亚自治社区的惯例,每个周末都会在其中一位成员的家中召开会议,商议策略。他甚至邀请我参与这个周末的聚会。最后,他还将胡安的妻子洛里亚的手机号告诉给我。他告诉我,洛里亚其实一直都没有离开圣城,她为胡安生下了一个女儿。

在城市北部的高山上,我见到了洛里亚和她的女儿。迎着山间的徐徐清风,抱着孩子的洛里亚将自治社区遇袭、胡安遇难的全部过程告诉给了我。因为频繁收取费用和高昂的入场费,自治社区的民众对马里亚诺的不满日益激化。在我走后不久,差不多四十多户民众私底下找到胡安,希望胡安将马里亚诺从社区中驱逐,他们愿意接受胡安的领导。胡安却坚持认为父亲本性不坏。作为他的儿子,他不应该背叛父亲。自治社区7月30日在圣城中心广场组织的集会导致政府不满情绪的加大,他们与"恰帕斯传统市场和承租人协会"和"美好恰帕斯环境组织协调者"两个准军事组织合作,计划彻底摧毁圣卢西亚自治社区。令人心痛的是,这两个准军事组织中,"美好恰帕斯环境组织协调者"的领导人马丁就是马里亚诺的连襟,胡安的姨夫。这两个准军事组织与社区内部的反对势力取得了联系,在内外势力的合谋下,他们将马里亚诺一家和他的支持者们驱逐出社区。胡安与被驱逐的社区民众持续不断的抗争,激起了政府和准军事组织的持续不满。最终,在马丁的安排下,"美好恰帕斯环境组织协调者"在胡安上班的路上谋杀了他。

洛里亚哭诉着告诉我,真正背叛胡安、背叛圣卢西亚自治社区的并非是社区内部的反对派,而是胡安的家人。明知道马丁是圣卢西亚自治社区的敌人,胡安的母亲却让她的妹妹频繁出入自治社区,获取自治社区的情报。甚至胡安被杀当天的出行信息,都是姨妈通过胡安的妹妹胡安娜获取的。洛里亚大声地骂着马丁和胡安娜,直呼他们是谋杀胡安的"刽子手"。胡安去世后,在自治社区民众和多个政治组织的接连抗议下,马丁以谋杀罪被投入监狱,8个月后却被释放,原因是胡安的母亲接受了他8万比索的赔偿款。对胡安母亲的极度愤怒,使得洛里亚在生完女儿后就搬离了马里亚诺家,不再与其有任何往来。卢西奥对母亲也是耿耿于怀,两年的时间都没有回过家,也没有和母亲说过任何话。"胡安的家庭和普通人不一样。胡安为了家人付出了一切,甚至是生命,而他们却将胡安出卖了。"洛里亚一直为胡安觉得不值。如今,洛里亚和卢西奥保持着联系,他们会组织每周一次的集会，并继续发动一系列的抗争运动。听了洛里亚的讲述，我的内心五味杂陈，既痛心于胡安的遭遇，也为胡安家人的态度感到寒心。

被驱逐的社区居民在城市一角开会

周日的傍晚，在卢西奥家不远的一个院落里，我终于见到散居在城市各处的圣卢西亚自治村社的居民们。虽然已经过去了四个年头，我们却都没有忘却彼此。见到我的第一面，何塞抱着我，大声地告诉我他并没有消失，他一直都在圣城等候着我归来。安东尼奥拉着我的手，询问我是否还记得他在平安夜酗酒殴打老婆的事情。推开门后见到我的弗洛雷亚瞬间愣住了，几秒钟后已是热泪盈眶。诺玛尔拉着我手，和我讲述着她离开圣达卢西亚后的遭遇……胡安去世后，因为害怕遭遇不测，同伴们散居在城市各处，更换了手机号码。直到一年后，才在卢西奥的召集下重新团结在了一起。我打开了手机，寻找着朋友圈里为数不多的关于自治社区的照片。他们围坐在一旁，一边看着照片，一边告诉我哪些人是叛徒，哪些人是坚持信念的好人。从他们的口述中，我得知社区委员会成员中的另一名胡安在准军事组织进攻社区的时候，打开了自治社区的大门。雷米希奥在自治社区的水塘里投射了一枚早已准备好的炸弹，迫使大量受惊的民众往外逃离。达尼、佩德罗、米格尔、塞萨尔之类的民众充当了准军事组织的帮凶。他们手持着棍棒等武器，殴打着这些朝夕相处的同胞……"我们都是同志，都是家人，他们怎么能够如此地对我们！"如同胡安一般，卢西奥带领着大家发出了"萨帕塔永生，斗争继续"的呼声，大家围绕在卢西奥的四周。如同此前自治社区的大会，卢西奥向大家汇报了一周来他去图斯特拉-古铁雷斯活动的情况。上个周末，他和公民协会独立组织联盟的同志们在图斯特拉-古铁雷斯发起了声援胡安的游行。下周六他会继续组织大家上街游行，要求政府彻查胡安枪杀案，逮捕相关犯罪分子，允许民众重回圣卢西亚自治社区。卢西奥不断提醒大家注意安全，因为"准军事组织的破坏可能就在身边"。晚些时候，在对胡安的默哀后，大家纷纷散去。此后，卢西奥将我加入了他们新建的"圣卢西亚自治社区的被驱逐者"群，与此前圣卢西亚自治社区的大群不同，这个群只有45名成员。卢西奥告诉我，如今的这个组织和各个政党完全断了联系。除了他和洛里亚以外，再也没有马里亚诺家庭的成员。他们旨在于继承胡安的遗志，为改变印第安人的境遇不断奋斗着。在熟悉的拥抱中，我和卢西奥离开了聚集点。

第二天下午，在圣城的中心广场上，我见到了曾经的教师工会的负责人——同是印第安人的何塞。当年，自治社区遭遇攻击和污蔑时，他曾亲自邀请多个媒体深入社区采访，揭露真相。也是他第一时间将胡安去世的消息告诉给我。他告诉我，胡安的去世对他打击很大。他曾经远赴下加利福尼亚州，在那里生活了两年，最近才重新回到了圣城。我询问他，是否还在坚持着之前的理想。他摇了摇头，几分钟后，他颇为失落地回答我：

> 我曾经和胡安一样，以为凭借一己之力能够改变我们的命运，但现在我不再如此了。现实就是这样，我们都只是墨西哥和这个世界中的一部分。决定我们命运的是这个庞大的、复杂的体系和残酷的现实。我们的力量是有限的，这个社会不是靠我们个人就能够改变的。当然，我并不是谴责那些自治社区的叛徒。实际上，你也不能说他们就是坏

人。他们反对马里亚诺的独裁,寻求的也是一个更好的发展。同样,被驱逐出来的那些人,他们也是无家可归的可怜人。我无法去批判同胞的好坏,也无力改变现状。所以,我退出了所有的政治组织。

2016年底,何塞离开了圣城,他更换了手机号,不再参与任何政治活动,与圣城所有的政治组织彻底断了联系。直到2019年初,他才重新回到圣城。如今的他已经是恰帕斯自治大学法学院的行政老师了。他带领着我参观了恰帕斯自治大学的法学院。他不断地向同事、领导介绍,这是他的一位很久未见的中国朋友,来这里研究印第安文化,热心的同事们纷纷给我介绍恰帕斯丰富多彩的民族文化,带我参观法学院的图书馆。在这座有着三百年历史的校园建筑群的拐角处,我看到墙上的一则萨帕塔的涂鸦,上面书写着"萨帕塔永生,斗争继续"的标语。

胡安去世后,在自治社区生活的日日夜夜总会出现在我的梦里,其中最多的一幕是在平安夜的晚上,胡安戴着印第安人的宽檐帽,穿着笔挺的西装,弹着吉他,唱着他教给我的那首《恰帕斯充满着爱》:

我来自丛林与山泉,

我来自琥珀与珊瑚之地,

我是平原的河流,是美洲豹,

我来自森林与湿地,

我来自甘蔗和产盐之地,

我来自珍贵的孔雀之地,

我来自连绵的阴雨中,

我是格查尔鸟羽毛上的光泽,

我是一首来自丛林的歌,

我是伟大的玛雅人,是丛林里的大嘴鸟,

伴着木琴的声音前行,

我和兄弟们唱着崭新的歌曲,

我是恰帕斯,太阳的子女,

我是恰帕斯,上帝的奇迹,

我是恰帕斯,永生的土地,

我是恰帕斯,和平的象征,

因为我们是有着历史的人民,

我们应该创造历史

因为我们是恰帕斯人,

我们必须带着这份属于我们的骄傲,

接受来自或远或近的拥抱。

结　　语

末世太阳

墨西哥文豪卡洛斯·富恩特斯(Carlos Fuentes)用尤卡坦半岛上玛雅人流传的神话,将其2000年出版的小说自选集命名为《墨西哥的五个太阳》:

> 天与地会合,给万物以营养,给万物命名。万物为语言创造,却并不具备与语言一样的本领。于是,神创生了人类。人类的出现,是为了用语言,那造出了地与天以及充盈其间的万物的语言,把神的创造一天天地维护下去。然而,所有关于创造的神话都包含着有关毁灭的警告。这是因为创造发生在时间之中:它用时间的代价换取它的存在。古代墨西哥人把人类的时间及其语言记录在交替出现的太阳

的历史里：五个太阳。

第一个太阳是水的太阳，是溺水而亡。

第二个叫土的太阳，为一个无光的长夜如猛兽一般一口吞没。

第三个叫火的太阳，是被一场火焰之雨摧毁的。

第四个是风的太阳，是被一阵狂风卷走的。

第五个就是我们的太阳，我们在它的照耀下生活，而它终有一天也要消失。要被吞没，就像被水、被土、被火、被风吞没一样。它会被另一种可怕的物质——运动所吞没。

第五个太阳，这最后一个太阳，包含着这个恐怖的警告：运动会把我们通通杀死。[1]

古老的墨西哥羽蛇神魁扎尔科亚特尔（Quetzalcóatl）在镜子里看到了自己像人一样的脸庞，担心自己会有人一样短暂、必死的命运。大醉之后的他犯下了乱伦的禁忌，第二天乘着用蛇编成的筏子离开了墨西哥，并许诺在第五个太阳的年代里的"塞·

---

[1] 卡洛斯·富恩特斯：《墨西哥的五个太阳》，张伟劼、谷佳维译，译林出版社2009年版，第3页。

阿卡特尔"时回来,这一年正是基督纪元的1519年。① 正是在这一年里,西班牙殖民者埃尔南·科尔特斯从维拉克鲁斯登陆,古老帝国的印第安人将其视为归来的魁扎尔科亚特尔。然而,这群高大的天外来客带给他们的却是绵延至今的苦难。财富、土地、资源被掠夺、文明被摧毁。在失去自由后,多个部族都难逃灭亡的命运。在成为上帝子民的同时,这群太阳的子女却也失去了作为这片土地主人的资格。在这场力量悬殊的征服中,古老的阿兹特克帝国灭亡了,玛雅文明灭亡了,墨西哥的第五个太阳熄灭在了火药和火焰里。②

作为民族主义者,富恩特斯并不否认殖民主义罪恶及其给印第安人带来的苦难,但是他更在强调的是在这场征服中一个新的民族国家的诞生,一个在西班牙的穹顶下,混血人种的、印第安人的和土生白人联盟的新的世界的生成,最终促成了一个现代意义上的墨西哥出现在世界的民族之林。在第五个太阳的熄灭中,一个初生的、崭新的太阳高挂在了遥远的天际。

对于侥幸逃生的印第安人来说,他们的命运并没有得到根本的改变,"新生"对他们而言只是一个美好的许诺。尽管他们曾经和混血人种的梅斯蒂索人、土生白人结成了联盟,共同赴跑

---

① 卡洛斯·富恩特斯:《墨西哥的五个太阳》,第5页。
② 卡洛斯·富恩特斯:《墨西哥的五个太阳》,第6页。

了这片土地上的殖民者。在新生的民族国家中,同盟关系、共同抗争的奋斗与热血并没有让他们成为这片土地上的真正主人。三百年殖民历史造就的统治秩序是如此根深蒂固,战争时短暂的平等与同盟在独立后很快转变为殖民秩序遗留的种族区隔。赶跑了殖民者,却又迎来了新的剥削者。在这个新生的国家里,大地主们、教会仍然控制着大量的土地,印第安人仍然在为他们的自由、平等与公正而斗争。墨西哥赢得了自由,却失去了平等。

20世纪的墨西哥大革命彻底地改变了墨西哥社会和经济的结构,但在偏远的恰帕斯,对于印第安人来说,革命是失败的。革命后的印第安人和他们的文化被视为民族国家的认同来源,是支撑"墨西哥"这个伟大的民族国家雕像的"基座",却也是威胁雕像稳定的基石。"基座不稳定时,雕像不稳定且易碎。"在新生的民族国家中,革命者的任务就是要"拿起锤子,将从奇迹般的铁砧上涌出的铁和青铜的混合中锤炼出新的国家"。[1]在混血民族主义思潮的支配下,印第安人是无助的、被动的、缺乏思想的,但却有着危险性的存在。印第安民族的未来是在国家的支配下将其纳入现代化,使之蜕变成为"墨西哥人"的过程。于是,

---

[1] Gamio, Manuel. *Forjando patria: Pro-nacionalismo*. University Press of Colorado, 2010, p. 24.

在墨西哥民族国家建设中，出现了这样的悖论：在"想象的墨西哥"中，印第安人及其文化成为墨西哥历史悠久的佐证与认同的来源；"现实的墨西哥"的建设却是以对印第安人的同化、整合，将其由族群上的印第安人转变为经济层面上的农民阶级的实践。革命后的墨西哥实现了现代化，印第安人仍然没有得到现代化应有的尊重。

20世纪80年代后，在新自由主义改革的推动下，在国外资本和自由市场的建构下，墨西哥的社会经济结构发生了彻底的变化。成为新自由主义改革教科书的墨西哥度过了经济危机，并在此推动下结束了革命制度党71年的统治，使墨西哥完成了民主化的转型。对于底层的恰帕斯印第安民众而言，在农业生产自由化的推动下，新自由主义的墨西哥政府放弃了大革命时期分配土地与农业保护的基本要素。在体制薄弱、寡头与地方专制力量长期存在的恰帕斯，新自由主义者许诺的开放的、全民参与共享的自由市场并没有实现。新自由主义改革为地方寡头带来了垄断机会与高额利益，却使大量破产的印第安农民从农村流离到城市。在经济自由主义的推动下，墨西哥实现了民主转型。然而，在阶层区隔大于执政立场区隔的墨西哥，所谓的民主并非真正意义上的普遍赋权，亦不会给底层的印第安民众带来根本性的变化。

于是，在这个悠久的国度里，在这个国家已经独立两百多年后的今天，在自然资源最为丰富的南部边境的恰帕斯州，却仍然有着这样一群超过百万、极端贫穷的印第安人。他们生活在农村，年复一日地辛劳操作，却在资本的无孔不入之下，只能获取基本的温饱和微薄的收入。更多的人无法忍受农村的贫穷与寂寥，他们迁徙至城市，却发现偌大的城市里并没有他们的立足之地。城与乡、贫穷与富裕、落后与文明、理想与现实的张力不断撕裂着他们。他们或是如同蝼蚁一般卑微地在城市里生活，或是无法忍受二元张力的拉扯铤而走险。然而，无论走向何方，他们的命运却都不会改变，反而会不断强化国家与社会对他们的排斥与边缘化。正因为如此，圣卢西亚自治社区民众对美好生活向往的自治实践被扼杀在了权力的圈套中。

印第安人是这样，恰帕斯是这样，作为国家主体的梅斯蒂索人和墨西哥国家的处境又何尝不是如此呢？且不说历史上美墨战争后国土面积的大片割裂。在当下，尽管建立了所谓的自由贸易区，在某种程度上实现了全球化，然而，对于墨西哥与墨西哥人而言，他们并没有得到期待的平等与公正。生活在墨西哥北部边境的华雷斯城的墨西哥劳工们每日迎着朝阳跨过边境到达埃尔帕索城的加工工厂，辛苦工作一天的收入却只能维持基本的温饱，还要承受着这座被誉为"世界上最危险的城市"的种种风险。对于怀揣着"美国梦"的墨西哥人而言,他们前往北方邻居的务工之路需要签证和财务担保,但北方的邻居们仅仅持有护照却可以轻松出入墨西哥。即便是办理了各种手续,来到了他们心心念念的"天堂",他们中的绝大部分都只能从事家政、餐饮、建筑等行当,是这个国家底层的"穷人移民"。2017年特朗普上台之后,对墨西哥人的歧视陡然加剧。即便是拥有合法居留手续的墨西哥人,也会因为轻微的过失被驱逐出境。在这个全球化的世界秩序里,墨西哥人又何尝不是"印第安人"呢?

在这个全球化的时代里,尽管人们宣称已经实现了自由、民主与平等,但真正自由的只有在市场上交换的物品,生产物品的劳动者们始终是奴役的对象。尽管人们宣称尊重族群与文化的多样性,很多文化仍然被贴上落后的、愚昧的标签。尽管人人能够在"民主"的框架下"自由"地选举,但却终究不能选出真正的、符合人民利益的代表。从这个意义上来说,无论是在墨西哥国内作为太阳的子女的印第安人,亦或是全球社会中作为文化多样性代表的墨西哥人,他们仍然没有得到应有的地位与尊重,他们仍然是这个世界上不同层级的、身份未定的他者,他们仍然处在末世太阳的颠沛流离中,一个崭新的、拥抱全人类的新的太阳尚未真正降临。

革命的恰帕斯人

恰帕斯州是共和国最贫穷、最不幸的州之一。因为在恰帕斯州,没有道路、没有学校、没有报纸。统治者们没有致力于国家的繁荣和繁荣,而是被野心蒙蔽了双眼。①

……

恰帕斯人啊,你们要紧紧监督你们的官员在公开场合的一举一动。他们做得好,就表扬他们;只要他们做得差劲,就批评他们。在他们做出评价时一定要保持不偏不倚,永远说真话,明确、全力地坚守真理。②

1903年4月28日,医学博士贝里萨里奥·多明戈斯(Belisario Domínguez)在墨西哥城附近的塔库巴亚(Tacubaya),写下了关于自己家乡的这段话语。贝里萨里奥·多明戈斯在科米坦这个恰帕斯南部紧邻危地马拉的边陲小镇长大,此后在圣城和巴黎相继接受了人文科学与医学的学术训练。学成之后他

---

① Domínguez, Belisario y González Marín, Silvia. *Belisario Domínguez*. LIII Legislatura, Senado de la República, 1986, p. 42.
② Domínguez, Belisario y González Marín, Silvia. *Belisario Domínguez*. LIII Legislatura, p. 46.

回到了家乡科米坦,先后就任科米坦市长和联邦议员。他同各种独裁、暴力集团抗争,呼吁正义、自由与团结,致力于改变家乡贫穷、落后的面貌。1913年的9月23日和9月29日,移居墨西哥城的他在墨西哥参议院发表了两次演讲,谴责独裁者维多利亚诺·韦尔塔(Victoriano Huerta)对革命领袖弗朗西斯科·马德罗(Francisco Madero)的篡权,倡导、呼吁自由的意志。一个星期后,这位英雄的革命者被杀害。

英勇的恰帕斯人,骄傲的太阳的子女,从来都不乏抗争者。1523年,在科尔特斯帅军征服墨西哥城后,就派出下属路易斯·马林出征恰帕斯。进入恰帕斯不久,他们就遭到了"身穿棉甲、头戴羽饰,还有的携带着石刃木斧般的大头棒"[1]的印第安人的攻击。虽然和携带大炮的殖民者相比,印第安人只携带着最为简陋的原始武器,但他们"像愤怒的狮子般地猛扑猛打,确实令人害怕"[2]。即便在沦为西班牙殖民者的奴隶后,从1526年对监护主德拉维加的反抗,到1712年策尔塔尔起义,再到1867年的查穆拉抗争以及20世纪初墨西哥大革命时的无畏投入,在这五百多年里,恰帕斯的印第安人一直在和这个让他们陷入末世动

---

[1] 贝尔纳尔·迪亚斯·德尔·卡斯蒂略:《征服新西班牙信史》(下册),林光,江禾译,商务印书馆1988年版,第144页。
[2] 贝尔纳尔·迪亚斯·德尔·卡斯蒂略:《征服新西班牙信史》(下册),第145页。

荡的世界抗争着。无一例外地,从早期人数众多的无名牺牲者,到策尔塔尔起义中的赫罗尼莫·萨劳斯(Jerónimo Saraos)、阿古斯丁·洛佩斯(Agustiín López),查穆拉抗争运动中的阿古斯蒂娜·戈麦斯(Agustina Gómez),以及贝里萨里奥·多明戈斯,每一位的正义、英勇之士都难逃被杀害的命运。

在这一次又一次的血肉之躯的抗争与献身中,革命的火种从古至今地延续着。然而,无论是印第安人自身的革命,亦或是他们与生活在这片土地上的多元族群的携手抗争,在恰帕斯乃至墨西哥的抗争历史上,每一次的抗争虽然暂时地赶跑了当权者,却在不久后又迎来了新的权力桎梏。循环往复、永无止境的革命似乎永远只能造就强权对另一种强权的替代,印第安人从未真正意义上打破束缚在他们身上的枷锁,从未真正意义上成为这个社会平等的、独立的人。可以说,在恰帕斯,五百多年来的抗争历史是持续失败的历史。

今日的萨帕塔运动以及圣卢西亚社区居民的抗争,都是这跨越500年的恰帕斯印第安人抗争运动的组成,是恰帕斯印第安民众抗争的历史在今日的书写。然而,他们是历史的,却又不完全属于历史。无论是萨帕塔运动中"行人民之意而率民",亦或是圣卢西亚自治社区中胡安对独裁父亲的抗争,能够看到新时期的革命者对于民主的探寻和对强权、独裁免疫的努力,以及对于这个社会中所有无权力者的关怀。虽然这种努力困难重重，但足以显示古老革命历史中新的气象已经出现。这份新的气象，来源于印第安人对每一次革命失败的痛苦记忆。从科尔特斯征服墨西哥之后，印第安人就明确地认识到，是他们的不团结与背叛让殖民者有机可乘，亦是权力的支配，使每一次革命者从边缘走向中心后，都成为权力异化的产物，造成了革命本身的衰退。

在萨帕塔自治区和圣卢西亚自治社区中，虽然有着必不可少的武装抗争，但两者均表现出对印第安人为主体的自治实践的探索。在他们的理念中，革命并非仅是一种单纯的、暴力的政治抗争，更是对不同于现存秩序的、一种平等的、朝向未来的替代性方案的探寻。这一方案，不仅关注的是作为革命者的印第安人，也不仅只是为了让印第安人生活得更好，更是对整个国家、民族甚至是世界未来的一种探寻与尝试。于是，萨帕塔人和圣卢西亚自治社区的居民，为一切素未谋面的无权力者奔走呼告，为这个国家无辜的死难者和全球化这艘发展大船的遇难者们发出声音。

我并不认为，促使他们反思、推动他们进步的只是他们自身的意识。他们对独裁、强权的反对以及在此基础上自治理念的生成亦来自他们所反对的全球化及其伴生的自由、民主、平等等理念在世界范围的广泛传播。当然,他们的这一思想更是来自印第安本土文化的滋养。2017 年 7 月 26 日,在恰帕斯州的奇克阿森市(Chicoasén),一位正在抗议持续的水电站修建给索克人带来灾难性影响的年轻的知识分子何塞这样给我讲述玛雅地区印第安部族中的"美好生活"(Buena Vida)的哲学逻辑:

美好生活是什么?美好生活不是为了我一个人寻求的福利,是所有人,包括你,包括我,包括任何生活在这个社区的人或者是其他的存在都能享受到发展的生活。索克人讲究的美好生活包括四个层面的内涵。首先是尊重,尊重生活在这个土地上的所有,包括动物、植物还有其他的非生命的物体,比如说宗教的圣地,这些所有的物体并非是无生命的,他们都是作为这个世界的组成部分而存在于这个世界的。第二个层面是指对于精神诉求的满足。美好生活不是指物质上富足的生活,而是作为一个整体包括物质和精神两个层面,甚至精神层面的诉求更多。因为精神赋予了主体生活的意义。美好生活是一种精神的存在,代表的是人和人之间,社区内部之间,社群之间精神上的一种良性互动与满足。当然,这并不意味着不需要物质,基本生存资料与经济资源的获得也是其中的重要内容。美好生活的第三层面是指社区的团结,团结是社区生活和社群层次上的集体行动,包括庆典、集会以及对于社区生活的参与,这是一种对集体生活的认同,它超越了个体和亲属关系的维度,体现的是一致、团结以及在此基础上的集体主义的理念。最后一个是友爱相处,友爱的前提是尊重,尊重生活在这个土地上作为循环的任何一个组成部分,友善地对待他们,这也进一步促成了尊重的形成。[1]

在传统的玛雅文化中,人、动植物以及这个世界上的万事万物原本就是相互依存、和谐统一的整体。资本发展的逻辑切分了这个世界上多元主体之间的依存关系,在历史与现实的层面上将人转变为这个世界上唯一的主体,原本平等的、和谐共生的关系变成了人对自然、世界征服的过程。然而,现代化的发展并没有带来理想的繁荣,即便是处于世界中心的征服者,却也难逃现代性的危机。作为战败者的印第安人清楚地认识到了这点。于是,在全球化、现代化早已渗透并支配着印第安社会的当下,革命的恰帕斯人仍然在为这个世界上一切的、能说话与不能说话的主体而抗争着,为了他们的传统与文化而斗争着。对于他

---

[1] 访谈人:张青仁,访谈对象:José Miguel Arberto,访谈时间:2017年7月26日,访谈地点:墨西哥恰帕斯州奇克阿森市。

们而言,这个"美好生活"的世界,正是末世太阳来临前的世界,亦是他们在经历了持续五百多年的动荡后渴望回归的世界。这不仅是一个时代的终结,更是伴随着新的太阳降临的新生的开始。与他们相比,虽然我们身处繁华的都市,享受着一切现代化的便利,却从未真正现代过。

这个世界会更好吗?

> 胡安永生
> 萨帕塔活着,
> 斗争继续!

虽然胡安试图挣脱权威的束缚,建立一个真正自由、平等的美好社会,但终究无法摆脱这层层的枷锁,难逃被杀害的命运,凝聚着他和父亲马里亚诺点滴心血的自治社区也已不复存在。在萨帕塔民族解放自治区里,尽管马科斯倡导平权,以美好政府轮值的方式消灭可能出现的权力等级,却也难以避免可能出现的权力异化及其对同胞的戕害。在这样一个枷锁叠绕、密不通风的权力网络中,无论我们或者如同萨帕塔人和卢西奥一般,继续坚持在革命斗争的第一线,或者如同何塞一般,从激荡的政治运动中退却,牢固铸造起内心的围墙与边界,或者更如同小部分自治社区的印第安人一般,做一个浑水摸鱼的逐利客。然而,作为生活在这个世界中的一分子,我们必须回答这个问题:这个世界会变得更好吗？这个世界如何变得更好？

从未想过的是,在离开圣卢西亚自治社区五年后的今天,一场猝不及防的新冠肺炎肆虐全球。在这场抗击新冠肺炎的全球战役中,我们看到了跨越阶层、族群、国界的协力同心,而基于狭隘的民族主义、种族主义基础上对他者的歧视与污名化却也无处不在。对于底层的、弱势的印第安民众而言,这场新冠肺炎带来的影响是致命的。卢西奥告诉我,疫情发生后,虽然州政府发布了旅游警告和居家隔离倡议,但对于一无所有的印第安人而言,他们必须上街工作。在帕伦克,一名为欧洲游客服务的印第安人司机感染上了新冠肺炎,这是恰帕斯最早的几名本土病例。在何塞发来的照片中,原本熙熙攘攘的瓜达卢佩大街已是人烟稀少,街头上却仍然有着不少摆摊和沿街叫卖手工艺品的印第安人。"隔离是特权阶层的浪漫化想象""我可以居家隔离,可是谁来保护我必须每天上街工作的父亲呢？"这样抗议的标语在圣城的大街小巷随处出现。在社会分化的墨西哥,在族群、阶层区隔仍然明显的圣城这个偏远的边陲小镇,越来越多的人认识到,新冠肺炎的防控需要的是跨越族群与阶层的勠力同心。在恰帕斯行业生产者成员协会的 WhatsApp 群里，一位不愿意透露姓名的商人这样评论：

> 我们可能会认为，如果我们得到了良好的医疗护理，我们将会是安全的，但是如果给我们制作食物、运送食物和包装食物的人没有带薪的休假，不能居家隔离，没有医疗服务，也负担不起检查的费用，毫无疑问，他们是不安全的。如果我们不关心他们的境遇，我们谁都不会安全，我们可能会被病毒长期纠缠。

正是这一共识下，原本只是印第安人孤立的抗争，转变为圣城整个社会跨越族群的抗争，"我们比任何时候都团结，我们在为全民医疗保健而战，在为带薪休假而战，因为这一切都和我们息息相关。"

我并不怀疑这个世界的未来可期，这不仅是因为人类在疾病、灾难面前表现出来强大的团结与协作能力，更是因为人类明显具有先在的认知结构和随着年龄增长而发展的学习能力，这使得他们能够自然地融入社会。① 生物学的研究表明，不可胜数

---

① 弗朗西斯·福山：《大断裂：人类本性与社会秩序的重建》，唐磊译，广西师范大学出版社 2015 年版，第 157 页。

的人类文化体现出共同的社会需求,决定这些需求的不是文化而是生理的原因。① 人类并非孤立的个体,而是天生就兼备政治性和社会性的生物,基因—文化共演化的过程更有可能利于拥有大量合作者的种群,由此形成了人类合作的这一本能,无论这种合作是利他的还是互惠的。② 人类文明发展史上的彼此协作、集体生存的方式以及作为人类本能合作精神的内化意味着,人类必然会从全球各地走到一起,全球化和基于人类命运共同体基础上的世界主义的价值观与发展秩序是人类社会发展的必然。

需要诘问的是,为什么在全球人类走到一起,在世界体系存在的 500 年甚至是更长的时间里,对于族群、宗教、国家边界与区隔的强调依然存在,中心与边缘的发展秩序是如此地根深蒂固,全球社会美好生活与共生发展的理念至今仍然没能成为人类社会的共识?对于这一问题,玛雅人早给出了答案。在玛雅人的创世神话中,为了给神创造的生灵命名并维系神所创生的世界,神赋予了人语言和命名的权力。在创生与死亡、起源性时间与末日之间,人是至高无上的。这一权力的赋予,却使人沦为

---

① 弗朗西斯·福山:《大断裂:人类本性与社会秩序的重建》,第160页。

② 塞缪尔·鲍尔斯、赫伯特·金迪斯:《合作的物种:人类的互惠性及其演化》,张弘译,浙江大学出版社 2015 年版,第 270 页。

权力支配的产物。人凌驾于万事万物之上，成为自然的对立面，在导致人类无休止的战争的同时，伴随着创世而生的灾难应运而出，人类社会终究难逃毁灭。玛雅人的神话隐喻着今日人类社会的困境：权力对人的异化以及在此基础上的人类中心主义是当前冲突存在的根源。当统治者将权力凌驾于一切之上，阶层之间的区隔就出现了。当权力支配进入血缘、族群等共同体时，家庭、家族、族群和国家的区隔与边界，及其对他者的征服与控制就出现了。这才有了殖民主义对于世界的掠夺和全球社会冲突的此起彼伏。

权力催生下的人类中心主义，及其支配的资本主义主导的世界体系是如此地根深蒂固。它主导着社会生活的方方面面，潜移默化地影响着身处其中的每个人的心境与决策。然而，正是在这个世界体系边缘地带的拉美，在底层的、边缘的印第安人的社群中，产生了对人类中心主义和世界体系的反叛与悖离。从早期的反抗殖民主义罪恶的宫廷神父巴托洛梅·德拉斯·卡萨斯，到为整个拉美人民命运奋斗的切·格瓦拉，再到今日的马科斯与胡安，无数的拉美人充当了解放与革命的觉醒者与启蒙者。直到现在，我才明白为什么胡安如此崇拜切·格瓦拉，因为作为历史的构成，他的出现其实是切·格瓦拉在当下的延续。同样，在他去世后，亦将有千千万万个他延续着革命的火种。在

《墨西哥的五个太阳》里，富恩特斯记载了革命者哈米拉约被杀害后一个当地农民对他的讲述，"领袖走了。现在我们大家都是哈米拉约。"①我更愿意以富恩特斯对此事的评论为本书做结：

> 他们不知道，五个哈米拉约的死，提供了最好的肥料，孕育了五百个、五千个新的哈米拉约的生命和行动。

---

① 卡洛斯·富恩特斯：《墨西哥的五个太阳》，第266页。

附录　西班牙语与中文名词对照表

本书中西文翻译主要依据新华通讯社译名室编著的《世界人名翻译大辞典》，中国对外翻译出版公司 1993 年版；周定国主编《世界地名翻译大辞典》，中国对外翻译出版公司 2007 年版翻译而成。

人名对照表

Abarca 阿瓦尔卡
Agustín López 阿古斯丁·洛佩斯
Agustina Gómez 阿古斯蒂娜·戈麦斯
Alberto 阿尔韦托
Alfredo 阿尔弗雷多
Antonio 安东尼奥
Araceli 阿拉塞莉
Bartolomé de las Casas 巴托洛梅·德拉斯·卡萨斯
Belisario Domínguez 贝里萨里奥·多明戈斯
Bernal Díaz del Castillo 贝尔纳尔·迪亚斯·德尔·卡斯蒂略
Calderón 卡尔德龙
Carlos Fuentes 卡洛斯·富恩特斯
Carranza 卡兰萨
Cati 卡迪
Ceci 塞西
César 塞萨尔
Che Guevara 切·格瓦拉
Chionshan Lee 李琼山

Coatlicu 科阿特利库
Dani 达尼
Dani López 达尼·洛佩斯
de la Vega 德拉维加
Díaz 迪亚斯
Diego de Mazariegos 迭戈·德·马萨列戈斯
Dube 杜韦
Dussan 杜桑
Edgar 埃德加
Eduardo Galeano 爱德华多·加莱亚诺
Elba Gordillo 埃尔瓦·戈迪略
Emilio Rabasa 埃米利奥·拉瓦萨
Enrique 恩里克
Fabio 法维奥
Fabiola 法维奥拉
Felipe 费利佩
Fernando 费尔南多
Floreal de María Hernández 弗洛雷亚·德·玛利亚·埃尔南德斯
Florentino 弗洛伦蒂诺
Francisco José Martínez Pedrero 弗朗西斯科·何塞·马丁内斯·佩德雷罗
Francisco Madero 弗朗西斯科·马德罗
Franklin 富兰克林
García Márquez 加西亚·马尔克斯
Gilberto 希尔韦托
Hernán Cortés 埃尔南·科尔特斯

Isidro Pedraza Chávez 伊西德罗·佩德拉萨·查维斯
Jacinto Pérez 哈辛托·佩雷斯
Jazmín 哈丝明
Jermani 赫尔马尼
Jerónimo Saraos 赫罗尼莫·萨劳斯
Jesús 赫苏斯
José 何塞
Juana 胡安娜
Juan Carlos Jiménez Velasco 胡安·卡洛斯·希门内斯·韦拉斯科
Juan Ginés de Sepúlveda 胡安·希内斯·德·塞普尔韦达
Juanito 华尼托
Julia 胡利娅
Kim MacQuarrie 金·麦夸里
Lázaro Cárdenas 拉萨罗·卡德纳斯
Loria 洛里亚
Lucio 卢西奥
Lucía 露西娅
Luis 路易斯
Luis Marín 路易斯·马林
Manuel Gamio 曼努埃尔·加米奥
Manuel Velasco Coello 曼努埃尔·贝拉斯科·科埃略
Marco Cancino 马尔科·坎西诺
Marcos 马科斯
María 玛利亚
Mariano 马里亚诺

María Díaz López 玛利亚·迪亚斯·洛佩斯
Marisa 马里萨
Martín 马丁
Martita 玛尔蒂塔
Maza 马萨
Miguel 米格尔
Miguel Utrilla Trujillo 米格尔·乌特利亚·特鲁希
Moctezuma 蒙特苏马
Neruda 聂鲁达
Obregón 奥夫雷贡
Ofelia 奥费利娅
Oscar 奥斯卡
Pablo 巴勃罗
Pájaro 帕哈罗
Pantaleón Domínguez 潘塔莱翁·多明格斯
Pakal 帕卡尔
Paulo 保罗
Pedro Díaz 佩德罗·迪亚斯
Remigio Sántiz Gómez 雷米希奥·桑蒂斯·戈麦斯
Rigel 里赫尔
Samuel Ruiz García 萨穆埃尔·鲁伊斯·加西亚
Sara 萨拉
Saraín 萨拉因
Sheila 希拉
Teresa 特雷莎
Ubico 乌维科
Victoriano Huerta 维多利亚诺·韦尔塔
Yadira 娅迪拉
Zoé 索埃

地名对照表

Acapulco 阿卡普尔科
Acoama 阿科阿马
Acteal 阿克特阿尔
Ameyaltepec 阿梅亚特佩克
Bosque 博斯克
Calle Niños Héroes 英雄儿童大街
Carmen 卡门
Cascadas de Agua Azul "蓝色之水"瀑布群
Cascada de Misol-Ha 米索尔阿瀑布
Chamula 查穆拉
Chanal 查纳尔
Chenacho 切纳乔
Chenalhó 切纳洛
Chicoasén 奇克阿森
Chilón 奇隆
Ciudad Real 雷亚尔城
Cintalapa 辛塔拉帕
Comitán 科米坦

Coyoacán 科约阿坎
Guerrero 格雷罗
Huixtán 维斯坦
Iglesia de Guadalupe 瓜达卢佩教堂
Iglesia de la Merced 拉梅尔塞教堂
Iglesia de Santo Domingo 圣多明各教堂
Iglesia San Nicolás 圣尼古拉斯教堂
Jovel 霍韦尔
Iguala 伊瓜拉
Jiquipilas 希基皮拉斯
Lakamha 拉卡姆阿
Larráinzar 拉赖恩萨尔
Las Margaritas 拉斯玛嘉丽塔斯
Lepanto 勒班陀
Ocosingo 奥科辛戈
Oxchuc 奥克丘克
Oxchue 奥斯丘埃
Palenque 帕伦克
Pantelhó 潘特洛
Pijijiapan 皮希希亚潘
Río Usumacinta 乌苏马辛塔河
San Agustín 圣奥古斯丁
San Cristóbal de las Casas 圣克里斯托瓦尔-德拉斯卡萨斯（圣城）
San Felipe 圣费利佩
San José 圣何塞
San Miguel 圣米格尔
San Ramón 圣拉蒙
Santa Lucía 圣卢西亚
Santo Domingo 圣多明各
Simojovel 锡莫霍韦尔
Sonora 索诺拉
Soconusco 索科努斯科
Tacubaya 塔库巴亚
Tapachula 塔帕丘拉
Tenochtitlán 特诺奇蒂特兰
Tonalá 托纳拉
Tuxtla Gutiérrez 图斯特拉-古铁雷斯
Zinacantán 锡纳坎坦

族群名称对照表

Aztecas 阿兹特克人
Chol 乔尔人
Mayas 玛雅人
Nahuas 纳瓦人
Purepechas 普雷佩查人
Totonacas 托托纳卡人
Mestizo 梅斯蒂索人
Tzeltal 策尔塔尔人
Tzotzil 佐齐尔人
Zoque 索克人

组织机构名称对照表

Central Campesina Independiente (CCI) 独立农民中心

Central Independiente de Obreros Agrícolas y Campesinos (CIOAC) 农工农民独立中心

Central Independiente de Obreros Agrícolas y Campesinos hp HISTORIA 历史农工农民独立中心

Central Independiente de Obreros Agrícolas y Campesinos hp INDEPENDENCIA 独立的农工农民独立中心

Centro de Estudios de Augusto Morales Cruz 奥古斯托·莫拉雷斯·克鲁斯研究中心

Coalición Obrera Campesina Estudiantil del Istmo (COCEI) 地峡工农学联盟

Consejo Regional Independiente de los Altos de Chiapas (CRIACH) 恰帕斯高地地区独立委员会

Chedraui 切德拉维（超市名）

Confederación Independiente Organizaciones hp Asociación Civil (CIO-AC) 公民协会独立组织联盟

Coppel 科佩尔（电器商店名）

Desarrollo Integral de La Familia (DIF) 家庭发展委员会

El Centro de Investigaciones y Estudios Superiores en Antropología Social (CIESAS) 墨西哥社会人类学高等调查研究中心

El Movimiento de Liberación Nacional (MLN) 民族解放运动

Ejército Zapatista de Liberación Nacional 萨帕塔民族解放军

Escuela Normal Jacinto Canek 哈辛托·卡内克师范学校

Facultad de Ciencias Sociales de UNACH 恰帕斯自治大学社会科学学院

Frente Campesino Popular de Chiapas 恰帕斯大众农民阵线

Frente Democrático Regional de Obreros y Campesinos (FDROC) 工人农民区域民主阵线

Frente Nacional de Movimientos y Organizaciones Populares (FNAMOP) 全国人民运动组织阵线

Instituto Nacional Indigenista (INI) 墨西哥国立印第安研究所

Istituto de Estudios Superiores Tomás de Aquino 托马斯·阿基诺高等研究所

La Alianza Ecologista Nacional 全国

生态保护运动支持者联盟

La Asamblea popular de los altos de Chiapas（APACH）恰帕斯高地人民议会

La Asociación de Locatarios y Mercados Tradicionales de Chiapas（ALMETRACH）恰帕斯传统市场和承租人协会

La Asociación de Productores Agremiados de Chiapas（APACH）恰帕斯行业生产者成员协会

La Confederación Nacional Campesina（CNC）全国农民联合会

La Coordinadora Nacional de Trabajadores de la Educación（CNTE）全国教育工作者协调组织

Las Coordinadoras de Organizaciones por el Medio Ambiente para un Chiapas Mejor（COMACH）美好恰帕斯环境组织协调者

Mover a Chiapas 驱动恰帕斯（恰帕斯地方政党名称）

Normal Rural Mactumactza 马克图马克特萨农村师范学校

Organización Campesino Emiliano Zapata（OCEZ）埃米利亚诺·萨帕塔农民组织

Organización de Pueblos Trabajadores（OPT）工人组织

Organización Independiente（OI）独立组织

Organización Regional Independiente de los Altos de Chiapas（ORIACH）恰帕斯高地地区独立组织

Oxxo 欧索（便利店名）

Partido Acción Nacional（PAN）国家行动党

Partido Comunista Mexicano（PCM）墨西哥共产党

Partido Revolucionario Institucional（PRI）革命制度党

Partido Verde Ecologista de México（Verde）绿色生态党

Sams 萨姆斯（超市名）

Sección 7 del Magisterio 恰帕斯第7学区的教师组织

Secretaría de Gobernación 内政部

Sindicato Nacional de Trabajadores de la Educación（SNTE）全国教师工会 Soriana 索里亚纳（超市名）

Otilio Montaño 奥蒂略·蒙塔尼奥（小学名）

Ultrasonido Ginecológico 妇科超声波（医疗公司名）

Unión de Trabajadores de la Educación（UTE）教育工作者联盟

Universidad Autónoma de Chiapas（UNACH）恰帕斯自治大学

Universidad Intercultural de Chiapas（UNICH）恰帕斯跨文化大学

Universidad Mesoamericana de San Agustín 圣奥古斯丁中美洲大学

其他译名对照表

Aguacate 牛油果
Buena Vida 美好生活(印第安人的生活哲学)
Chayote 佛手瓜
Don Julio 堂胡利奥(一种龙舌兰酒商标)
La Virgen de Guadalupe 瓜达卢佩圣母
Los Días de Muertos 亡灵节

Mariachi 马里亚奇
Mictecacihuatl 米克特卡希瓦特尔(冥界之神)
Piñata 皮尼亚塔
Quetzalcóatl 魁扎尔科亚特尔(羽蛇神)
Sol 索尔(啤酒商标)
Taco 玉米卷饼
Tortilla 玉米饼

参考文献

中文文献

爱德华多·加莱亚诺:《拉丁美洲:被切开的血管》,王玫等译,人民文学出版社2001年版。

奥斯卡·刘易斯:《桑切斯的孩子们:一个墨西哥家庭的自传》,李雪顺译,上海译文出版社2014年版。

奥斯卡·刘易斯:《贫穷文化:墨西哥五个家庭一日生活的实录》,邱延亮译,巨流图书公司2004年。

包智明,"海外民族志与中国人类学研究的新常态",《中央民族大学学报(哲学社会科学版)》2015年第4期。

贝尔纳尔·迪亚斯·德尔·卡斯蒂略:《征服新西班牙信史》(下册),林光,江禾译,商务印书馆1988年版。

董经胜:《玛雅人的后裔》,北京大学出版社2009年版。

弗朗西斯·福山:《政治秩序与政治衰败:从工业革命到民主全球化》,毛俊杰译,广西师范大学出版社2015年版。

弗朗西斯·福山:《大断裂:人类本性与社会秩序的重建》,唐磊译,广西师范大学出版社2015年版。

顾德民:《民主的浪漫:当代墨西哥民众的无声抗议》,郑菲、李胜、马惠娟译,江苏人民出版社2018年版。

金·麦夸里:《安第斯山脉的生与死:追寻土匪、英雄和革命者的足迹》,冯璇译,社会科学文献出版社2017年版。

卡洛斯·富恩特斯:《墨西哥的五个太阳》,张伟劼、谷佳维译,译林出版社2009年版。

莱斯利、贝瑟尔主编:《剑桥拉丁美洲史》(第1卷),中国社会科学院拉丁美洲研究所组译,经济管理出版社1995年版。

莱斯利、贝瑟尔主编:《剑桥拉丁美洲史》(第2卷),中国社会科学院拉丁美洲研究所组译,经济管理出版社1995年版。

莱斯利、贝瑟尔主编:《剑桥拉丁美洲史》(第3卷),中国社会科学院拉丁美洲研究所组译,社科文献出版社1994年版。

莱斯利、贝瑟尔主编:《剑桥拉丁美洲史》(第4卷),中国社会科学院拉丁美洲研究所组译,社科文献出版社1991年版。

莱斯利、贝瑟尔主编:《剑桥拉丁美洲史》(第5卷),中国社会科学院拉丁美洲研究所组译,社科文献出版社1992年版。

莱斯利、贝瑟尔主编:《剑桥拉丁美洲史》(第7卷),中国社会科学院拉丁美洲研究所组译,经济管理出版社1996年版。

莱斯利、贝瑟尔主编:《剑桥拉丁美洲史》(第8卷),中国社会科学院拉丁美洲研究所组译,当代世界出版社1998年版。

迈克尔·迈耶、威廉·毕兹利:《墨西哥史》,复旦人译,东方出版中心2012年版。

米格尔·雷昂-波尔蒂利亚:《战败者见闻录》,孙家堃、黎妮译,商务印书馆2017年版。

塞缪尔·鲍尔斯、赫伯特·金迪斯:《合作的物种:人类的互惠性及其演化》,张弘译,浙江大学出版社2015年版。

索飒:《丰饶的苦难:拉丁美洲笔记》,云南人民出版社1998年版。

索飒:《拉丁美洲思想史述略》,云南人民出版社2003年版。

索飒:《把我的心染棕:潜入美洲》,青海人民出版社2009年版。

西班牙语文献

Aguilar, Hernández., Velázquez, D., González, A. *La ciudad de San Cristóbal de Las Casas*: *A sus 476 años. Una mirada desde las ciencias sociales*. CONECULTA, 2007.

Alfaro, Daniela. "Chiapas es la entidad con más casos de VIH y sida en mujeres". *Alfaro Noticias*, 2018-12-3.

Brandes, Stanley. "El día de muertos, el Halloween y la búsqueda de una identidad nacional mexicana". *Alteridades*, vol. 20. 2000.

Domínguez, Belisario y González Marín, Silvia. *Belisario Domínguez*. LI-II Legislatura, Senado de la República, 1986.

Farfán, Carolina Rivera. *Diversidad religiosa y conflicto en Chiapas: intereses, utopías y realidades*. Unam, 2005.

Gamio, Manuel. *Forjando patria: Pro-nacionalismo*. University Press of Colorado, 2010.

Guillen, M. *Allí donde lleguen las olas del mar.../Pasado y presente de los chinos en Chiapas*. UNAM/PROIMMSE/CONACULTA, 2014.

Guillen, M. L. La Liga Mexicana Anti-China de Tapachula y la xenofobia posrevolucionaria en Chiapas. *Liminar: Estudios Sociales y Humanísticos*, vol. 11. no. 2, 2013.

Lopez, Oscar y Jacobs, Andrew. "En una ciudad con poca agua, la Coca-Cola y la diabetes se multiplicand." *New York Times (Espanol)*, 2018-6-16.

Márquez Espinosa, Esaú et. *Estado-Nación en México: Independencia y Revolución*. Universidad de Ciencias y Artes de Chiapas, 2011.

Mássicotte, Marie-Josée. *Las organizaciones civiles y sociales mexicanas y sus redes transnacionalesorígenes, impactos y retos*. 2001.

Pozas, Ricardo. *Chamula: Un Pueblo Indio de los Altos de Chiapas*. Editorial de Ciencias Sociales, 1982.

Secretaría de Educación Pública. *Programas de Estudio 2009 Sexto Grado Educacioón Básica Primaria*. La Comisión Nacional de Libros de Texto Gratutios, 2009.

Whizar-Lugo, Víctor M. y Anestesia en México. "Día de Muertos. Una

Festividad Ritual con Tradición Mexicana". *Anestesia en México*, Suplemento 1,2004.

Ytuarte-Núñez, C. *Cultura y comunicación en el intercambio global de mercancías: ámbar de Chiapas*, Tesis de Doctorado en Ciencias Antropológicas, Universidad Autónoma de Chiapas. 2010.

网络文献

伊曼纽尔·沃勒斯坦,"全球左翼的过去、现在与未来",杜云飞译,载于澎湃思想市场 http://www.thepaper.cn/newsDetail_forward_4408235/,2019-09-13。

Gomez Mayorga, Cinthia Ivon. "Qué es el ámbar". http://www.monografias.com/trabajos67/ambar-mexico/ambar-mexico2.shtml. 2015-02-02.

Gibson, David. "Mexican Amber". http://www.mexicanamber.org.uk. 2015-2-2.

Ejército Zapatista de Liberación Nacional. "Primera Declaración de la Selva Lacondona". https://enlacezapatista.ezln.org.mx/1994/01/01/primera-declaracion-de-la-selva-lacandona/, 1994-01-01.

Ejército Zapatista de Liberación Nacional. "Al pueblo de México: hablaron los hombres verdaderos, los sin rostro. Mandar obedeciendo". https://enlacezapatista.ezln.org.mx/1994/02/26/al-pueblo-de-mexico-hablaron-los-hombres-verdaderos-los-sin-rostro-mandar-obedeciendo/, 1994-02-26.

Ejército Zapatista de Liberación Nacional. "El Muro y la Grieta. Primer Apunte sobre el Método Zapatista. SupGaleano". http://enlacezapatista.ezln.org.mx/2015/05/03/el-muro-y-la-grieta-primer-apunte-sobre-el-metodo-zapatista-supgaleano-3-de-mayo/, 2015-05-03.

后　　记

本书的绝大部分内容完成于2014—2015年间。初入恰帕斯，我试图以田野笔记的方式，记录下我在恰帕斯生活的点点滴滴。在中国社会科学院拉丁美洲研究所郭存海博士的鼓励下，我将部分内容摘录出来，集中在中拉青年学术共同体（CECLA）官方公众号"拉美智讯"上连载。《澎湃新闻》《环球财经》《品位·经典》和公众号"人类学之滇"也曾转载过部分文章。2017年至2019年，我曾三次回到恰帕斯，补充了相关资料，核实了相关内容，在尽可能在保留当时心境与情感的基础上，完成了对本书的修订，最终呈现在诸位的面前。

这本小书是我的第三本著作，也是我关于拉美的第一本著作。之所以舍弃学术著作惯常的写作方式，固然与拉美文明的厚重与田野中无处不在的激荡密切相关，亦有我个人的思考。在民族主义情绪支配的当下，我们对拉美和世界的认知并不完备。危险的并非拉美,危险的是我们对于世界的认知方式。我想以轻松的文字,尽可能地降低阅读的门槛,让更多的人了解恰帕斯,了解墨西哥,了解拉丁美洲。当然,我亦希望通过我的研究,展现身处这个世界体系边陲地带的苦难人民的境遇与他们的奋斗故事,警醒我们如何去理解这个世界,理解不同于我们的"他们"。虽然这是一个悲情的故事,但如同结语所言,可期的未来有待于我们每个人的努力。

　　本书能够完成,首先应当感谢圣卢西亚自治社区的所有居民,感谢生活在圣克里斯托瓦尔-德拉斯卡萨斯的每一位朋友。这本小书不仅是我在圣城与自治社区日日夜夜的回忆,更是我对永远都无法再见的胡安与马里亚诺的祭奠。

　　闯入拉美实属机缘巧合,感谢中央民族大学搭建世界民族学人类学研究中心的平台,并支持我建设国家民委区域国别研究基地"拉丁美洲社会文化研究中心"。感谢麻国庆教授、包智明教授、关凯教授和龚浩群教授对我在墨西哥的田野调查和研究开展给予的各项支持。感谢高丙中教授,作为中国人类学海外民族志研究的发起人,在他的鼓励下我才有深入拉美的勇气与动力,他为本书撰写的序言亦是对我极大的鞭策和鼓励。感谢赵旭东教授、黄剑波教授、周少青研究员、包胜利研究员、周旭芳研究员、丁宏教授、苏发祥教授、祁进玉教授、黄志辉教授、章邵增博士、刘计峰博士、韩成艳博士的批评与指正。感谢世界民族学人类学研究中心张海洋、庄晨燕、丁娥、袁剑、刘东旭、赵萱、刘岩等诸位师友的帮助。

无论国际国内，拉美研究都是一个极具包容性的学术团体。感谢中国社会科学院拉丁美洲研究所的索飒研究员。在完成墨西哥的预调查后，她对我的指点让我受益匪浅。在恰帕斯的无数个夜晚，是她的著作、思想激荡和启迪着我，她为本书撰写的充满激情与期待的序言更是我未来努力的方向。感谢墨西哥社会人类学高等调查研究中心的玛利亚·埃莱娜（María Elena）教授、墨西哥国立人类学与历史学学院的伊拉里奥·托佩特·劳拉（Hilario Topete Lara）教授、墨西哥国立自治大学人类学研究所的希特拉里·盖楚阿·雷纳（Citlali Quecha Reyna）教授、墨西哥国立自治大学经济学院的刘学东教授、墨西哥学院的陈勇教授及其夫人华雷斯女士、墨西哥城的华人王维和圣城的李加茂一家对我的悉心指教与帮助，让我在制度层面上迅速地了解墨西哥，并能够在恰帕斯州开展田野作业。感谢中国社会科学院拉丁美洲研究所徐世澄研究员、袁东振研究员对我持久的批评与指教，感谢郭存海博士，正是在他的推动下，我才能参与中拉青年学术共同体（CECLA），并在此过程中得到金晓文、万戴、黄思然、安薪竹、楼宇、陈倩文、马德仁、柯裴诸位志同道合者的帮助与指点。感谢中国社会科学院外国文学所魏然博士、北京大学董经胜教授、南开大学韩琦教授、董国辉教授、西安外国语大学西方语言文化学院黄楠院长、南京大学张伟劼博士、浙江外国语学院叶健辉博士、四川大学西班牙系史维主任、天津师范大学王兰婷博士多年来的帮助与指教,尤其要感谢黄楠院长和张伟劼博士承担了本书译名的校译工作。感谢本书的编辑李霞女士,本书的出版离不开她耐心、细致的工作。

感谢我的父母,感谢我的妻子包媛媛女士对我的包容与支持。感谢我的儿子张载阳,计划出版本书时,他才刚刚出生。在本书付梓时,他已经会告诉我他的西班牙语名字叫做"费利佩"(Felipe)了。

张青仁

2020 年 4 月 30 日

图书在版编目(CIP)数据

末世太阳:一个墨西哥印第安城镇的变迁、动荡与抗争/张青仁著.—北京:商务印书馆,2021(2022.8重印)
(田野行旅丛书)
ISBN 978-7-100-20157-5

Ⅰ.①末… Ⅱ.①张… Ⅲ.①文化人类学—墨西哥—文集 Ⅳ.①C958-53

中国版本图书馆CIP数据核字(2021)第144558号

权利保留,侵权必究。

田野行旅丛书
末世太阳
——一个墨西哥印第安城镇的变迁、动荡与抗争
张青仁 著

商 务 印 书 馆 出 版
(北京王府井大街36号 邮政编码100710)
商 务 印 书 馆 发 行
北京艺辉伊航图文有限公司印刷
ISBN 978-7-100-20157-5

| 2021年8月第1版 | 开本 880×1230 1/32 |
| 2022年8月北京第2次印刷 | 印张 14⅞ |

定价:76.00元